洪 涛/著

# 现代流通产业与金融制度创新

Modern Circulating Industry and Financial System Innovation

经济管理出版社
ECONOMY & MANAGEMENT PUBLISHING HOUSE

**图书在版编目（CIP）数据**

现代流通产业与金融制度创新/洪涛著. —北京：经济管理出版社，2012.6

ISBN 978-7-5096-2002-1

Ⅰ. ①现… Ⅱ. ①洪… Ⅲ. ①流通产业—研究—中国 ②金融制度—研究—中国 Ⅳ. ①F724 ②F832.42

中国版本图书馆 CIP 数据核字（2012）第 129315 号

出版发行：经济管理出版社

北京市海淀区北蜂窝 8 号中雅大厦 11 层

电话：(010)51915602　　邮编：100038

印刷：北京广益印刷有限公司　　经销：新华书店

组稿编辑：张永美　　责任编辑：张永美　杨照光

责任印制：杨国强　　责任校对：曹　平

720mm×1000mm/16　　18.75 印张　286 千字

2012 年 7 月第 1 版　　2012 年 7 月第 1 次印刷

定价：58.00 元

书号：ISBN 978-7-5096-2002-1

# 目　录

# 第一章　现代流通产业与结构创新

## 第一节　产业及其结构内容

### 一、流通是一系列商品交换

社会再生产过程由生产、分配、交换、消费四个环节构成，如果从静态的角度来说，生产是起点，消费是终点，交换与分配是其中间环节，假定在制度不变的情况下，分配相对固化，交换是生产与消费的中间环节，一系列商品交换构成流通，或者说流通是由一系列商品交换所构成。商品流通由商流、物流、信息流，以及与之相适应的资金流、消费流所构成。因为商品流通不可能没有支付活动，消费流是由人流决定的，如北京王府井商业街、西单商业街，70%的是外地人流，人流决定了消费流的形成和变化。随着经济、社会、科技等发展，流通过程所占的时间越来越长、所耗费的成本越来越高，而生产过程在社会再生产过程中所占的时间越来越少，生产过程所耗费的成本在商品总成本中所占比例越来越小，因此，流通在社会再生产过程中的地位越来越高，也越来越重要，如图 1-1 所示。

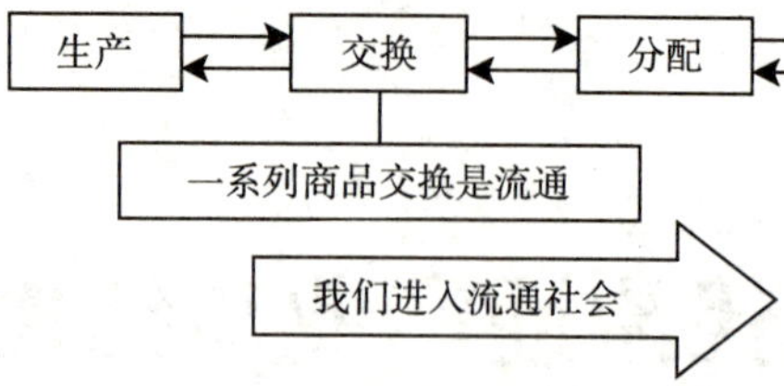


**图 1–1　流通是一系列商品交换**

## 二、产业及其类型

### （一）产业的概念

产业是指国民经济中按照一定的社会分工原则，为满足某种需要而划分的从事实物产品和服务产品生产及其经营的各个经济组织或经济集合。

产业的形成是经济社会发展到一定阶段的产物，先有组织，后有组织群——行业，再有同类组织群——产业。如图 1–2 所示，一个产业的形成应具备四个条件：①存在使用相同资源生产相同产品和服务的社会组织。②这些社会组织的活动主要是生产和经营等经济活动。③这些组织要形成一定的群体，组织的经济活动要形成一定规模。④这些群体的经济活动对国民经济有所贡献。

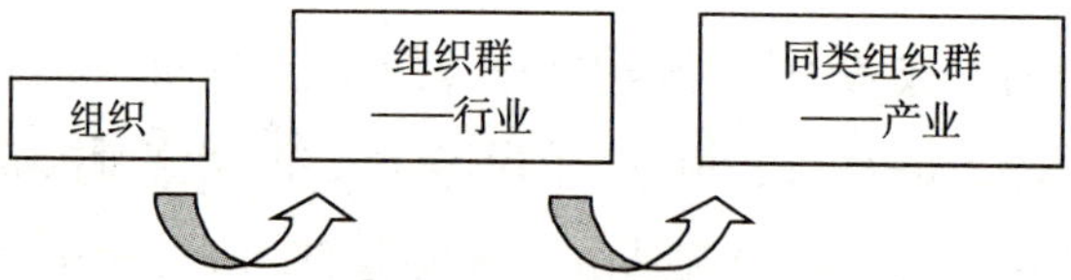


**图 1–2　产业形成**

### （二）产业结构的类型

（1）按国民经济三次产业划分，可分为第一产业、第二产业、第三产业。第一产业包括：农、林、牧、渔业。第二产业包括：采矿业，制造业，电力、燃气及水的生产和供应业，建筑业。第三产业包括：交通运输、仓储和邮政业，信息传输、计算机服务和软件业，批发和零售业，住宿和餐饮业，金融业，房地产业，租赁和商业服务业，科学研究、技术服务和地质勘查业，水利、环境和公共设施管理业，居民服务和其他服务业，教育、卫生、社会保障和社会福利业，文化、体育和娱乐业。其中，批发与零售业，住宿与餐饮业，租赁与商业服务业，居民服务和其他服务业，商品物流配送，电子商务（网上交易）均属于流通产业的范畴。根据国民经济三次产业的划分，2007 年三大产业在 GDP 中所占比例分别为 11.26%、48.64%、40.1%，2006 年在劳动力就业中所占比例分别为 42.6%、25.2%、32.2%。2011 年我国国内生产总值 471564 亿元，比上年增长 9.2%。其中，第一产业增加值 47712 亿元，增长 4.5%；第二产业增加值 220592 亿元，增长 10.6%；第三产业增加值 203260 亿元，增长 8.9%。第一产业增加值占 2011 年国内生产总值的比重为 10.1%，第二产业增加值的比重为 46.8%，第三产业增加值的比重为 43.1%。

（2）按多维角度划分服务产业，如按发展水平（与发达国家的差距）可分为传统服务业、现代服务业；按服务对象可分为生产型服务业、消费型服务业、公共服务业；按服务提供者的目的可分为市场型服务业和非市场型服务业；按市场结构可分为竞争型服务业、垄断型服务业等。

（3）产业处于引入期、成长期、成熟期、衰退期四个阶段时，具有不同的产业性质，在不同的时期，产业具有不同的地位。

按产业在国民经济中的地位和作用，可分为主导产业、支柱产业、基础产业等。①主导产业是能对较多产业产生带动和推动作用的产业，是前后关联和旁侧关联度较大的产业。主导产业是指在经济发展过程中，或在工业化的不同阶段中出现的一些影响全局的在国民经济中居于主导地位的产业部门。这些产业部门因其利用新技术方面的特殊能力而具有很高的增长率，而且它们在整个国民经济发展中具有较强的前后关联性，因此，这些产业部门的发展能够波及国民经济的其他产业部门，从而带动整个经济的高速增长。主导产业是指在产业发展中处于技术领先地位的产业，它代表了产业结构演变的基本方向或趋势。②支柱产业是指在国民经济中所占比重较大，具有稳定而广泛的资源和产品市场的产业，支柱产业构成一个国家或地区产业体系的主体，提供大部分的国民收入，因而是整个国民经济的支柱。主导产业是在一个国家或地区的产业体系中处于技术领先地位的产业，它代表产业结构演变的方向或趋势，是支柱产业发展的前期形态。一般情况下支柱产业是指一个行业或部门在一个国家或区域的GDP结构中占6%以上的比例。③基础产业是指支撑一个国家或一个地区经济运行的基础部门，它决定着其他产业部门等经济活动的发展水平，一个国家或地区的基础产业越发达，其经济运行就越顺畅、越有效，人民生活就越便利。一般而言，基础产业是经济社会活动的基础环节和基础设施，前者如流通业、能源工业和基本原材料工业，后者包括交通运输、邮电通信、港口、机场、桥梁等公共设施。

（4）按产业的上、中、下游关系，可分为上游产业、中游产业、下游产业。上游产业是指中间产品供给型基础产业。中游产业是指中间产品供给型产业。下游产业是指最终产品供给型产业。按供求关系分类，可分为向前产业，即提供以供给为需要的产品的产业；向后产业，即提供以需求为需要的产品的产业。按时间序列分类，可分为前工业产业、工业产业、后工业产业等。

（5）按产业的实物产品或服务产品的商品分类，可分为消费型产业、资本型产业、生产资料型产业。按马克思主义政治经济学分类，可以分为第一部类产业和第二部类产业等。

**（三）产业的变迁**

产业在国民经济中的地位是动态发展和变化的，因此，某一产业的名称也会经常发生变化，如所谓的朝阳产业、夕阳产业，基础产业、非基础产业，主导产业、支柱产业、基础产业等。根据产业在国民经济中的地位，三大产业的排序也会经常发生变化，如由“一二三”到“二一三”，由“二一三”到“二三一”，由“二三一”到“三二一”。目前，我国正处于“二三一”阶段。

对于同一产业，由于科技的引入，也会发生一些变化。正确看待传统产业，不能一概认为其是夕阳产业，应对之进行科学分析。夕阳产业是对趋向衰落的传统工业部门的一种形象称呼，如煤炭、钢铁、纺织等产业，但夕阳产业未必就会被淘汰，像煤炭、钢铁产业，只是发展空间小了。马洪有一个著名论断：“只有传统技术，没有传统产业”，产业的地位是可以改变的。

在知识经济中大多数传统产业仍然是基础产业，如农业、矿业、传统工具的运输业都不会消亡，但是其基础性地位在减弱，而现代流通产业的基础性地位在加强。传统产业在国民经济中的地位，如果按照占国内生产总值的比例统计，必然降低，从业人数也必然减少。通过高新技术注入对传统产业进行创新改造，传统产业的国内生产总值绝对值还会增加。对传统产业的地位，应该放在社会和全球的大系统来考虑，不能简单地以国内生产总值作为唯一的衡量标准。对于耗竭资源、污染环境和破坏生态的传统产业，其生产方式是必须被取代的，这种方式才是真正的“夕阳产业”方式。

## 三、现代流通产业及其结构

### （一）现代流通产业

现代流通产业是指从事商品经营活动的经济组织，它的经营对象包括实物商品、服务商品、系列活动。具体来说，它包括批发业、零售业、餐饮业、住宿业、物流配送业、电子商务业、生活服务业（美容美发业、洗浴业、洗染业、再生资源业、照相业、家政业、修理业等）、商务服务业（租赁业、拍卖业、典当业、旧货业、会展业、商业经纪业、商业信息业、商业咨询业、商业培训业等）。

1. 流通产业的形成是一个发展过程

在现代经济条件下，一系列的贸易交换活动构成流通，其组织载体为流通产业。如图 1–3 所示。

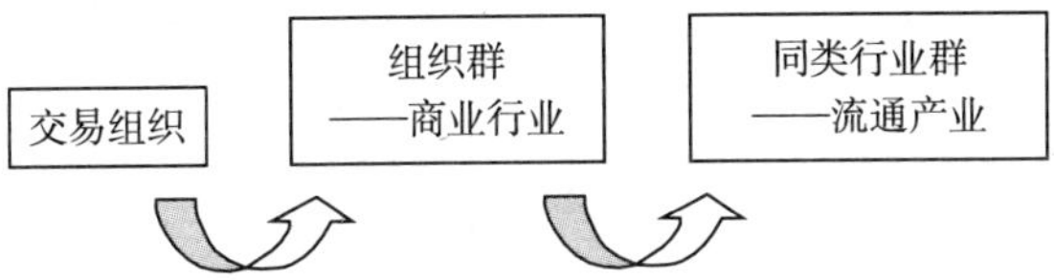


**图 1–3　组织—行业—产业演变**

2. 流通产业是商品流通的组织载体

流通产业是一个相对独立的产业组织，是一切商品（含实物商品、服务商品、系列活动）交换活动的组织载体。

3. 流通产业集群是流通产业发展的必然

流通产业集群是指在某一区域流通企业集聚所表现出的经济现象，流通产业集群能够为区域经济增长提供有力支持和引导。

4. 我国流通产业已经成为国民经济的先导性和基础性产业

2010 年全国流通业增加值占国内生产总值的比例为 13.3%，按照产业增加值占 GDP 的 6%即可称为支柱产业的国际惯例，流通业早已成为我国国民经济的重要支柱产业。同时随着产业的动态发展，流通业也成为先导性和基础性产业。

2010 年年末，我国批发和零售业法人企业已达 197 万个，加上住宿和餐饮企业及个体商户总计 2400 多万户，遍布城乡各区域。我国现有农村连锁店 97.8 万个，[①] 遍布城乡的流通网络，已经成为满足国民经济发展和城乡居民消费的最主要承载力量。2010 年全国流通业就业总人数达到 1.39 亿人，就业贡献率达到 18.2%。同时，中央地方重要商品储备及投放网络初具规模，对稳定市场供求、平抑价格波动、保障民生需要，发挥了重要作用。如图 1-4 所示。

## （二）现代流通产业结构

1. 流通产业结构

流通产业结构是指流通运行的各种要素的比例关系和经济联系。

2. 流通产业结构类型

流通产业结构类型一般包括流通业所有制结构、流通行业结构、流通规模结构、空间网络结构、流通业态结构等。

在流通产业结构中所有制结构是其核心结构，决定着流通业的性质和发

① 曹亚慧."双网合璧"发展农村物流［N］. 现代物流报，2012-03-20：供销合作社连锁店 76 万个，邮政连锁店 21.8 万个，如果包括城市连锁企业、外资连锁企业下乡，门店将超过 100 万个。

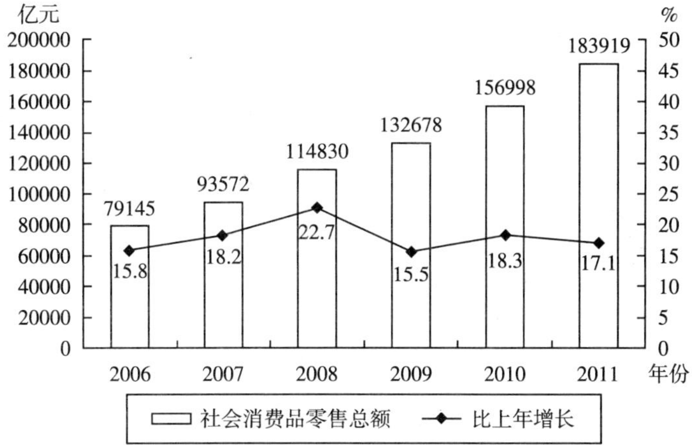


**图 1-4 2006~2011 年社会消费品零售总额及其增长速度**

展方向。

（1）流通业所有制结构及其变迁。流通业的所有制结构是指流通业内部各种所有制的企业数目、人员、资产、经营额等方面的比例和相互制约关系。

纵观我国商业史看流通业所有制结构的变迁，大致经历了私有制流通业→公有制流通业→混合所有制流通业三个发展过程，现正处于发展的第三个阶段。

（2）流通行业结构。流通行业结构是指流通产业内部各种经营对象之间的构成和比例关系。

流通行业结构包括商品批发与零售业、餐饮业、住宿业、物流配送业、电子商务业（电子商务是 21 世纪贸易的发展方向）、生活服务业（美容美发、洗浴、洗染、再生资源、照相、家政、修理等）、商务服务业（租赁、拍卖、典当、旧货、会展、商业经纪、商业信息、商业咨询、商业培训等），包括各类生产企业的分销渠道组织。

从横向来看，现代流通体系包括农产品流通体系、商务服务体系、生产资料流通体系、工业消费品流通体系、再生资源流通体系、生活服务体系和流通信息服务体系 7 大体系。这些不同的流通体系共同构成一个相互联系、不可分割的整体。如图 1-5 所示。

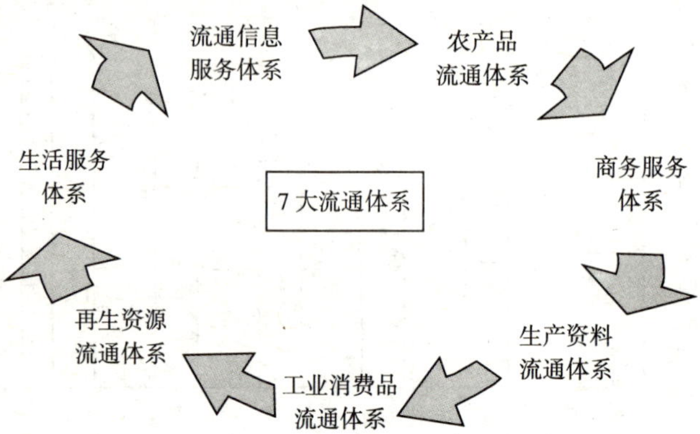


**图 1–5　现代流通体系**

我国生活服务业包括的面较广泛，涉及餐饮、住宿、美容美发、洗浴、家政服务、再生资源回收、照相、维修服务等多个方面，而且市场化程度较高，主要是靠市场自然发育起来的。

（3）流通业规模结构。流通业规模结构指构成流通产业活动要素的积聚程度和结合形式，以及它们之间的比例关系。

流通业规模的结构层次：宏观流通业规模、中观流通业规模、微观流通业规模。

（4）流通业空间网络结构。流通业空间网络结构指商品流通过程中渠道、环节、网点所形成的网络体系、分布状态及其比例关系。

流通业空间网络结构类型：城市空间网络结构、农村空间网络结构。

3. 流通产业结构≠流通产业结构方法

流通产业结构≠流通产业结构方法，具体如图 1–6 所示。

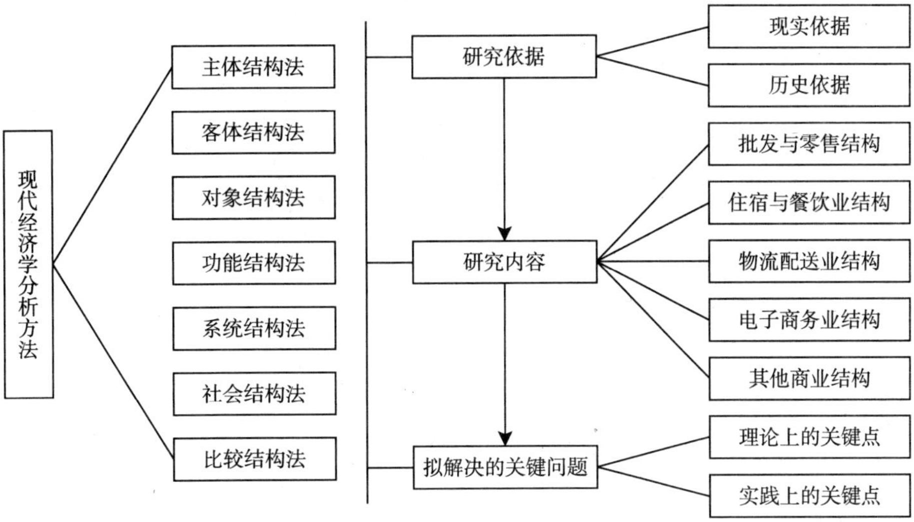


**图 1–6　流通产业结构≠流通产业结构方法**

# 第二节　流通经营活动及其 7 大要素

## 一、流通经营活动

流通经营活动是指商人运用资金、物质技术设施、信息、管理等商业工具推动商品（实物商品、服务商品、系列活动）由生产领域向消费领域运动的过程。如图 1–7 所示。

## 二、流通经营活动的要素

流通经营活动包括 7 大要素，即商人、资金、物质技术设施、信息、管理、商品、顾客。

**（一）商人——商业活动中主导和决定性的要素**

商人是专门从事商品交换的经济组织、阶层或阶级，包括流通企业法

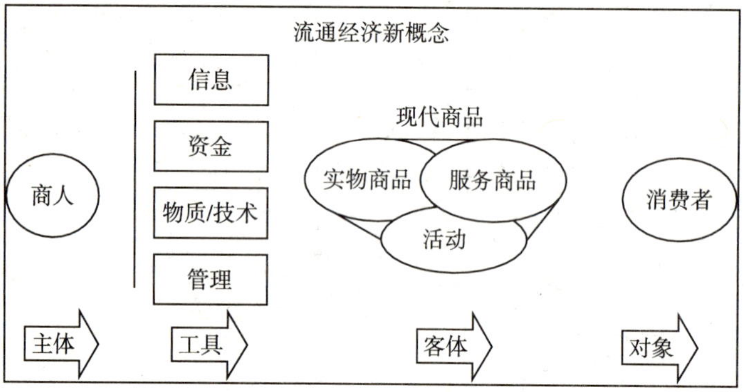


**图 1-7　流通经营活动及要素**

人、流通自然人、流通从业人员。商人在流通活动中是具有主导和决定性作用的要素。

从纵向看，有古代商人、现代商人、当代商人等；从横向看，有中国商人、外国商人。仅就中国商人而言，历史上有徽商、晋商等，改革开放初期有三大商人流派，即所谓港派、海派、京派等。具体来说，不同地区、不同历史时期的商人具有不同的特点。

从古代来看，中国商人曾形成过十大商帮，各大商帮商人的经营项目、活动范围、经营风格、经营观念并不相同。如山西商人以善于理财，独创票号著称；徽州商人亦贾亦儒，贾儒结合；广东、福建商人以海商为主体，表现出亦商亦海的组织形式；山东商人奉行以苦为乐，苦干实干；江西商人小本经营，擅长小本买卖；江苏商人经商稳打稳靠，以粮为主，善于扬长避短。

20 世纪以来的中国商人，在改革开放的过程中相互融合又具有自己的特点，具体来说：

浙江商人具有创造精神、开放意识和求实作风，其中又分为杭州商人、宁波商人、温州商人。温州商人务实灵活，擅长推销，有商业头脑；宁波商人灵活善变，诚信进取。

上海商人有较高的社会地位，精明、讲求实效、讲求规则，法制观念、保险意识较强。

广东商人具有经商天赋，性格开放、具有韧性、善于经营、易于接受新事物，又注重享受，在生意场上多理性少情感。

山东商人最能吃苦耐劳，具有敦厚、淳朴、善良的性格，讲商业道德、讲信誉，做生意一不亏自己的良心，二不亏朋友，货真价实，从不欺诈。

北京商人爱好政治、注重文化、敢于做大生意，重门第、背景及身份，信息灵、路子广，但缺乏竞争意识。

东北商人心直口快，性情豪爽，重义轻利，经商出手大方，爱铺张。

山西商人大多白手起家，发迹靠的是勤俭吃苦，具有经商传统。

湖南商人做生意敢于下大手笔，敢闯敢干。

云南商人诚实买卖，不欺不诈。

新疆商人善于互补，爱打地方特色牌。[①]

总结“商道”可以将其概括为五个方面：智商、情商、逆商、律商、儒商。一是商人必须具有一定的智商，有机敏的能力，否则就不可能在商海中生存和发展；二是商人必须具有情商，成功的商人能够较好地控制自己的喜怒哀乐；三是商人必须具有逆商，逆商是指商人遭遇逆境而不屈服的能力，因为经商不可能一帆风顺，只有不怕挫折坚持努力才能够克服暂时的困难；四是商人必须具有律商，即必须具有约束自己的法律意识，能够约束自己的行为举止，社会不可能没有章法，一个商人遵纪守法，才能在社会网下“游刃有余”；五是好的商人应该是具有知识和修养的知识型的企业家。

### （二）资金——流通经营活动的“润滑剂”和“血液”

资金，是经营活动的前提。没有资金，经营活动就不可能产生，流通产生的前提条件是独立商人和拥有相当数量的流通资金，资金是商人从事交易活动的货币支付手段。

流通资金≠商业资本金，这是因为商业资本金是指在创办流通企业或扩展流通企业经营规模时，由投资者投入流通企业中，以保障流通企业运行最基本需要和担保债务偿还的资金，即企业的资本金，它的基本形态可以是货币资金，也可以是实物、无形资产等其他形态的资金。

① 陈冠任. 中国各地商人［M］. 北京：当代中国出版社，2002.

### （三）信息——流通经营活动的“先导条件”

没有信息的交流和传递，也就没有流通的经营活动，在市场经济条件下，商品供求信息主要通过商品价格为信息载体来传递。

### （四）物质技术设施——流通活动的基础

流通活动需要一定的场所，通常以流通营业面积为主要代表。网上商店和电子订货系统等需要电子网络设施，物流活动需要相应的商品储存和运输物质技术设施来启动和支撑，在网络经济为代表的新经济时代，流通的物质技术设施不仅仅以商业营业面积的大小作为唯一的衡量标准。

### （五）管理——流通效益不可缺少的基础

流通经营活动离不开管理，良好的管理模式能够带来良好的经济效益。随着流通的发展，流通管理也作为一种生产要素存在于流通经营过程中，优良的流通管理模式本身也具有交换价值，如“燕莎管理模式”、“翠微管理模式”[①] 的输出等。在特许经营中管理模式的输出收入表现为加盟费，如全聚德、联想电脑、荣昌洗衣等加盟费一般在 30 万~40 万元，肯德基的加盟费较高，达 800 万元。

### （六）现代商品——流通经济活动的客体

现代商品是由实物商品、服务商品、系列活动所组成的有机整体。有些商品在流通经济活动开始前就已经存在，商人通过购买使之成为流通活动的客体和重要组成部分，诸如许多实物商品。但服务商品是在流通过程中产生的，如服务商品是在流通主体和顾客共同作用活动中产生的，服务商品的生产和消费是同时进行的，而且其生产是在得到顾客的认可后进行的。系列活动是指伴随着实物商品、服务商品的交易，商人组织一系列的活动，即通过大量的活动，把客户和消费者吸引到自己的业务范围。据统计，淘宝网上的商品有 8 亿种。截止到 2010 年，我国商标注册累计申请量已近 830 万件，2011 年商标申请量达到 128.4 万件，累计达 958.4 万件。

---

① 管理模式的输出包括管理系统、管理软件、管理思想、管理方法、管理手段的输出。

### (七) 顾客——流通活动的对象

流通活动与工业活动、农业活动所不同的就是流通活动面对着许多顾客，没有顾客，流通活动也就没有了对象，因此，人们有“顾客至高无上”(Customer is King)[①] 之说。在现代市场经济条件下，顾客、供应商是商人必须正确处理好的客户，顾客是流通活动不可缺少的对象。

## 第三节 现代流通产业的国家地位

在现代社会，谁掌握了一个国家的流通业，谁就掌握了一个国家的命脉！随着经济的发展，商品流通所占的时间越来越多，而生产时间越来越少；流通成本在商品总成本中所占的比例越来越大，而生产成本在商品总成本中所占的比例越来越小。流通产业随着流通的变化，其先导性和基础性越来越多地反映出来。

### 一、流通业为全社会实现所需要的商品

流通业也是生产性劳动，提供的是服务劳动，劳动者在流通过程中除了实现商品价值，也创造各种商业服务满足生产性和消费性需要。流通业具备“社会化”的特征，这是衡量基础产业的根本标志。拿零售业来说，它与广大城乡居民建立最广泛、最直接、最密切的经济联系，它对商品流通的支撑性作用，它广泛的市场网点，都是其他任何一个产业所无法比拟的。

### 二、流通产业是实体经济的灵魂

在现代市场经济条件下，没有交换（流通）就没有经济，没有流通就没

① 有人将其翻译成“顾客是上帝”是不准确的，顾客不希望你将其看做“上帝”敬而远之，而希望你把他看做自己的亲人，他就满足了。所以本书中将其翻译为“顾客至高无上”。

有城市。所有的生产企业生产出的产品如果不能够销售出去，就会倒闭、破产，带来巨大的经济损失。一个现代化城市可以没有制造业和农业，但是不可能没有流通业，中国香港、新加坡就是如此。

## 三、流通产业的完全产值较大

我国流通业增加值大约占 GDP 总值的 15%，北京 2007~2011 年流通业增加值占 GDP 比重分别为 19.43%、20.17%、23.14%、23.23%、23.24%，逐步成为北京市第一大 GDP 增加值，成为北京的支柱和先导产业，甚至是基础性产业。

表 1-1　2007~2011 年北京市流通产业增加值一览表

单位：亿元，%

| 指标 | 2011 年 | 占 GDP 比重（%） | 2010 年 | 占 GDP 比重（%） | 2009 年 | 占 GDP 比重（%） | 2008 年 | 占 GDP 比重（%） | 2007 年 | 占 GDP 比重（%） |
|---|---|---|---|---|---|---|---|---|---|---|
| GDP 总值 | 16000.4 | 100 | 13777.9 | 100 | 11865.9 | 100 | 10488 | 100 | 9006.2 | 100 |
| 第一产业 | 136.2 | 0.85 | 124.3 | 0.90 | 118.3 | 0.99 | 112.8 | 1.07 | 101.3 | 1.12 |
| 第二产业 | 3744.4 | 23.40 | 3323.1 | 24.10 | 2743.1 | 23.11 | 2693.2 | 25.68 | 2479.3 | 27.53 |
| 工业 | 3039.0 | 18.99 | 2701.6 | 19.61 | 2191.0 | 18.46 | 2198.5 | 20.96 | 2053.3 | 22.80 |
| 建筑业 | 705.4 | 4.40 | 621.5 | 4.51 | 552.1 | 4.65 | 494.7 | 4.72 | 426.0 | 44.73 |
| 第三产业 | 12119.8 | 75.75 | 10330.5 | 75.00 | 9004.5 | 75.88 | 7682.0 | 73.25 | 6425.6 | 71.35 |
| 批发和零售业 | 2122.8 | 13.27 | 1878.4 | 13.63 | 1570.9 | 13.23 | 1060.9 | 10.12 | 848.7 | 9.42 |
| 住宿和餐饮业 | 348.3 | 2.18 | 276.0 | 2.00 | 275.5 | 2.32 | 277.5 | 2.65 | 248.6 | 2.76 |
| 租赁和商业服务业 | 1135.2 | 7.09 | 964.4 | 6.99 | 816.2 | 6.87 | 686.3 | 6.54 | 549.2 | 6.10 |
| 居民服务和其他服务业 | 112.3 | 7.02 | 81.8 | 0.59 | 82.7 | 0.69 | 91.8 | 0.88 | 103.2 | 1.15 |
| 流通产业增加值合计 | 3718.6 | 23.24 | 3200.6 | 23.23 | 2745.3 | 23.14 | 2115.6 | 20.17 | 1749.7 | 19.43 |
| 金融业 | 2055.0 | 12.84 | 1838.0 | 13.34 | 1720.9 | 14.50 | 1493.6 | 14.24 | 1126.3 | 12.51 |
| 房地产业 | 1080.6 | 6.75 | 937.2 | 6.80 | 895.4 | 7.54 | 610.8 | 5.82 | 578.7 | 6.43 |

资料来源：北京市经济与社会发展统计公报，2012。

## 四、流通产业解决就业较多

从吸收就业、促进社会再分配、保障社会稳定来看，没有哪个产业能比得上流通业，流通产业能够解决1.39亿人口的就业问题。尤其是零售业，点多面广、市场进入的门槛低，已成为社会产业第一大军。北京流通产业2004年、2005年就业人口分别为230.8万人、226.6万人。在我国，仅餐饮、住宿、美容美发、沐浴、洗染、修理、照相、再生资源回收、家政等行业，就解决就业达到12240万人①，对我国就业发挥了重要的作用。

表1-2 2011年中国生活服务业就业人数统计

| 项目 | 就业人数（万人） | 项目 | 就业人数（万人） |
|---|---|---|---|
| 餐饮业（与早点业） | 2200 | 再生资源业 | 1800 |
| 住宿业 | 700 | 洗染业 | 400 |
| 美容美发 | 2000 | 照相 | 600 |
| 沐浴 | 1840 | 修理业（家电服务） | 300 |
| 家政业 | 2400 | 合计 | 12240 |

资料来源：洪涛. 中国生活服务业发展报告2011［M］. 北京：经济管理出版社，2011.

## 五、国家税收的重要来源

流通产业创造的税收占税收总额的比例保持在20%左右。仅2005年统计，流通产业共缴纳增值税、所得税、营业税3578亿元，同比增长539亿元，增长17.7%。其中增值税1853亿元，占全国税收总额的17.3%；营业税910亿元，占全国税收总额的21.5%；企业所得税816亿元，占全国税收总额的18.7%。2009年全年流通业创造税收1.4万亿元（见表1-3）。

表1-3 2007年我国部分流通企业纳税一览表

| 名次 | 地区 | 企业名称 | 纳税（万元） |
|---|---|---|---|
| 1 | 上海 | 百联集团有限公司 | 189685 |
| 2 | 江苏 | 苏宁电器股份有限公司 | 147197 |
| 3 | 大连 | 大连大商集团有限公司 | 104416 |
| 4 | 北京 | 北京王府井东安集团有限责任公司 | 51933 |
| 5 | 广东 | 广州百货企业集团有限公司 | 36777 |
| 6 | 北京 | 物美控股集团有限公司 | 28369 |

① 洪涛. 中国生活服务业发展报告2011［M］. 北京：经济管理出版社，2011. 这些数字国家统计局没有，是根据各个行业协会的资料整理而成，可供参考。

续表

| 名次 | 地区 | 企业名称 | 纳税（万元） |
|---|---|---|---|
| 7 | 大连 | 大连友谊集团有限公司 | 22675 |
| 8 | 深圳 | 人人乐连锁商业集团股份有限公司 | 20384 |
| 9 | 青岛 | 利群集团股份有限公司 | 19361 |
| 10 | 江苏 | 江苏无锡商业大厦集团有限公司 | 17049 |

## 六、中国市场容量已居世界第三

2010 年我国社会消费品零售总额达 15.69 万亿元，比 1978 年增加了 70 倍，2010 年社会生产资料销售总额达到 36 万亿元。社会消费品零售总额 1992 年、1995 年、1999 年、2001 年、2003 年、2005 年、2006 年、2007 年、2008 年、2009 年、2010 年、2011 年先后跨过了 18 个台阶（1 万亿元为 1 个台阶）：1 万亿元（10993.7 万元）、2 万亿元（20620 万元）、3 万亿元（31134.7 万元）、4 万亿元（43055 万元）、5 万亿元（52516 万元）、6 万亿元（67177 万元）、7 万亿元（76000 万元）、8 万亿元（89000 万元）、10（10.84）万亿元、12（12.5）万亿元、15（15.69）万亿元、18（18.39）万亿元的大关。我国市场规模居世界第三位（见表 1–4）。

**表 1–4　1992~2015 年我国社会消费品零售总额**

| 年份 | 万元 | 年份 | 万元 | 年份 | 万元 |
|---|---|---|---|---|---|
| 1992 | 10993.7 | 2004 | 53950 | 2008 | 108488 |
| 1995 | 20620 | 2005 | 67177 | 2009 | 125400 |
| 1999 | 31134.7 | 2006 | 76410 | 2010 | 156998 |
| 2002 | 40910.5 | 2007 | 89210 | 2011 | 183919 |
|  |  |  |  | 2015 | 320000e |

注：洪涛根据资料整理，e 指预期。

按照国民经济翻两番的要求，2010 年社会消费品零售总额 15.6998 万亿元，生产资料销售总额达到 36 万亿元，2015 年社会消费品零售总额将超过 32 万亿元，生产资料销售额将达到 76 万亿元，分别在 2010 年基础上翻一番。电子商务销售额将达到 18 万亿元，网上购物交易额将达到 3 万亿元。

北京是中国第一个特大型商业城市，2011 年北京市常住人口由 2000 年的 1363.6 万人增至 2011 年的 2018.6 万人，此外，2011 年北京共接待国内旅游者 2.1 亿人次、入境旅游者 520.4 万人次，还有 5 万外国商务人员，是世界上最大的消费城市之一。如图 1-8 所示。

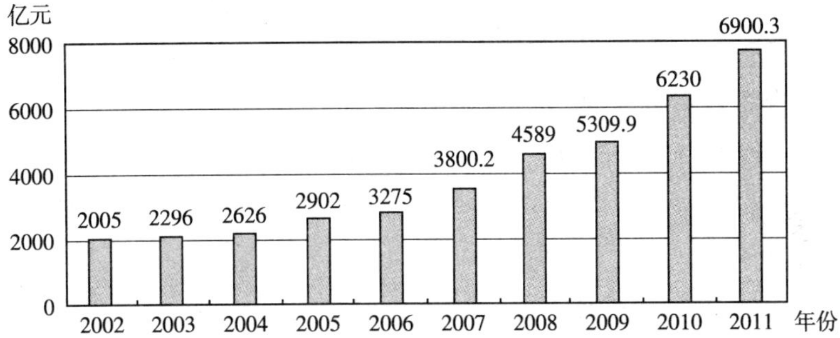


**图 1-8 2002~2011 年北京市社会消费品零售总额**

## 七、流通产业的社会化程度有较大提高

2002~2011 年我国零售百强企业销售额占社会消费品零售总额的比例分别为 6%、7.8%、9.3%、10.5%、11.19%、11.23%、11.06%、10.83%、11%、11%，比 2002 年翻了一番。据不完全统计，我国城乡连锁企业门店超过 200 万个。

# 第四节 改革开放 30 多年流通业巨大变化

## 一、流通产业所有制结构完全改变

公有制流通业，包括国有和国有控股企业、城乡集体企业、股份制企业，在社会消费品零售总额中占 40%左右。多种经济成分流通业，包括个体经济、私营企业、外资企业、股份制企业，在社会消费品零售总额中占 60%左右。

## 二、业态和经营方式今非昔比

### （一）业态多样性

业态从形态类型来分，可分为有店铺业态和无店铺业态两大类。有店铺业态按照不同的特点有：食杂店、便利店、折扣店、超市、大型超市、仓储超市、百货商店、专业店、专卖店、家居建材中心、购物中心、厂家直销中心，这里没有包括批发业态，还有餐饮业态等。无店铺业态包括：电视购物、邮购、网上商店、自动售货亭、电话购物、直销。据不完全统计，我国现有各类业态近40种，世界各地所有的业态都可以在中国找到其“影子”，即业态的中国化。

### （二）经营方式多样性

经营方式多样性表现在批零兼营、预购、赊销、“三票一卡”交易、远期交易、期货交易、租赁经营、连锁经营、现代易货贸易、网上与网下交易等。

## 三、电子商务正在改变社会生活

我国电子商务交易额呈现不断递增的态势。目前，电子商务的模式多种多样，包括B2B（经济组织对经济组织）、B2C（经济组织对消费者）、B2B2C（企业对企业对消费者）、C2B（消费者对企业）、C2C（消费者对消费者）、B2F（企业对家庭）、O2O（网上与网下相结合）、SaaS（软件服务）、PaaS（平台服务）、IaaS（基础服务）、B2G（企业对政府）、G2B（政府对企业）、B2M（面向市场营销的电子商务企业）、M2C（生产厂商对消费者）、SoLoMo（社交+本地化+移动）、ABC（代理商—商家—消费者）、BAB（企业联盟企业）、P2C（生活服务平台）、P2P（点对点、伙伴对伙伴、渠道对渠道）、SNS-EC（社会化网络电子商务）、B2S（分享式商务或体验式商务）等电子商务模式，以及未来商店等智能交易过程。

预计到2015年我国电子商务交易额将达到18万亿元，网上购物交易额超过3万亿元。

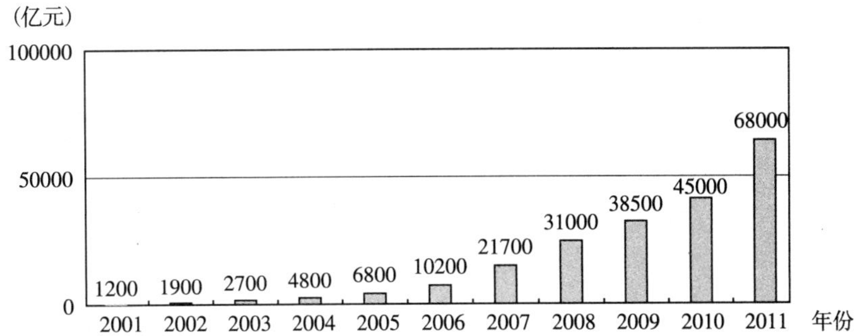


**图 1-9　2001~2011 年我国电子商务交易额**

## 四、30 多年创造了世界上最多、最大的交易市场

改革开放 30 多年以来，我国形成了许多产业集群、市场集群、市场商圈，具体来说，典型市场商圈可以划分为多种类型：

（1）物流市场商圈：洪城大市场商圈、临沂市场商圈、武汉汉正街商圈、宜昌金东山商圈、北京大红门市场商圈、江苏常熟商圈、山东庆云商圈、辽宁西柳商圈、云南昭通水富枫叶国际商贸城、重庆花木世界。

（2）商流市场商圈：郑州粮食批发市场模式。

（3）网上交易市场商圈：浙江网上交易市场、网上轻纺城。

（4）股份制市场商圈：中国小商品城、深圳农产品批发市场模式。

（5）会员制市场商圈：黄金市场模式、白银市场模式（中国银都）。

（6）连锁市场商圈：义乌小商品市场模式、红星美凯龙、居然之家模式。

（7）拍卖市场商圈：重庆市生猪现货电子拍卖交易市场。

（8）尾货市场商圈：六里桥尾货市场商圈。

（9）旧货市场商圈：北京亚运村汽车交易中心商圈、北京旧机动车市场商圈。

（10）市场服务中心商圈：山东胶州市场服务中心商圈、湖南攸县市场服务中心商圈。

（11）市场集群商圈：洪城大市场模式、浙江绍兴市场集群、白沟市场集群。

(12) 城市综合体商圈：湖北宜昌市金东山商业城模式、中国皮革之都海宁。

(13) 园区市场商圈：万贯国际五金机电城、中国教育用品采购基地。

(14) 街区型市场商圈：杭州四季青服装市场模式。

(15) 外向型市场商圈：秀水街市场、中国小商品城、莫斯科格林伍德商贸中心。

(16) 智能市场商圈：红星美凯龙、居然之家模式。

(17) 体验市场商圈：数字永外城文化用品市场模式。

(18) 资本运营+连锁市场：深圳农产品市场股份有限公司。

(19) 易货网上交易市场。

(20) 中国商贸城（200 多个国家）。

**表 1–5　2011 年纺织服装产业集群与市场集群互动**

| 纺织十大产业集群 | | 纺织十大专业市场 | |
|---|---|---|---|
| 浙江绍兴 | 福建长乐 | 中国轻纺城 | 广州白马服装市场 |
| 辽宁兴城 | 山东滨州 | 义乌中国小商品城 | 天雅木樨园服装大厦 |
| 东莞大朗 | 安徽望江 | 芦淞服饰城 | 常熟天虹服装城 |
| 绍兴夏履 | 诸暨大唐 | 中国东方丝绸市场 | 红棉国际时装城 |
| 浙江长兴 | 海门三星 | 大成市场 | 中国纺织服装信息商务中心 |

2011 年在多种商品交易市场模式中，城市综合体、商贸城、集群市场、尾货市场等特色市场等受到市场青睐，发展较好。归纳我国商品交易市场的发展主要有 37 种模式（见图 1–10）。

改革开放 34 年来，我国建成了具有中国特色的商品交易市场体系，即“金字塔”的市场体系。如图 1–11 所示。

## 五、形成了一批较大型流通企业集团

2010 年，中粮集团名列美国《财富》杂志世界 500 强第 312 名，比 2009 年上升 23 位，这也是中粮集团连续第 17 年入选世界 500 强。阿里巴巴旗下的淘宝网，2009 年交易额达到 2000 亿元，2010 年交易额超过 4000 亿元。

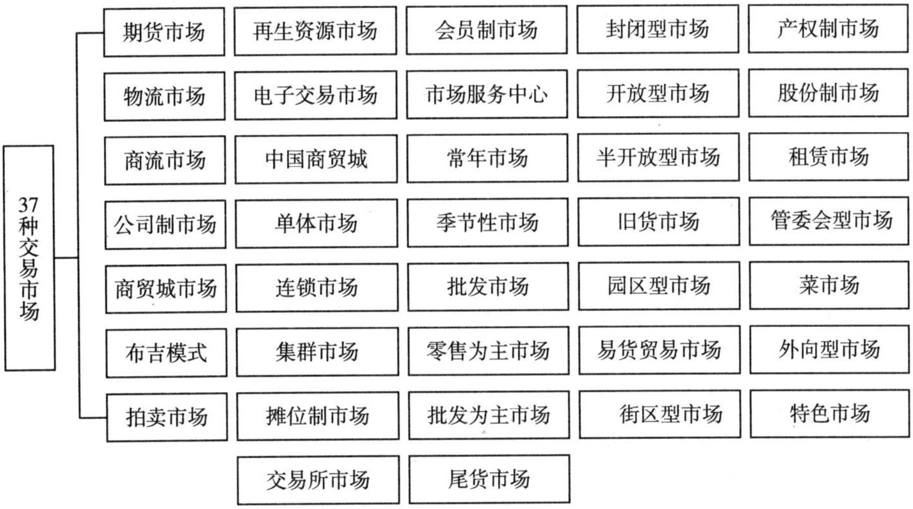


**图 1–10 我国商品交易市场发展模式**

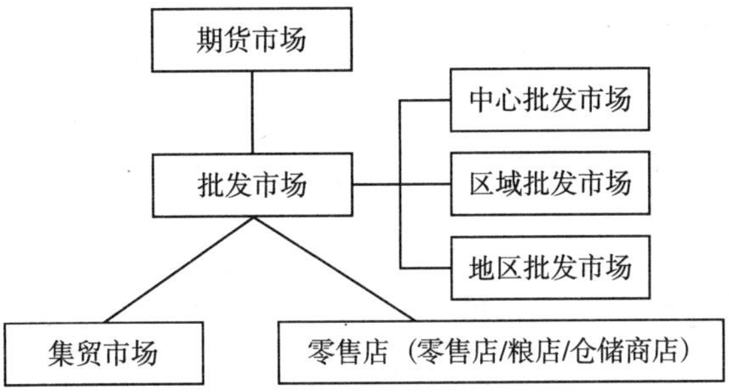


**图 1–11 中国商品交易市场体系**

2010 年中国连锁百强销售规模达到 1.66 万亿元，同比增长 21.2%，增幅高出社会消费品零售总额 2.8 个百分点。百强企业门店总数达到 15 万个，同比增长 9.8%。苏宁电器集团以 1562 亿元的销售规模位居中国连锁百强榜首，国美电器集团、百联集团有限公司、大商集团有限公司、华润万家有限公司分别以 1549 亿元、1037 亿元、862 亿元、718 亿元的销售业绩排名第二位至第五位。百强排最后一名的销售额为 22 亿元，比上年提高 37%。

2009 年国美电器、百联集团、苏宁电器、大商集团入围全球零售 250 强，分别为 63 名、91 名、152 名、167 名。随着中国国际化水平的提高，许多流通企业规模将更大，如苏宁计划 2020 年门店将由现在的 1500 家扩张到

3500家，销售规模达到6800亿元，计划2014年进军东南亚市场，2016年进入欧美市场。

**表1–6 中国连锁经营百强销售额2007~2011年排名**

单位：亿元

| 2007年 | | 2008年 | | 2009年 | | 2010年 | | 2011年 | |
|---|---|---|---|---|---|---|---|---|---|
| 企业 | 销售额 | 企业 | 销售额 | 企业 | 销售额 | 企业 | 销售额 | 企业 | 销售额 |
| 国美 | 1023.5 | 国美 | 1045.94 | 苏宁 | 1170 | 苏宁 | 1562 | 苏宁 | 118108 |
| 百联 | 871.4 | 苏宁 | 1023.29 | 国美 | 1068 | 国美 | 1549 | 国美 | 1100 |
| 苏宁 | 854 | 百联 | 943.29 | 百联 | 979 | 百联 | 1037 | 百联 | 1100 |
| 华润 | 502.9 | 华润 | 638 | 大商 | 705 | 大商 | 862 | 大商 | 827 |
| 大商 | 502.2 | 大商 | 625.5 | 华润 | 680 | 华润 | 718 | 华润 | 615 |

我国连锁经营的比例已经从2003年的8%达到了2006年的20%。2001年连锁百强企业的销售额只占社会消费品零售总额的4.3%，2002~2011年分别为6%、7.8%、9.3%、10.53%、11.19%、11.23%、11.06%、10.83%、11%、11%。

## 第五节 我国流通产业还比较薄弱

据研究，我国流通业产值在15%左右，但是，流通业在国民经济中所占的比例仍然较小，零供矛盾还比较大，对国民经济结构调整、发展方式转变等方面的作用没有得到充分发挥。

1. 流通组织结构不合理，呈现小、散、乱、弱的状况

（1）流通企业规模相对较小且松散。我国流通产业的中小企业所占比例为99%以上，实现的销售额约占全社会消费品零售总额的近80%。企业规模呈现小、散、乱、弱的状态，企业扩大规模的方式主要是单体扩张，限制了企业规模的发展，同时也导致了产业集中度低。而国外流通企业大多采取连锁经营的方式来扩大企业规模，我国很多地方连锁经营规模仅占社会消费品

零售总额的10%多一点，需要大力发展连锁经营。

（2）流通企业之间关联性差，组织结构松散。发达国家的流通企业间关联性主要体现在企业所有权的集中度较高，大企业通过参股、控股乃至收购等手段，以资本为纽带，把大量中小企业纳入自己的协作范围，以一个大公司为核心，组建规模巨大的企业集团，形成稳定的市场供应链。而我国企业之间的市场联系仅仅局限于简单的供求关系，且缺乏“长期交易”行为，不同的行业、企业、地域之间条块分割、地区封锁，导致企业组织结构松散。

（3）流通网点分布不合理，组织结构差异性较大。20世纪90年代以来，从国外引进的超市、折扣店、大卖场等新型业态主要集中在少数行业和东部沿海大中城市，经济不发达的中西部地区相对滞后，使流通产业发展显得不均衡。

2. 信息化程度较低

（1）流通产业的信息水平较低。在计算机和网络时代，我国许多流通企业的信息建设相对滞后，许多企业的信息尚处于起步阶段，技术装备不足，人才缺乏且结构不合理。主要表现为：信息管理机构不健全、信息管理不规范、信息处理和传输手段落后、信息工作人员技术素质较低等。

（2）信息化投入不足。目前我国流通企业用于信息技术和装备方面的投资仅占总资产的0.3%，而美国已经达到10%以上，相比较差距较大。

（3）网络营销不充分。目前许多流通企业从形式上都接入了互联网，但大多数企业只是在网站上建立了一个网页而已，没有充分利用网络资源；绝大多数大中城市都普及了POS系统（销售时点信息系统），但在流通企业中还没有充分发挥其信息管理功能。

3. 经营方式落后和观点落后

许多流通企业主要采取低价竞争策略，许多先进的经营方式没有采用。如远期交易、期货交易、代理经营、信用交易、网上交易、租赁经营、物流配送、连锁经营，以及多种现代流通科技等发展还很不够。许多流通企业缺乏以顾客为中心、参与市场竞争、注重企业形象等经营理念，而这些却是21世纪市场竞争最需要的。

4. 国际化程度较低

我国流通企业“走出去”参与世界竞争的较少，有些具有某种政府行为，因此效果并不很好，流通企业应按市场经济规律走出去，参与国际市场竞争。在内外贸行政管理机构合并后，许多国内贸易企业还没有充分利用外贸企业的国际销售渠道优势参与市场竞争。

5. 在加快经济运转方面的作用没有充分发挥

我国流通企业资金周转率与发达国家相比差距较大，据资料显示，2003年我国大型流通企业流动资金周转速度仅为2.3次，而发达国家流通企业资金周转速度达到20次以上。2005年全国商品库存1.8万亿元，累计在3万~4万亿元，其中流通企业的库存也在增加。社会库存大量增加，增加了产成品资金占用和经营成本，导致企业效益下滑；相互欠款和呆坏账增加，导致社会资金周转速度下降。

6. 中国和贸易强国的距离较大

我国制造业能力较强，但交换能力较弱。我国虽然是全球的制造业中心，但不是贸易中心、价格中心、营销中心、采购中心、物流中心，我国在利润丰厚的流通领域的能力较弱，因此只能拿到一小部分利益，在国际交换中处于分工的低端。从出口来看，我国是许多产品的出口大国，但是没有出口的定价权，这充分说明我国流通能力不强。

**习题**

1. 什么是流通？流通在社会再生产中具有什么地位？
2. 什么是产业？产业形成的基本条件是什么？
3. 简述产业结构的类型及其发展趋势。
4. 为什么产业具有生命周期？
5. 主导产业、支柱产业、基础性产业为什么会动态变化？
6. 简述产业的变迁规律。
7. 简述现代流通的概念。
8. 为什么说流通产业的形成是一个过程？

9. 简述流通产业结构的概念及其类型。

10. 简述流通经营活动及其要素。

11. 为什么现代流通业在国家具有重要地位？

12. 为什么说北京是中国第一个特大型商业城市？

13. 改革开放 34 年来流通业最显著的变化有哪些？

14. 为什么说我国流通产业还比较薄弱？

# 第二章　流通产业与相关重要理论

## 第一节　流通产业与“微笑曲线”

### 一、“微笑曲线”的由来

台湾宏碁集团创办人施振荣先生，1992年在《再造宏碁》中提出了著名的“微笑曲线”（Smiling Curve）理论，以此作为宏碁的策略方向。经历了18年，施振荣先生将“微笑曲线”加以修正推出了施氏“产业微笑曲线”并以之作为台湾各种产业的中长期发展策略方向。

### 二、“微笑曲线”的概念

“微笑曲线”表明，加工制造位于产业链附加值曲线的最底端，利润相对薄弱，企业想要获得更多的附加值，就必须向两端延伸——要么向上游的零件、材料、设备及科研延伸，要么向下游的销售、传播、网络及品牌延伸。

价值曲线愈向两端延伸，企业获得的附加值就越多。市场上的每个企业都可以在这条曲线上找到自己的位置，判断出自己企业的竞争力水平，并找到企业竞争力更深层次的扩展方向。

作为劳动密集型的中间制造、装配环节，不但技术含量低、利润空间小，而且市场竞争激烈，容易被成本更低的同行业所替代，因此成为整个价值链中最不赚钱的环节。

“微笑曲线”理论说明了不同行业不同环节与所实现的附加值之间的关系。微笑嘴形的一条曲线，两端朝上，在产业链中，附加值更多地体现在两端——研发和营销，处于中间环节的制造附加值最低。

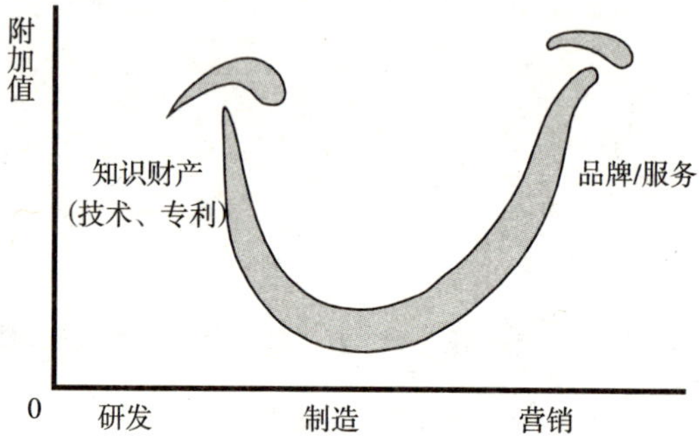


**图 2–1 微笑曲线**

图 2–1 中横轴左段为技术、专利，中段为组装、制造，右段为品牌、服务。曲线代表的是获利价值曲线，微笑曲线在中段位置为获利低位，而在左、右两段位置则为获利高位，如此整个曲线看起来像个微笑的表情符号。

当前制造业利润较低，全球制造业已供过于求，但是研发与营销的附加值高，因此产业未来应向微笑曲线的两端发展，也就是在左段加强研发，提高产品的技术附加值，在右段加强客户导向的营销与服务。

微笑曲线有两个要点，第一个是可以找出附加价值在哪里，第二个是关于竞争的形态。

## 三、“微笑曲线”的实质

“微笑曲线”其实就是“附加价值曲线”，即通过品牌、行销渠道、运筹能力提升工艺、制造、规模的附加价值，也就是要通过向微笑曲线的两端渗透来创造更多的价值。这样就使得价值曲线更趋平缓，从而利润量得到提高。

## 四、“微笑曲线”的内涵

### （一）全球化的竞争压力

在高科技产品市场的全球化趋势下，业界的竞争压力可以用“追、赶、跑、跳、碰”五个字来形容。适者才能生存，这是全球化竞争所决定的。

### （二）产品生命周期的压力

高科技产品，除非掌握关键技术或零组件，在成品的市场，技术开发的速度极快，时尚的变化也很快，产品寿命周期也变化得很快。

### （三）企业生存的压力

企业在激烈的竞争中适者生存，每天都有新企业诞生，每天都有旧企业死亡。

### （四）附加价值的压力

附加价值可以说是一种企业获利的潜力。技术成熟、进入门槛低，普遍化的技术都很容易成为所谓的“微利”企业，也就是所谓的低附加价值产业。

### （五）产业发展的趋势

为了克服低附加价值的压力，企业只有思考往产业发展趋势中的高附加价值区域移动，才能有所发展。

### （六）产业发展环境的需要

产业的 PESTEL 环境的优化，即政治（Politics）、经济（Economy）、社会（Society）、科技（Technology）、生态（Ecology）、法律（Law）等方面对环境的优化。

因此，我们可以得出两点结论：

（1）企业的实物产品与服务产品要有持续性的附加价值（盈余），才能够生存下去。

（2）高附加价值的产品与服务，才能有高获利的潜力，方能确保企业的可持续发展。

## 五、“微笑曲线”的应用启示

透过“微笑曲线”，可以表现动态的一面，并能突破经验瓶颈，迅速化内隐知识为外显知识。对于企业来说，应该加快产业升级和转型，尽快在全球产业链分工的微笑曲线中占据有利位置。具体操作方式如下：

（1）产品升级或产品下移。①产品升级指的是产品从原来的低档往中档走、中档往高档走的办法。②产品下移，追求的不是提高附加价值，而是创造不同的市场，让营销固定成本往下降，创造规模经济。

（2）垂直整合，包括向上游的整合和向下游的整合。

（3）缩短销售渠道，建立直接供销关系，渠道缩得越短，附加价值就越高。

（4）水平延伸，一种是产品的水平延伸，一种是产品线的水平延伸。

（5）多元事业，一种是相关产业的多元化，一种是非相关产业的多元化。

（6）生产技术升级，通过研发和自主创新，增加企业生产技术的科技含量。

## 六、案例解析

（1）顺时针公司在 1991 年创办时只是个贴牌企业，2004 年顺时针公司进军彩棉内衣行业，同中国彩棉集团结为战略联盟，掌控中国名牌彩棉“天彩”牌彩棉的上游资源，同时借助媒体推出品牌，由著名表演艺术家陈强、陈佩斯父子为“顺时针”保暖内衣做形象代言，在中央电视台“非常 6+1”、“幸运 52”等栏目和黄金时段轮番播出“顺时针”广告。

目前，顺时针企业销售总额突破亿元，成为同行业的佼佼者，除了西藏、海南、广东，全国大多城市都有顺时针公司的代理商。

（2）在中国贴牌生产的一个芭比娃娃，美国市场价格为 10 美元，在中国的离岸价格只有 2 美元。而这 2 美元中的 1 美元是管理费和运输费，0.65 美元用于支付材料费，最后剩下 0.35 美元，才是中国生产企业的最终所得。这就是“国际民工”的悲哀，靠人的初级劳动力，采用物质手段创造价值，赚取微薄的利润，却消耗大量的物质资源，并产生污染和破坏环境。

创新是成功的条件之一，尽管中国是制造大国，但仅靠劳动力、价格、资源和非竞争性的比较优势，只能在低端产品市场上占据一席之地。

“微笑曲线”告诉我们，应追求价值曲线的“研究与开发”、“销售与品牌”，才能够占据高端市场。

## 七、“微笑曲线”的突破重点与局限

“微笑曲线”的突破重点是技术、品牌或服务等，这是基于如何确立竞争优势的考虑，但现在新的游戏规则是价值创新，即如何从超越顾客需求的角度开辟市场。

“微笑曲线”忽视了顾客，缺乏对顾客的战略性研究，只是战术性的渗透，很难“微笑”起来。我们先要了解顾客需求，才能考虑曲线的运用。

## 八、应重视武藏曲线

武藏曲线的创立者是日本新力索尼中村研究所的所长中村末广。他在2004年提出了这条与微笑曲线完全相反的曲线——在所有的业务流程中，利润最丰厚的环节恰恰在“制造”上。根据日本《2004年度制造业白皮书》披露：在对约400家日本制造企业的调查中，“制造、组装”环节被众多的企业认为是利润最高的环节。

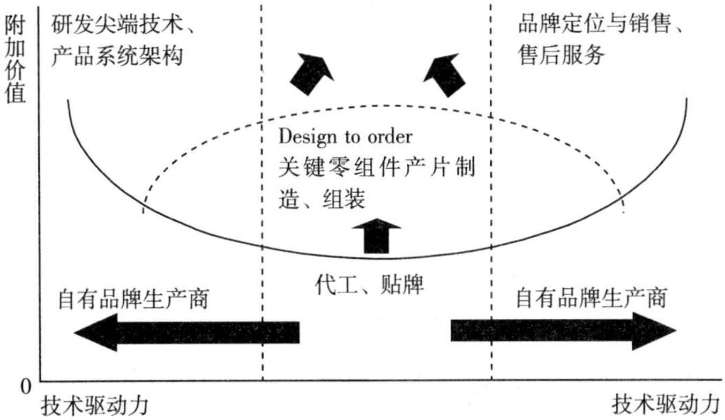


图 2-2　从“微笑曲线”到“武藏曲线”

武藏曲线的命名源于日本剑圣宫本武藏。宫本武藏最著名的成就，就是创立“二刀流”的剑术，小刀防身，大刀制敌，由此达到战胜对手的目的。

在中村末广看来，武藏曲线一刀掌握了市场的变化，确定出最佳的出货，另外一刀对材料和零部件进行最佳采购，这“二刀”可以减少库存从而改善收益；而且，二刀流的初始姿势，左右手向上所持的二刀呈拱状，与此曲线相近。

## 第二节　流通产业与《世界是平的》、《在平的世界中竞争》

### 一、《世界是平的》

美国的托马斯·弗里德曼（Thomas Friedman）2005 年出了一本畅销书叫《世界是平的》（*The World is Flat*），其核心论点是地理疆域之间的国别界线即将成为历史。

托马斯·弗里德曼是美国《纽约时报》记者、三次普利策新闻奖获得者、普利策奖的终身评委。《世界是平的》灵感来自于他到印度班加罗尔采访时，印度 Infosys 软件公司总裁南尼·奈利卡尼对他说的一句话：“当今世界的竞技舞台已经被夷为平地。”他联想到，500 多年前，哥伦布越过大西洋发现新大陆，证明世界是圆的。今天，信息革命已经证明世界变成平的了。而这一切，都是由持续 500 年的“全球化”推动的。

全球化经历了三大阶段：

第一阶段：全球化 1.0 版本，始于哥伦布发现美洲新大陆，从 1492 年持续到 1800 年。所谓全球化，更应该说是殖民化，国家和政府在宗教与帝国主义的影响下，利用暴力击垮国界的藩篱，将世界连为一体。全球化 1.0 版本期间主要是国家间的交流，这期间世界从大变为中等。

第二阶段：全球化 2.0 版本，这一时代从 1800 年左右一直持续到 2000 年。这时，推动全球化的主要力量是跨国公司，这些公司到国外去的目的就是寻找市场和劳动力。同时，运输成本与通信成本的下降推动了全球一体化的进程，各国之间有了充足的商品和信息流通，出现了真正的全球市场，这期间世界从中等变小。

第三阶段：全球化 3.0 版本，世界从 2000 年进入了一个全新的时代。这个平坦的世界是个人电脑、光缆、工作流程软件的综合产物，让世界各地的人们可以通过互联网轻松实现自己的社会分工。

托马斯·弗里德曼在《世界是平的》一书中提到 10 个导致全球一体化的因素（The 10 Flatteners），以促进网络整合的推行。

（1）创新时代。自由市场资本主义以外的意识形态改变，这个世界被看成是一个没有界线的整体，继而把世界想象成是一个单一市场和单一社群。

（2）网景（Netscape）上市。商界由过去用书信和传真来往，改变成用电邮和网络去处理一切信息往来。

（3）商流软件（Work flow software）。商流软件是让网络活动由简单的浏览、电邮、实时信息、传送照片、下载音乐等，演变成网络塑造、设计、创造、买卖、管理存货、报税等，以至地球两端的人可以同时工作。

（4）数码化及无线系统。人们可以随时随地进行视讯会议、网络电话。

（5）资源共享。各种信息资源在互联网上都可免费使用，《维基经济学》（WIKINOMICS）将之总结为开放、协同、共享、全球化。

（6）在数据搜寻方面有各种搜索工具，每个人都可建立自己的数据库。

（7）离岸生产。离岸生产是把企业原先设于一个地方的工厂，整个搬到海外。

（8）外包。例如一些美国公司，把服务（研发、电话客户、账务等）外包到一些亚洲国家，然后把完成的工作重新合并。

（9）内包。例如，UPS、FedEx、Modern Logistics 等快递企业不只做快递，还帮企业提供更高增值的物流服务。

（10）供应链。供应链是一种水平式的合作，是一种在供应商、零售商、顾客之间创造价值的方法。

总之，在受到技术的汇集、全球化及一些其他因素影响的情况下，我们的工作方式发生了转变。对制造业和服务业来说，印度、中国等国家在全球供应链的地位日益重要。

地理位置的因素已经不再是以往的障碍角色，企业可将其生产线、客户服务及其他各种商业过程延伸至全球。这种供应链的散布过程创造了许多惊人的商机，不但改变了现有的商业模式，对于企业运营也有较大影响。

## 二、《在平的世界中竞争》

继《世界是平的》之后又一本风靡全球的财经书——《在平的世界中竞争》引起社会普遍关注。《世界是平的》向我们传递了全球化 3.0 的理念，《在平的世界中竞争》则教我们如何把这种理念变成竞争优势。这本书有来自全球最佳创意、最具有竞争力公司利丰集团的经验。当当总裁李国庆、宏碁集团创始人施振荣、远东集团董事长徐旭东、悦智董事长黄河明、中国人民大学教授宋华、台湾大学教授郭瑞祥等多位知名企业家和教授都隆重推荐该书。

2008 年，利丰集团主席冯国经先生、冯国纶先生与沃顿商学院营销学教授耶尔曼·杰瑞·温德（Yoram（Jerry）Wind）共同撰写《在平的世界上竞争》(Competing in a Flat World)，由中国人民大学出版社出版、中国人民大学商学院宋华教授翻译。

托马斯·弗里德曼在《世界是平的》一书中指出，技术、全球化和其他各种力量融汇在一起改变了我们的工作方式。印度、中国和其他许多国家正逐步成为全球制造业和服务业供应链中不可或缺的部分。地理位置不再是障碍，企业可以在全球延伸其制造、客户服务和其他商业过程。如果我们对迎接这一挑战作了充分准备，供应链的分散会为我们改变商业模式、改进组织结构设计和企业经营方式创造无数良机。

利丰集团在 20 世纪 80 年代早期就开始在这一平的世界中经营，在当时还没有“平的世界”这种提法。如今利丰每年可生产 20 多亿件服装、玩具和其他消费产品。利丰的客户中有很多是世界知名品牌的服装及日用消费品生产商，2011 年利丰集团的销售额超过了 210 亿美元。至今，利丰集团已有 106 年的历史，该集团已成为世界上最大的采购公司，在过去的 20 年里，利丰以每年 23%的复合增长率持续增长。

然而，利丰却连一家工厂也没有，它只是平的世界中的一员。106 年前，利丰只是一家贸易中间商，发迹于广州，后来转型为以香港为基地的出口商，进而发展为跨国企业。最终，利丰因平的世界而改头换面，将自身重塑为一个"网络协调员"的新角色，如今，这位"网络协调员"的网络中有 8300 多家供应商，在超过 40 个国家和地区中有 70 个采购办事处。利丰间接地在其供应商网络中为全球提供了 200 多万个就业机会，但利丰本身聘用的员工还不到这个数目的 0.5%。在公司精益化运作结构下，每位员工的年销售额达 100 万美元，年股权收益率超过 38%。作为一个位于东西方文化融合处的家族企业，利丰的经营风格体现出传统与现代相结合的特点。基于利丰在创新思维和技术应用方面的卓越表现，《连线》杂志在 2005 年"《连线》40 强"中，将其与谷歌、苹果、亚马逊等公司共同列为跨国企业集团中的经典案例。

近几十年来，利丰集团的创新引起了各界越来越多的关注，哈佛商学院对它进行案例研究，有杂志对它进行报道，也有相关书籍对它进行介绍。冯国经和冯国纶在其祖父冯伯燎创办的贸易公司中领先业界率先实施了这一大胆的转型。1998 年以来，沃顿商学院教授杰瑞·温德连续 3 年和冯国经、冯国纶一起研究并回顾了公司的战略发展过程，为其研究和实践提供了更为广阔的视角。

"平的世界"揭开了封于企业之上的盖子，突破了国家和组织的传统界限，对人们看待和管理企业和国家的思维方式形成了挑战。制造企业会发现这些思维方面的创新和改变有很强的实践性，而其影响并非只限于制造企业或有境外业务的企业。网络协作原则与任何想充分利用平的世界中各种机会的组织和行业（包括服务业）都息息相关。本书所讨论的网络协作原则适用于许多领域，包括战略联盟管理、服务业、开放创新和合作营销等领域。

平的世界就在眼前。能理解其运作方式的组织会发现，平的世界确实提供了无数崭新的机会。那些不能迅速适应这些新变化的组织会落伍，或是被那些了解如何在平的世界中竞争的企业"吞噬"。大千世界，充满着机会，要想抓住这些机会，你该如何重新改造你的组织、管理方式和思维模式呢？

## 第三节　流通产业与维基经济学

以“大规模协作”为特征的新经济模式——维基经济的出现，在全球范围内掀起一场创新风暴。这对身处其中的企业和个人来说都是一个全新挑战。在维基经济环境下，流通产业也需创新，不仅是方式上，思想上更要真正放开，做好企业内部信息化，从员工到合伙人、股东，再到顾客，都参与到创新活动中来，集众人之长，提高效率，优化业绩，以期在激烈的市场竞争中成长发展。

《维基经济学——大规模协作如何改变一切》（*Wikinomics：How Mass Collaboration Changes Everything*）中国青年出版社2007年版，是由［加］泰普斯科特与［英］威廉姆斯共同编著而成，由林季红与何帆合译。

### 一、什么是维基经济学

维基经济学的得名，缘于维基百科全书网站的巨大成功，它指的是一种模式：到公司外面去寻求战略方向和伟大的想法。调动网络社区贡献其思考和知识是必备的条件。维基经济不是别的，就是如何驾驭协作以获取更强竞争力的艺术和科学。维基经济已经是协作经济的代名词，大规模协作向世界证明：如果有一种方法充分利用组织里每一个人的智慧，它的能量将无比惊人！

### 二、维基经济学的4个核心

（1）开放：透明是流通业成功的新力量。Apache成为网页服务器，Linux成为操作系统，MYSQL成为数据库，Firefox和万维网本身成为浏览器，透明是商业成功的新力量，而不是令人担心的事情。明智的企业支持透明并积极公开，这会降低交易成本。

（2）协同：Linux 的发展经历，以及它后来成长起来的庞大社区。协作生产社区的参与者有很多不同的动机，为了参与，为了好玩，为了利他主义。尽管平等主义是基本原则，但是总有一些人有相对高的权力与影响力。

（3）共享：知识产权共享。共享的效力不局限于知识产品。它可以延伸到其他资源，例如计算能力、宽带、信息和科学知识。比如 Skype 的创始人尼克拉斯就说过，打电话要收费的观念属于 20 世纪。互联网上的每一个比特天生就是为了复制、传播而生。

（4）全球化：在全球配置人财物资源，这是其竞争优势的表现，也是全球供应链的核心内容。

## 三、维基经济学应用的经典案例

维基经济学所揭示的 4 个核心——开放、协同、共享、全球化——正在取代一些旧的商业教条，许多成熟的传统公司正在从这种新的商务范式中受益。我们所熟知的企业如 Google、亚马逊、宝洁、IBM、乐高、英特尔、宝马、波音、百思买、Youtube、MySpace 等，都已经从维基经济中获得巨大的成功。

宝洁推出新的“品客”薯片。当宝洁开始推出新的“品客”薯片时，它发现每分钟在几万个薯片上印上鲜明的图案是一件非常复杂的事情。过去，宝洁可能会为此投入大量的内部资源。但是，在调动了它的全球资源之后，一个解决方案突然在意大利博洛尼亚的一个面包店出现了，那里的一位大学教授创造了一种在蛋糕和小甜饼上“喷墨”的方法。宝洁迅速购买了该技术并使之适应自己的要求。

百思买（BestBuy）旗下的奇客小分队（GeekSquad）。电子消费行业巨头百思买旗下的服务公司奇客小分队依靠开放的管理模式取得了惊人的增长。它让员工经营公司，通过网上协作设计产品，有时依靠电脑游戏沟通业务。

波音制造的下一代“梦幻 787”飞机。启用“风险共担—利益共享”的全球协作模式，有来自 6 个不同国家的 100 多家供应商参与。公司抛弃了传统的飞机制造商的角色，变成了“大规模供应链集成商”，将一个多样的和全球分散的设计者和制造商团队整合成一个高度复杂和组织严密的系统。

## 四、维基经济下流通产业的组织结构管理理论

传统流通理论中的组织结构表现为“科层结构”，也就是所谓的“金字塔”层级结构，认为上级不能越级指挥，下级不能越级请示汇报，这在传统理论中被奉为经典。很多公司还保持在一个花费大的精力和资金的层级命令方式管理员工的基础上。但在维基经济学中，这种传统的经典理论受到了挑战。维基经济学的核心是协作，这与信息时代带来的生产方式有直接关系。

21 世纪是一个信息发达的时代，由于网络和社区的产生及发展，世界的生产方式必然发生变化。

传统的理论认为协作是在团队中，一个部门与其他部门或者上下级进行协作，在项目研究上协作，共同努力做出更好的销售业绩和策划一个新的市场营销活动。

现代的商业模式越来越走向开放，以前是需要打破企业内部的壁垒，实现跨地域跨层级的沟通，需要企业内部各部门充分合作，鼓励每一个员工进行创新。而现在则需要走出企业，更多地从企业外面的世界获得帮助和知识，建立协作的平台，充分利用全人类的智慧。

## 五、维基经济下流通产业的竞争优势

在传统流通理论中，比较优势是一个企业生存和发展的必要前提，每个生存下来的企业以这个比较优势在市场中占有一席之地。在网络经济条件下，有一些企业比其他企业的资源更少，但仍然取得了成功，这里发挥作用的不是比较优势而是竞争优势。这种竞争优势也就是一个企业的核心能力，核心能力作为一个企业重要的生产要素发挥了作用。

维基经济学更多地为中小型企业指明了未来发展的前景和方向。借助大规模协作，原本在资源配置以及市场竞争中处于劣势、从属地位的所谓低端企业，可以改变传统的资源获取方式，找到一条更适合本企业发挥优势、提高效能，进而获利的全新发展之路。这个改变的根本，在于信息的传递不仅

存在于网络，也可以发生在任何特定的区域，比如大型企业组织。

在开放的基础上还要做到一点，就是最核心的东西不要开放，因为这是企业不可替代的根本。比如宝马现在只设计生产发动机，其他部件和组装都由其他合作商完成，最后打上宝马的品牌，还有诸如亚马逊、波音、Google、Facebook 等。

保留核心并持续专注于核心，提供开放平台允许每个人参与，更多地借助外脑的智慧来实现创新。这些需要一定的文化氛围，也需要相应的制度。不管何时发生这种转变，总是存在竞争优势的重新整合，以及对成功和价值的新的衡量标准。为了在这个新世界中取得成功，仅仅强化现有的策略、管理战略和方法是不够的，甚至会适得其反。维持创新要求我们理解变化并提出新的战略，我们必须跨国界、跨文化、跨学科、跨企业，并同时与更多的人进行协作。

## 六、维基经济下流通产业的全球化协作

知识经济与以往的经济形态相比，其最大的不同在于，它的繁荣不是直接取决于资源和资本，而是依赖于知识或有效信息的积累和利用。它具有经济决策知识化、经济发展可持续化、资产投入无形化、世界经济一体化的新趋势。信息产品与服务贸易成为流通产业中增长最快的产品，并将成为未来贸易的主角，电子商务成为 21 世纪流通产业的主要方式，外包服务与电子商务成为其主要内容。

## 七、维基经济下流通产业的发展任重而道远

由于企业技术和内部管理水平的限制，很多企业在客户信息管理维护、客户在线帮助以及客户需求认知方面还存在不足，尤其对于客户反馈不够重视。他们更多地把客户看做是简单的利益相关方，常常忽视建立良性客户交流方式的重要性以及信用和支付瓶颈。虽然线上的电子商务模式已经有了很大的发展，但是大部分企业，尤其是中小型企业更多还是依赖于线下完成交易。此外，物流配送体系和金融支付平台尚待完善。这些都将阻碍企业的对

外交流能力，并且不利于获取新的市场及客户资源。

如何“维基未来”？面对变化激烈的未来，企业和个人必须更有远见，掌握维基技术，拥抱维基理念，这是21世纪最重要的商业素质。

《维基经济学》中的一段话或许更有警示意义，在维基经济中：

“失败者创建的是网页，而胜利者创建的则是生机勃勃的社区。

失败者创建的是有墙的花园，而胜利者创建的则是一个公共的场所。

失败者的创新是在公司内部进行的，而胜利者的创新则是和用户共同进行的。

失败者精心守护他们的数据和软件界面以防被盗，而胜利者则将资源与每个人共享。”

## 第四节　流通产业与“长尾理论”——“长尾理论”PK“二八定律”

过去，商店经营者用“二八定律”指导经营，将主要资源用于能带来80%效益的20%商品品类维护上。然而，在网络经济条件下，“长尾理论”的出现打破了这一固定不变的经营模式。

### 一、从“二八定律”到“长尾理论”

#### (一)“二八定律”

“二八定律”是1897年意大利经济学家帕累托归纳的一个统计结论，即20%的人口享有80%的财富。这一原则后来被广泛运用，人们在很多领域发现了同一现象，即少数主流的人（或事物）可以造成主要的、重大的影响。以至于在市场营销中，为了提高效率，商店经理们习惯于把精力放在那些由80%客户去购买的20%的主力商品上，或着力维护购买其80%商品的20% VIP客户的利益。

| "二八定律"与你的生活 | |
|---|---|
| 20%的人成功 | 80%的人不成功 |
| 20%的人用脖子以上赚钱 | 80%的人用脖子以下赚钱 |
| 20%的人正面思考 | 80%的人负面思考 |
| 20%的人找一个好员工 | 80%的人找一份好工作 |
| 20%的人支配别人 | 80%的人受人支配 |
| 20%的人做事业 | 80%的人做事情 |
| 20%的人明天的事情今天做 | 80%的人今天的事情明天做 |
| 20%的人会想如何能办到 | 80%的人会想不可能办到 |
| 20%的人记笔记 | 80%的人忘性大 |
| 20%的人受成功的人影响 | 80%的人受失败的人影响 |
| 20%的人状态很好 | 80%的人态度不好 |

**图 2-3　"二八定律"与生活**

### （二）安德森的"长尾理论"

"长尾理论"（The Long Tail）是网络时代兴起的一种新理论，2004 年美国人克里斯·安德森在给《连线》杂志的论文中首次使用该词汇，用以描述某种经济模式如亚马逊或Netflix①。

"长尾"实际上是统计学中幂律（Power Laws）和帕累托分布（Pareto）特征的一个口语化表达。

克里斯·安德森对"二八定律"持不同意见，他认为 98%的产品都有机会被销售，我们不能忽视冷门商品，无数个冷门商品汇聚起来，完全可以得到与热门商品相匹敌的巨大利润空间。

安德森认为，网络时代是关注长尾、发挥长尾效益的时代。商业和文化的未来不在于传统需求曲线上那个代表"畅销商品"的头部，而是那条代表"冷门商品"经常被人遗忘的长尾。

"长尾理论"的基本原理是：只要存储和流通的渠道足够大，需求不旺或销量不佳的产品所共同占据的市场份额可以和那些少数热销产品所占据的

① Netflix 公司是一家在线影片租赁提供商。公司能够提供超大数量的 DVD，而且能够让顾客快速方便地挑选影片，同时免费递送。Netflix 已经连续五次被评为顾客最满意的网站。可以通过 PC、TV 及 iPad、iPhone 收看电影、电视节目，可通过 Wii、Xbox360、PS3 等设备连接 TV。Netflix 大奖赛从 2006 年 10 月份开始，比赛要求参赛者预测 Netflix 的客户分别喜欢什么影片，要把预测的效率提高 10%以上。

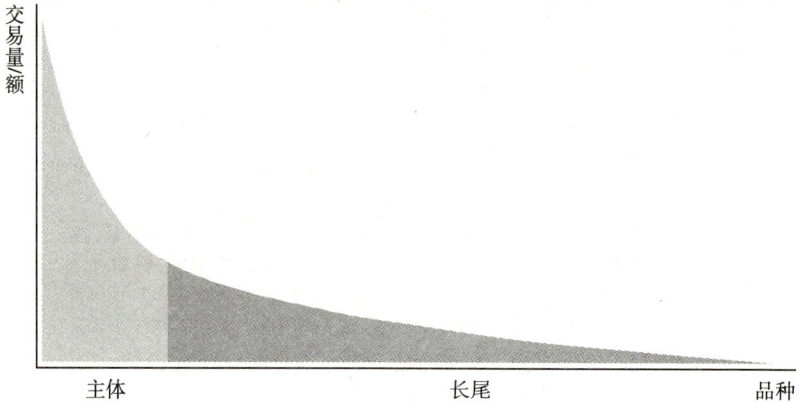


**图 2-4　长尾模型**

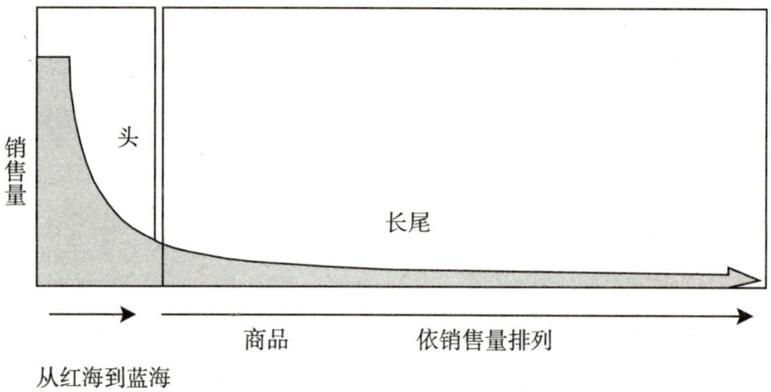


**图 2-5　“长尾理论”曲线图解析**

市场份额相匹敌甚至更大。即众多小市场汇聚成可与主流大市场相匹敌的市场能量。“二八定律”强调的是少数重要原则，即 20%的人群带来了 80%的价值；而“长尾理论”则强调在后面的那些被认为不能带来盈利的尾巴里寻找盈利点。

## 二、“长尾理论”在流通中的运用

长尾理论的出现，被认为是对传统的“二八定律”的颠覆，改变了部分企业的营销思维。过去一些执著于培植畅销商品的管理者发现，畅销商品带来的利润越来越薄，如果给长尾商品更多的机会，则可能积少成多，累积庞大商机。Google AdWords、Amazon、iTunes 都是“长尾理论”的优秀案例。

在亚马逊网络书店的图书销售额中，有 1/4 来自排名 10 万以后的书籍。这些冷门书籍的销售比例正以高速成长，预计未来可占整个书市的一半。这意味着消费者在面对无限的选择时，真正想要的东西和想要取得的渠道都出现了重大的变化，一套崭新的商业模式也随之崛起。

### (一)“长尾理论”在中国的应用与发展

长尾战略与广泛流行在江浙一带的利基、隐形冠军、范围经济、定制、差异化、冷门、小众市场和体验等“落地”战略，具有共同的内核，即“小的就是好的”。

可以认为，利基、隐形冠军、范围经济、定制、差异化、冷门、小众市场和体验等企业实战运用的策略与方法，大大加强了“长尾理论”实战方法的丰富性。尤其是它们都可以在传统经济中适用，在中国具有广泛实践基础，这是“长尾理论”在中国本地化的天然基础。

“长尾理论”成功案例——“哎呀呀”饰品店。“哎呀呀”饰品店 2004 年起源于一家 10 元饰品店，在短短 6 年时间进入国内各大中小城市。首先，它的产品线很长，涵盖了饰品、化妆品、包、手机链等 2000 多个品种，上万件单品。其次，它的产品价格低廉。3 年间“哎呀呀”已发展到 1800 家店，年销售额8 亿元。

“哎呀呀”的成功是建立在这种不断优化商品经营的基础上，源源不断的零星销售让其尝到了甜头，足以证明长尾效应的巨大魅力。

### (二) 中国可以走“长尾”经济的崛起之路

如果将江苏、浙江、广东这些地区的中小企业与数字化网络结合，中国就可能形成一个国家“长尾”——不靠合并出世界五百强规模的企业，而靠那些不想长大但要做世界冠军的长尾企业和隐形冠军。通过产业集群这一长尾，承担起小批量多品种时代全球经济竞争的重担，形成与做大做强并列的又一国家竞争优势。

## 三、“长尾理论”应注意的问题

长尾理论并不仅仅适用于网络商店，但并不是所有传统商店都能运用长尾理论获得成功，这需要一定的条件。从“哎呀呀”饰品店经营中我们可以得到如下启示。

1.“长尾理论”更适用于采取窄而深的商品结构的专业商店

此类型商店力图营造这样的商品特色：只经营某类窄小市场的商品，并拥有无限多的消费选择。普通超市经营的主要是多品类的日常生活用品，顾客购物行为有严重从众倾向，很难出现个性化需求。而“哎呀呀”饰品店主要经营的是选择性强的专业消费品市场，这类市场顾客更注重个性化和多样化需求的满足。

对于这类消费品市场，长尾商品往往可以累积起来形成一个足够大的量，与主流热门商品相匹敌，这就要求该类商品经营者对市场进行更准确定位，对商品进行更精细化管理，才能实现长尾效应。

2. 应用“长尾理论”不能忽视可能带来的成本增长因素

从理论上来说，无数个冷门商品汇聚起来，完全可以得到与热门商品相匹敌的巨大利润。但商店增加销售一件新产品都可能会带来一定成本的提高，如果增加新产品的边际利润小于边际成本，则增加冷门产品经营得不偿失。

因此，运用长尾理论必须小心谨慎。最理想的长尾商业模式是，成本是定值，而销量可以无限增长，这正是网络商店运用长尾理论更有优势的原因。

3. 不能因为“长尾理论”而对“二八定律”全盘否定

长尾理论只是一个补充，很多情形下，实体商店经营者会发现“二八定律”运用起来更有效。

长尾理论提醒经营者关注长尾商品，并不是要经营者忽略热门商品，而是给经营者提供一个新的经营思路，在特定的消费市场，人们完全可以走一条新路来避免恶性竞争。事实上，多数消费者对热门产品的热情总是有增无减。

# 第五节　流通产业与蓝海战略

## 一、蓝海战略概述

蓝海战略（Blue Ocean Strategy）最早由 W.钱·金（W.Chan Kim）和勒妮·莫博涅（Renée Mauborgne）于 2005 年 2 月在二人合著的《蓝海战略》一书中提出。《蓝海战略》颠覆了传统战略思维，为企业超越乃至彻底甩脱竞争提供了一套系统性方法。企业要赢得明天，不能靠与对手竞争，而是要开创“蓝海”，即蕴涵庞大需求的新市场空间，以此走上利润增长之路。

蓝海战略是指引企业回避同质化、低利润的“红海”，进入差异化、低成本的“蓝海”，通过运用战略布局图、四步操作框架、四象限战略视觉图三个工具和重建市场边界、关注全景而非数字、超越现有需求、遵循合理战略顺序、克服关键组织障碍、寓执行于战略六项原则所构成的一个战略制定与实施系统。

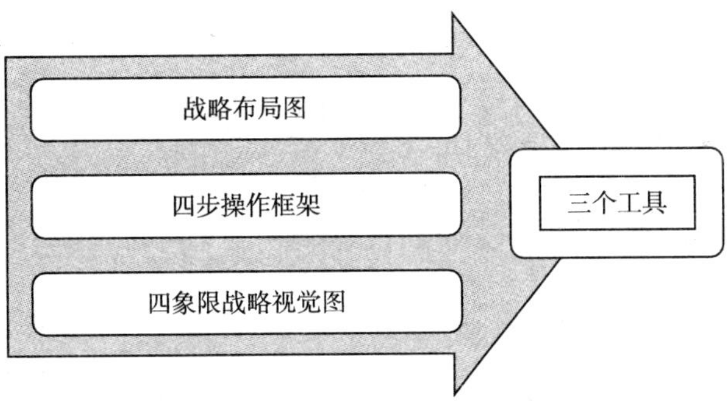


**图 2-6　蓝海战略三个工具**

蓝海的理论基石是价值创新，即在战略上同时追求差异化和低成本。在传统竞争理论看来，企业要么以高成本向客户提供高价值，要么以低成本提供相应价值，即在差异化和低成本之间进行取舍。而蓝海战略却同时追求差

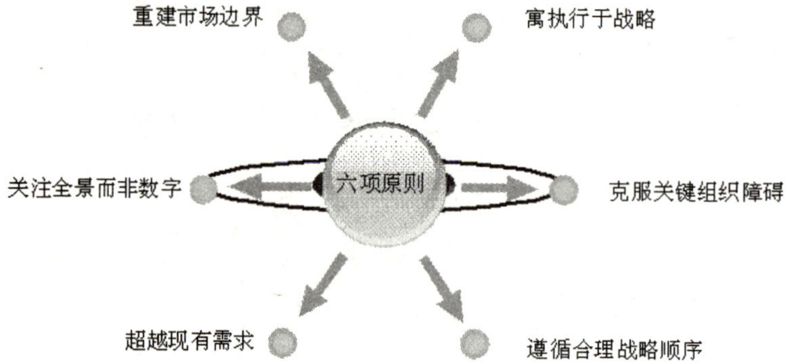


**图 2–7　蓝海战略六项原则**

异化和低成本，在降低成本的同时为客户创造价值，从而获得企业价值实现和客户价值实现的同步提升。

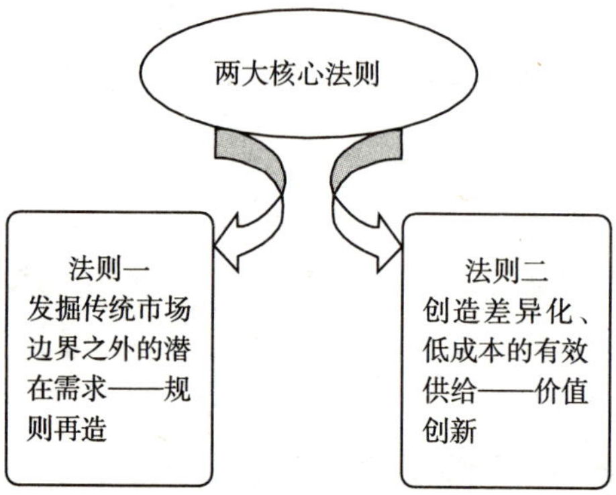


**图 2–8　蓝海战略两大核心法则**

## 二、蓝海战略与红海战略的比较

蓝海战略与红海战略的区别在于：

以竞争为基础的红海战略假定一个产业的结构性条件是给定的，企业被迫在这些条件下竞争。这种假定基于学术上的所谓“结构主义”观点，或者称为“环境决定论”。在红海里，差异化是高成本的，原因在于所有企业按照同样的最优行为规则进行竞争。在此，企业的战略抉择要么是追求差异化，要么是追求低成本。

以价值创新为基础的蓝海则认为市场边界和产业结构并非既定，产业参与者的观念和行为可以重构产业边界和结构性条件——结构再造主义的观点。在结构再造主义的视野里，战略目标是打破现存的价值——成本互替定律，构建新的最优行为规则，由此拓展蓝海。

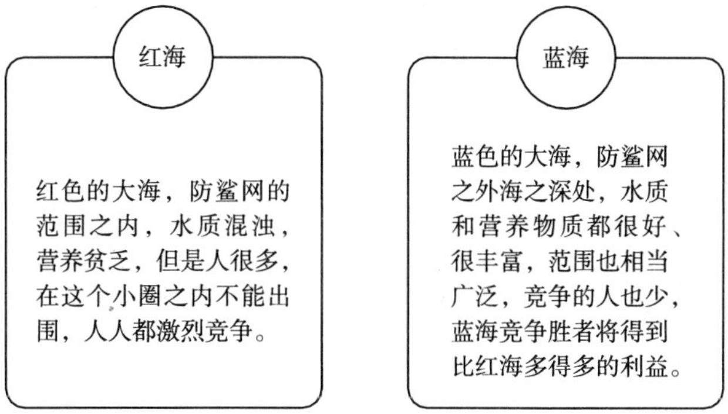


**图 2-9　蓝海战略与红海战略的比较**

蓝海战略要求企业突破传统的血腥竞争所形成的“红海”，拓展新的非竞争性的市场空间。蓝海战略与已有的，通常呈收缩趋势的竞争市场需求不同，考虑的是如何创造需求，突破竞争。在当前的已知市场空间的红海竞争之外，构筑系统性、可操作的蓝海战略，并加以执行。只有这样，企业才能以明智和负责化的方式拓展蓝海领域，同时实现机会的最大化和风险的最小化。

## 三、如何构思蓝海战略

蓝海战略认为，对客户而言，价值来源于以较低的价格获取更高的效用。对企业而言，价值取决于以较低的成本获取更高的收益，价值创新只有在效用、价格和成本要素正确地整合为一体时才算成功。

如何构思蓝海战略呢？要回答四个问题。第一，哪些被产业认定为理所当然的元素需要剔除？第二，哪些元素的含量应该被减少到产业标准之下？第三，哪些元素的含量应该被增加到产业标准之上？第四，哪些产业的元素需要创造？

### 四、流通产业与蓝海战略

流通产业的主要特点是进入门槛比较低，而且以中小企业为主，数量庞大，竞争激烈。仅以我国流通产业中的餐饮业为例，市场竞争非常激烈，利润已经降到十分微薄的程度，可是还有很多后来者争相进入餐饮市场。餐饮业已经到了重要的转型时期，餐饮业的竞争必须要从过去的红海战略转变到蓝海战略上来。

## 第六节　流通产业与“摩尔定律”

### 一、“摩尔定律”的提出

#### （一）三个“摩尔定律”

1.“摩尔定律”

最早的“摩尔定律”是由英特尔公司名誉董事长戈登·摩尔经过长期观察发现得出的结论，一开始被用于描述半导体制造领域的一种现象，即指集成电路上可容纳的晶体管数目，约每隔 18 个月便会增加一倍，性能也将提升一倍，每 18 个月翻一番，每 5 年速度快 10 倍，第 10 年会快 100 倍。后来，摩尔定律被引入其他高科技行业，用来形容技术快速发展带来的性能提高，价格越来越便宜。

2. 互联网的“新摩尔定律”——“光纤定律”（Optical Law）

约翰·罗斯（John Roth）提出的“光纤定律”，指出互联网频宽每 9 个月会增加一倍的容量，但成本同时降低一半。该速度是芯片发展速度的 2 倍，网络频宽的光纤定律带动着网络效应的革命。

3.“杰佛里·摩尔定律”——技术产品生命周期的定律

他认为，新技术产品的生命周期可分为早期接纳者期、中断期、保龄球道期、旋风期、主街区、衰退期等，各个阶段对应的用户也不同，他们从技术的狂热者到梦想者、实用主义者，再到保守者，最后到怀疑者。互联网自2000年4月以来遭遇“寒冬期”可能是技术产品生命周期的中断期。

**（二）“摩尔定律”的应用**

摩尔定律不只适用于对存储器芯片的描述，也精确地说明了处理机能力和磁盘驱动器存储容量的发展。根据摩尔定律，随着科技的发展，商品性能会变得越来越好，而价格却变得越来越便宜，这成为许多产业对于产品性能预测的基础。

**（三）“摩尔定律”的验证**

在摩尔定律提出后的近30年的时间里，芯片上的晶体管数量增加了3200多倍，从1971年推出的第一款4004的2300个增加到奔腾Ⅱ处理器的750万个，奔腾Ⅲ、奔腾Ⅳ与摩尔的预言惊人的一致。

## 二、流通产业与“摩尔定律”

**（一）流通**

现代流通产业活动是商流、物流、信息流的统一与分离，以及与资金流、消费流的不可分。

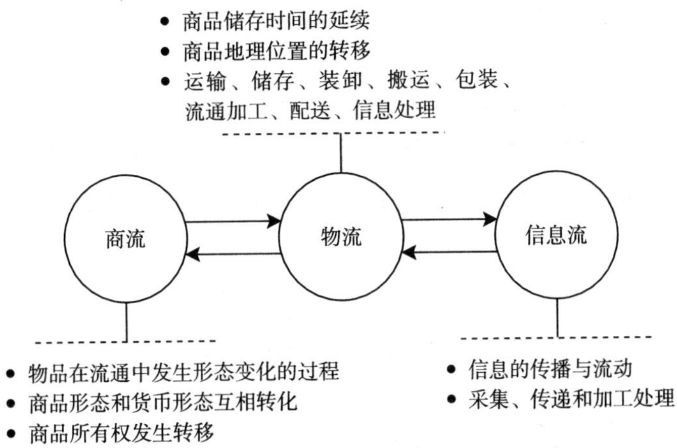


**图2-10 流通**

### （二）“摩尔定律”催生现代物流业——以苏州物流为例

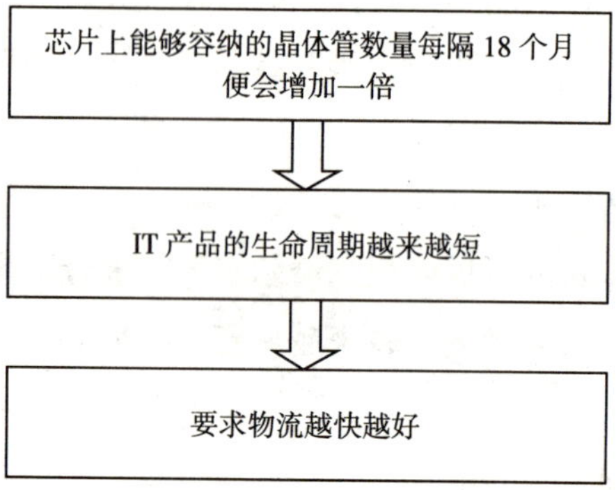


**图 2-11 “卖 IT 产品像卖鱼，越新鲜越好”**

江苏省的苏州是一座宁静的江南古城，多年前，它在很多人的眼里还只是“小桥流水人家”的生活天堂，而现在的苏州已经形成了以 IT 业为代表的制造业异军突起的产业态势。

因为 IT 产业及相关配套产业的特点，也因为电子信息等高新技术产品在出口额中占了极其重要的比例，更因为生产这些产品的高新技术企业普遍具有“订单网络化、物流全球化、生产零库存”的特点，苏州这座没有海港，也没有空港的城市，开始探索物流。

IT 产品 80%要走空运，要在 48 小时或 72 小时内把产品运到世界各地。苏州虽毗邻上海，但到上海机场也有 2 个多小时的车程。货物抵达上海机场后，办完海关手续，运输到工厂就需要 24~48 小时，再加上飞机的运输时间及国外工厂到机场的时间，在 48 小时或 72 小时内完成从原材料供应商工厂进入苏州的企业，经过生产加工后，产品在 48 小时或 72 小时内再运到世界各地的客户手中几乎是不可能的。

为了改变现状，一些大的跨国公司在苏州建厂时，邀请它们的现代物流企业伙伴同时在苏州设立公司，以此来保证其在苏州新建的企业能顺利运转。像日本夏普影印机公司在苏州建厂时，日新中外运运输公司也同时开业，该公司专门为夏普提供原材料和零部件的采购、产品储存、保管、包装到产品开发、销售等一系列服务。这暴露了苏州本地物流产业的薄弱。

建设新的物流载体，发展苏州现代物流成为苏州经济快速稳定发展的重要保障。随着园区保税物流中心、高新区中外运高新物流中心等的建立，三井物产、DHL、UPS、伯灵顿、大田等国际国内知名物流公司相继落户苏州，德国的飞格高志、美国的 EGL 公司等一批境外企业也开始洽谈合作、合资事宜，苏州物流业的发展开始提速。

苏州工业园区大田国际物流有限公司采用了空陆联程模式，保税物流中心（B 型）封关运作使园区具备了国际机场口岸的功能，成为一个“虚拟空港”。采用该模式后，物流通关时间大大缩短。货物抵达上海机场后，送到园区企业的时间从原来的 24~48 小时，缩短为平均 7 小时，最短的达到 3.5 小时。

### （三）“摩尔定律”对信息流的影响

新的信息与传播网络的四项最重要的特征：数字化、信息处理、带宽、标准和分散化结构。

1. “摩尔定律”使获取信息成本更低

在 20 世纪 60 年代初，一个晶体管要 10 美元左右，随着晶体管越来越小，一直小到一根头发丝上可以放 1000 个晶体管时，每个晶体管的价格只有千分之一美分。据统计，按运算 10 万次乘法的价格算，IBM 704 电脑为 1 美元，IBM 709 降到 20 美分，而 60 年代中期 IBM 耗资 50 亿美元研制的 IBM 360 系统电脑已变为 3.5 美分。

2. 信息流

摩尔定律使得芯片储存信息的能力大大增强，而信息处理能力的提升有助于将日益丰富的信息流转化成数字代码和将数字代码转化为人们能理解的方式，并且通过数字网络处理和传播信息。存储能力和显示能力的增强进一步加快了数字化的发展。

3. 带宽

摩尔定律适用于数据的处理，将几乎所有类型的信息转化为易于操作和存储的二进制代码，并且还能方便地转化成人类感官能接收到的模拟信息。通过上百万台计算机高效地处理信息是非常有用的。但是，更有用的是将信息四处传播的能力。通过网络传播数字化信息，作为与数据处理能力相匹配的补充，其发展一直是同步的。

## 三、“摩尔定律”过时了吗

### （一）“摩尔定律”的物理制约因素

摩尔定律的物理制约因素包括：①芯片上元件的几何尺寸不可能无限制地缩小，理论上的极限就是硅原子的大小。②随着芯片尺寸的不断缩小，芯片产生的热量将会增加，对电路自身会造成危害。③由于芯片在生产过程中不可避免地混有杂质，而伴随着芯片尺寸的缩小，杂质的密度就会增大，杂质的聚集将会影响导电性能，目前芯片中杂质含量已接近其所能允许的极限。

### （二）“摩尔定律”总有一天会失效

摩尔本人认为，摩尔定律不可能永远持续下去，但摩尔定律不会在现在或未来短短几年内寿终正寝，可能只有等到晶体管尺寸缩小到接近其物理极限，即与硅原子的尺寸相近时，该定律才会真正终结。

### （三）“摩尔定律”与“基辛格规则”的比较

目前长期引领处理器性能发展的摩尔定律已经受到挑战，人们发现处理器频率提升的步伐明显放慢，从提高处理器工作效率入手来提高性能的“基辛格规则”也许将取代“摩尔定律”。

今后处理器的发展方向将是研究如何提高处理器效能，并使得计算机用户能够充分利用多任务处理、安全性、可靠性、可管理性和无线计算方面的优势，而使用多内核的处理器。多内核处理器不仅仅是通过提升处理器的频率来提升性能，更通过提升晶体管的性能来再次带动处理器的性能。

“摩尔定律”是以追求处理性能为目标，而“基辛格规则”是以追求处理器的效能为目标。

### 习题

1. 简述“微笑曲线”及其实质。

2. 简要评价“微笑曲线”。
3. 简述“微笑曲线”带给我们的启示。
4. 请用“微笑曲线”分析流通产业。
5. 什么是“武藏曲线”?
6. 简述全球化经历了哪几个阶段以及导致全球一体化的因素。
7. 什么是维基经济学及其核心?
8. 比较分析“二八定律”与“长尾理论”。
9. 应用“长尾理论”应注意的问题有哪些?
10. 什么是蓝海战略?
11. 简述蓝海战略与红海战略的区别。
12. 如何构思蓝海战略?
13. 简述“摩尔定律”对信息流的影响。

# 第三章　现代流通产业与现代金融制度

## 第一节　什么是现代金融制度

### 一、现代金融制度的概念

金融制度是基于保证一个相对独立的金融系统得以运行而确立的规则体系，是一系列的经济、法律、政治乃至道德习俗的约束。金融制度是经济制度的一个有机组成部分，它与资金活动的过程密切相关。

现代金融制度外延是在现代信用体系条件下，在金融监管当局的监管下，各金融机构（银行、证券、期货、保险公司以及其他金融类机构）在各级金融市场（资金借贷市场、证券交易市场、期货交易所、外汇市场、保险市场、黄金市场等）内通过多种金融工具（存贷款、有价证券、商品期货、外汇远期等）对资金进行集中、流动、分配和再分配，从而促进经济发展的体制。

### 二、现代金融制度的特征

(1) 经济的货币化和金融化程度大大加深，国民经济金融资产化，金融资产数量以超经济的速度增加，并与社会经济的发展机制紧密地结合在一起，成为经济增长的一股重要力量。

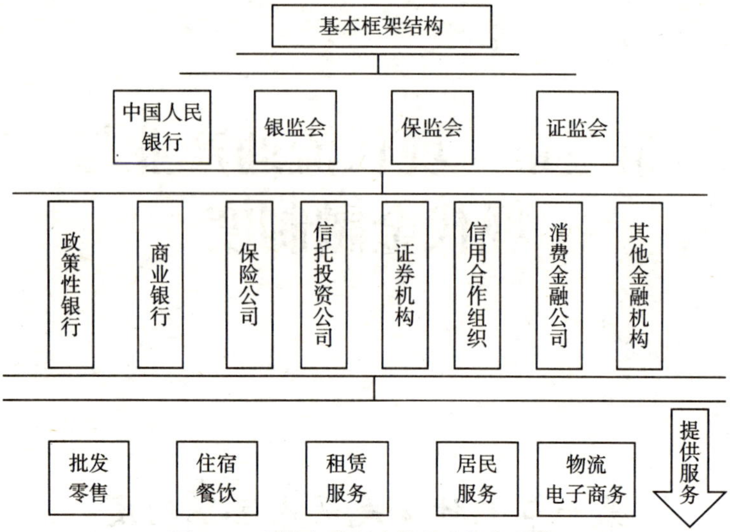


**图 3–1　现代金融制度的基本框架结构**

（2）金融资产创新空前活跃，金融商品的种类繁多，金融机构发行的二级证券相对下降，而企业本身发行的一级证券即股票、债权证券大幅度上升。

（3）随着居民货币收入的大幅度提高，人们的金融投资意识和投资结构发生深刻变化，即由价值储藏和价值保值转向价值增值，人们以极大的热情参与长期证券的交易过程。

（4）金融本身成为一个巨大的产业部门，它具备了独立的投入、产出过程，多样化的金融商品、发达完善的市场结构和重要的金融价格体系，从而全方位地成为社会资金运动和经济发展的命脉。

## 三、现代金融制度结构特点

### （一）金融制度结构的特点

（1）现代金融制度结构在总体上是一种宏观与微观相分离的二级金融制度，即金融宏观调节与微观经营、中央银行与商业银行及其他金融机构在地位和职能上完全分离的结构状态。

（2）在现代市场经济和金融经济中，金融交易过程在组织方式、结构和机制上都发生了重要的变革，即分散的金融中介机构和金融市场发展成有组织、有规律、低成本、高效率的金融组织系统，它是现代金融制度结构的基础和主体因素。

（3）在现代经济社会中，中央银行及其相关的制度结构具有不可替代的重要功能，它与金融经济运行的稳定性相联系而成为现代金融制度中的关键因素之一。

（4）在现代市场经济体系中，与普遍存在的政策管制行为及其理论相适应，规范化的金融监督管理制度在本质上构成现代金融制度结构的有机组成部分，并成为金融发展程度和金融制度完善程度的重要标志之一。

### （二）金融制度的主要组织结构

金融制度的组织结构包括三个相互联系和补充的组成部分：

（1）商业性金融机构——商业性金融机构与市场配置资源和竞争原则相联系。

（2）政策性金融机构——政策性金融机构与市场经济中的政府职能和市场失效相联系。

（3）金融市场结构——金融市场是金融主体之间发生交易关系的场所或渠道。

## 四、模式

### （一）分业经营

分业经营即指对金融机构业务范围进行某种程度的“分业”管制。按照分业管制的程度不同，分业经营有三个层次：

（1）分业经营是指金融业与非金融业的分离，金融机构不能经营非金融业务，也不能对非金融机构持股。

（2）分业经营是金融业中银行、证券（含期货）和保险三个子行业的分离，商业银行、证券（含期货）公司和保险公司只能经营各自的银行业务、证券（含期货）业务和保险业务，一个子行业中的金融机构不能经营其他两个子行业的业务。

（3）分业经营是指银行、证券（含期货）和保险各子行业内部有关业务的进一步分离。比如：在银行业内部，经营长、短期银行存贷款业务的金融机构的分离，经营政策性业务和商业性业务的金融机构的分离；在证券业内部，经营证券承销业务、证券交易业务、证券经纪业务和证券做市商业务的金融机构的分离；在保险业内部，经营财产保险业务、人身保险业务、再保险业务的金融机构的分离等。

**（二）混业经营**

1999 年 11 月 4 日美国参众两院通过了《1999 年金融服务现代化法案》，废除了 1933 年制定的《格拉斯—斯蒂格尔法案》中的第 20 条，从法律上消除了银行、证券（含期货）、保险各个金融机构在业务范围上的边界，允许商业银行以金融控股公司形式从事包括证券和保险业务在内的全面金融服务，实行混业经营。该法案的通过对全球金融界都产生了深刻影响，标志着混业经营的新纪元。

狭义的混业经营主要指银行业和证券业之间的经营关系，金融混业经营即银行机构与证券机构可以进入对方领域进行业务交叉经营。广义的混业经营是指所有金融行业之间经营关系，金融混业经营即银行、保险、证券、信托机构等金融机构都可以进入上述任一业务领域甚至非金融领域，进行业务多元化经营。

## 第二节　流通产业与现代金融制度的关系

流通是一系列的商品交易，是以货币为媒介的商品交换行为，它一产生就与金融密不可分，没有货币为媒介，现代商品流通就不可能进行。流通作为社会再生产过程（生产、流通、分配、消费）的四大环节之一，创造价值，增进国民福利，并逐步产业化、现代化，在这一过程中，现代金融制度都发挥着重要作用。

## 一、生产、流通、消费是相互促进的关系

一方面，现代金融制度为流通产业提供多种融资工具，促进流通产业向高级化、现代化、国际化方向发展。现代金融制度使流通产业的交易成本进一步降低，多样化的金融工具使流通产业的商流、物流、信息流周转速度更快。随着信用卡等新交易工具的诞生以及银行多种业务的开展，消费市场更加活跃，流通企业融资也更加方便，流动资金周转加快。

另一方面，流通的不断增长，促进了经济的增长，又不断地对金融服务提出新的要求，迫使金融制度创新，刺激金融的发展。

## 二、流通产业与现代金融产业相融合

流通产业与现代金融产业在市场经济条件下，目的都是在提供服务的同时，获取一定的利益。尽管流通产业与金融产业，一个是被服务对象，一个是服务对象，但它们同时又都是平等的市场积极参与者，都有着各自的经济利益。

在美国存在一些零售信贷组织，零售商通过证券市场发行商业票据、股票、债券等筹款，然后向客户赊销商品。美国零售商与金融公司和商业银行联合进行消费信贷，它是流通产业与金融业的结合体。还有一些销售贷款性金融公司，购买商业本票，间接对消费者融资，使消费者能够购买金融公司所属母公司的产品。

## 三、现代金融制度创新与现代流通创新

金融制度的创新使在实行专业化金融制度下的一些金融机构业务相互交叉，传统的业务分工界限缩小，这些创新与变化，都极大地方便了流通产业，并使之与金融的关系更加密切。随着世界经济和贸易的增长，交通、通信的发展，各国金融机构纷纷在国外开办分支机构，广泛开展国际金融业务。金融业的国际化，有利于增强本国流通产业的融资能力，促进本国流通产业的现代化、国际化进程。

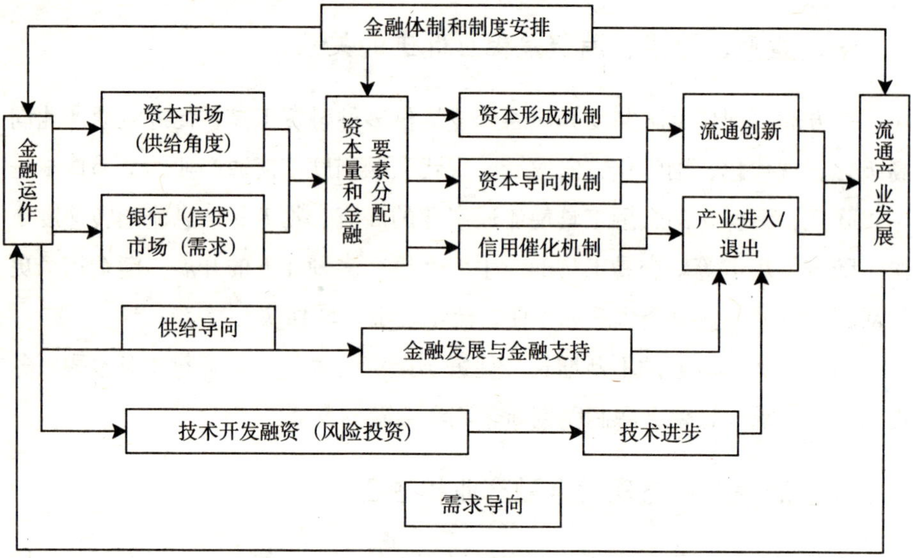


**图 3-2　流通产业与现代金融制度的关系**

# 第三节　流通产业与信用交易

## 一、信用交易是商品交易方式之一

商品交易方式是指商品经营者实现商品（含服务）的价值，转移商品的使用价值的形式和手段。

信用交易又叫商业信用交易，信用是指在商品经济条件下，不同所有者之间的商品与货币资金的借贷和预购、赊销等行为。信用存在多种形式，如银行信用、商业信用、国家信用、消费信用等。其中，银行信用与商业信用是最直接的形式。

在悠久的商业史中商品交换经历了三个主要阶段，如图 3-3 所示。

**图 3-3　商品交换的三个阶段**

## 二、信用交易方式类型

### （一）预购

预购即预付货款，是指商家为得到所需产品而向厂家提前支付部分或全部货款，以支持其生产，稳定产销关系，同时也保证了自己能尽快地得到所需产品。零售商向批发商预付货款订购商品，农产品收购中实行预付定金也属于这种商业信用交易形式。

### （二）赊销

赊销即先交付货物，后支付货款的一种信用交易形式。分一次性付款和分期付款两种。一般存在于厂商之间，是一种常见的短期信用。它以先提货销售以后再分期付款的形式，来鼓励商家进货，达到扩大商品销路的目的。赊销也存在于商家与消费者之间，主要是零售商向购买大件耐用消费品（包括住宅、汽车）的消费者提供的一种信用形式。按照惯例，消费者在购买商品时先付一定比例的现金，然后按规定期限分期交付直至归还全部货款。赊销是一种从信用出发解决用户暂时资金周转不灵的困难，或为了推销价值较高的商品或滞销的商品而采取的一种促销措施。

### （三）“三票一卡交易”

（1）票据交易。票据是发票人自己承诺或委托付款人按指定日期无条件支付款项的一种凭证。票据有广义和狭义之分。狭义的票据仅指以支付一定货币金额为目的，可以转让和流通的债务凭证，这就是通常所说的结算中的“三票交易”，票据包括汇票、本票和支票。广义的票据则指一切为商品流通服务的凭证，除包括狭义的票据外，还包括提单、保险单、发票等单据，以及产地证、检验证等。这里所讲的是狭义的票据交易。

票据交易是指以具有一定格式的书面债据为结算基础的交易方式。在这种债据上一般要载明一定金额，在一定时期内执票人可以向发票人或指定付款人支取款项。在现代经济中，商品交易多以票据为媒介，其表面原因在于携带方便、结算方便，可以节省交易费用，而其深层次原因在于票据特有的功能。

（2）银行卡交易。银行卡交易包括借记卡和信用卡交易。

借记卡交易，又叫负债卡交易，持卡人须先按发卡机构的要求交存一定金额的备用金，当持卡人在使用借记卡时，按借记卡内的备用金数量多少掌握使用，不能超用，也不能够透支。

信用卡交易是消费者利用银行发行的拥有透支功能的银行卡进行的交易活动。其信用交易工具有：①贷记卡是指银行或者信用卡公司给予持卡人一定金额额度，持卡人可在信用额度内进行先消费后还款的信用卡。②准贷记卡是指持卡人须先按发卡银行要求交存一定金额的备用金，当备用金账户余额不够支付时，可在发卡银行规定的信用额度内透支的信用卡。

## 三、流通产业与信用交易的关系

第一，现代市场经济的商品流通，必须以信用做保证，尤其是远距离、跨时空、多品种、大批量的交易。信用交易的优势是节省成本，提高效率，有利于扩大消费，促进经济的发展。

第二，信用交易对流通企业来讲，可以缓解资金紧张，扩大经营规模，防止信用风险。具体来说，信用交易的好处有：

（1）信用交易是市场竞争中的销售工具。通过提供信用交易，提供者就可以得到对付竞争者的利器。提供的信用期长度可以作为对付竞争者赢得购买商订单的策略。

（2）信用延长有利于同顾客发展长期友好的关系，这最终将有利于公司未来的收益。因此，信用选择能得到顾客不断的订单。

（3）供应商可以提供信用交易给顾客作为他们产品质量保证的承诺。通过提供信用的选择权，顾客得以在支付之前检查商品质量。

（4）大公司容易得到金融机构的支持，而一些小公司经常没有足够的资金而不得不依靠大公司提供的信用交易。

（5）信用交易可以通过支付累计的发票为购买者提供未来资金需求的信息，这种信息能使公司更好地预测它们的现金需求。

第三，信用交易使消费者的生活更加便利，有利于增加其消费，促进消费市场的繁荣。2011 年我国银行卡累计发行量达 29.49 亿张，同比增长 22.1%，增幅较上年同期提高 5.2 个百分点，其中信用卡 2.86 亿张，国内联网 POS 机具已达 438.7 万台。支付金额达到 15.9 万亿元，同比增长 4 成，商场百货、宾馆餐饮、超市加油等民生消费领域的商户交易量名列前茅，创新支付成为热点。目前银联卡可在境外 125 个国家和地区使用，为中国人出境旅游、商务、学习等提供了便利的支付服务。全国使用银联卡的商户、POS（刷卡机）和 ATM（取款机）数量分别同比增长 41.4%、40.2%和 34.8%，同比增速高于 2010 年增长水平，其中为持卡人缴纳水电煤气费等日常支付服务的 14 万个“银联便民支付”终端，遍布全国 200 多个城市社区，全年交易量同比增长近 2 倍。

第四，信用交易的发展是电子商务发展的重要因素。对于从事电子商务行业的企业来说，它们与消费者接触的时候，要让消费者消除信用问题的顾虑，让中小型企业避免商业欺诈，这就要求信用交易的发展水平达到一定的高度。

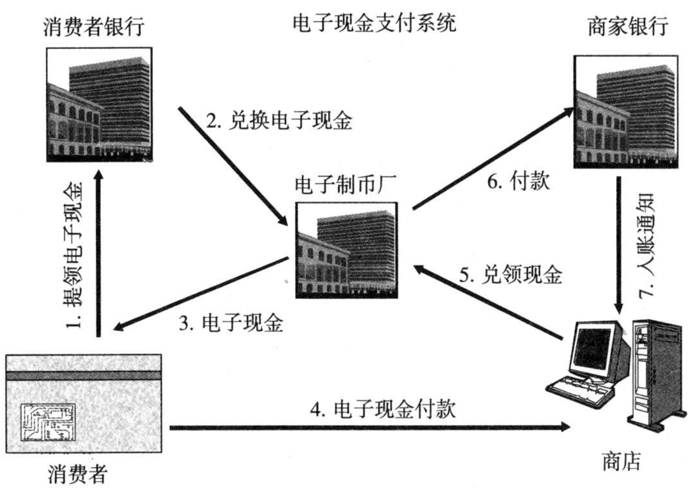


**图 3–4　数字现金的运行模式**

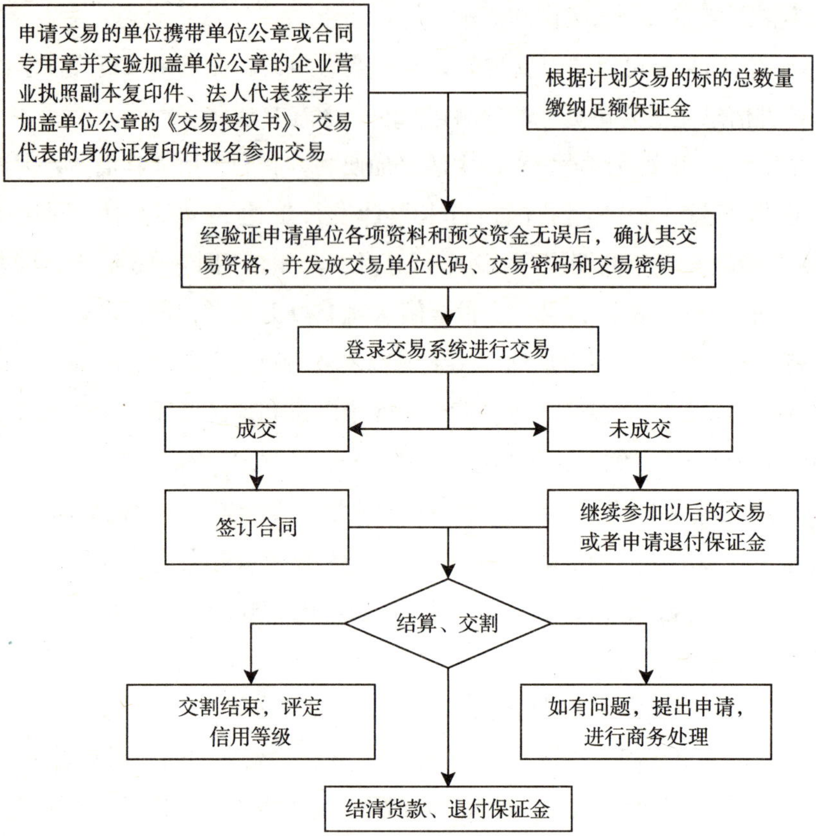


图 3-5　电子商务流程

# 第四节　消费金融公司及其信用卡消费

## 一、消费金融公司

消费金融公司是指不吸收公众存款，以小额、分散为原则，为中国境内居民个人提供以消费为目的的贷款的非银行金融机构。消费金融服务方式目前在成熟市场和新兴市场均已得到广泛使用，受到不同消费群体欢迎，具有单笔授信额度小、审批速度快、无须抵押担保、服务方式灵活、贷款周期短等独特优势，能刺激居民消费，增加有效需求。

2009 年 7 月 22 日，中国银监会颁布《消费金融公司试点管理办法》。2010 年 1 月 6 日，中国首批 3 家消费金融公司获得中国银监会同意筹建的批复，这标志着消费金融公司这种在西方市场经济中已经存在 400 年之久的金融业态终于在中国"破冰"。北京银行、中国银行和成都银行在内的 3 家银行分别在北京、天津、上海和成都四地设立试点消费金融公司。2010 年 2 月，首家外资独资的消费金融公司在天津成立。

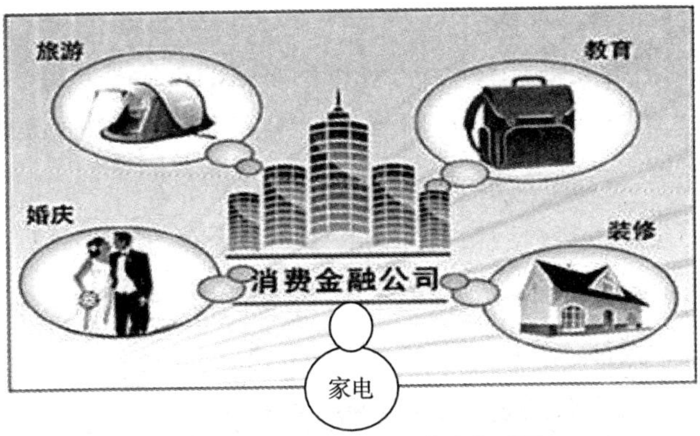


图 3–6　消费融资公司的服务项目

### (一) 中银消费金融有限公司——银商合资典范

在上海浦东新区试点的中银消费金融有限公司，注册资本为 5 亿元人民币。其中，中国银行出资 2.55 亿元，占股 51%。百联集团出资 1.5 亿元，占股 30%。陆家嘴金融发展控股公司出资 0.95 亿元，占股 19%。

消费金融这一以透支消费为特征的融资业务，在欧美发达国家已经具有超过 400 年的历史，在满足普通居民透支消费，提升生活水平方面发挥了重要作用。

在中国经济发展模式逐步转向以内需拉动为主的时代背景下，消费金融公司应运而生。中银消费金融有限公司正是在这一背景下诞生的创新金融机构。

中银消费金融有限公司是经中国银监会批准的全国首批试点消费金融公

司，也是上海的第一家消费金融公司。中银消费金融有限公司以消费金融额度为载体，面向广大工薪阶层提供透支消费的融资业务，秉承“信用开启美好生活”的理念，努力创造“方便、快捷”的融资服务体验，与商业合作伙伴一道为客户带来全新的透支消费方式，倡导适度的透支消费模式，支持扩大社会内需。

中银消费金融有限公司在试点经营过程中，将致力于发展成为消费导向型的专业化个人融资渠道，将紧密依托合作商户，通过合理定位、产品创新和不断优化服务，为客户提供更便捷、更专业、更灵活的消费融资及服务，满足新一代消费群体的需求。

**（二）北银消费金融有限公司——国内首家消费金融公司**

2010 年 2 月 25 日，国内首家消费金融公司——北银消费金融有限公司成立。作为北京银行独立注资 3 亿元成立的全资子公司——北银消费金融有限公司，加上北京银行金融租赁公司的建立，主要为居民个人提供以消费为目的的融资，如购买家用电器、电子产品等耐用消费品，以及用于个人及家庭旅游、婚庆、教育、装修等用途的消费事项。

北银消费金融有限公司正式营业是在 2010 年 3 月 1 日，公司开业将目标投向了耐用消费品。与大中电器、国美电器、王府井集团、一商集团、居然之家集团等全国大型商业企业集团开展深度渠道合作。而且首先进驻大中电器的部分店面，现场为客户办理消费贷款业务，国内消费金融的第一单业务在大中电器产生。

**（三）捷信消费金融有限公司——国内首家外资消费金融公司**

继北京、上海、成都三地获批设立消费金融公司后，2010 年 2 月，银监会在天津批准设立了首家外商独资的消费金融公司即捷信消费金融有限公司，由捷克 PPF 集团投资 3 亿元人民币建立。PPF 集团是中东欧地区最大的金融服务集团之一，业务涉及消费金融、零售银行等领域，资产超过 110 亿欧元。

办理消费贷款四步骤：

第一步：选定商品后可向捷信驻店的销售代表提出分期付款购买的申请（贷款金额最低 540 元）；

第二步：在销售代表协助下，现场填制申请表格；

第三步：如果申请通过并办完相关手续，即可把自己想要的商品带回家（需 30~60 分钟）；

第四步：消费者稍后会收到捷信提供的一份顾客手册，消费者按其中的《还款指引》还款即可。

## 二、我国消费金融公司存在的问题

目前中国境内已有北银消费、中银消费、捷信消费、锦程消费四家消费金融公司，其中北银消费、锦程消费均已试运行满两年，北银消费拟引入西班牙桑坦德消费金融公司作为战略投资者，西班牙桑坦德消费金融公司将向北银消费注资 3.06 亿元。

目前中国消费金融公司所能做的业务相对国外成熟消费金融公司也更为有限，而在国外，消费金融公司可以发行信用卡，但这对中国的消费金融公司则是禁区。

自 2010 年我国消费金融公司成立至今两年来，四家消费金融公司年贷款量不足 10 亿，与监管机构预期目标有差异，而一家银行信用卡一年消费额度就高达几百亿。

据资料显示，2011 年信用卡全年消费达 4.1 万亿，在全国社会消费品零售总额中的占比为 22.6%，比上年提高 5 个百分点。已有信用卡消费这一便利在先，消费者不一定愿意去花费更多的时间向消费金融公司申请贷款。

消费金融公司所要覆盖的正是信用卡所未覆盖到的群体，两者可以差异化竞争。预计到 2015 年，全国社会消费品零售总额将达到 32 万亿，加快消费金融发展正当其时。目前我国的消费金融业务已涵盖消费信贷、消费支付和商户收单等诸多方面，主要产品和信用工具包括个人消费信贷、信用卡、消费卡、第三方支付等；但与西方发达国家相比，我国消费金融的发展潜力还很大。据统计，2010 年四大行消费贷款占总贷款的比例平均为 6%，远低于西方国家商业银行，如美国银行同期为 25%。从消费信贷对经济的贡献来看，目前我国消费信贷余额占 GDP 的比重仅为 3%，而美国、日本等成熟市场消费信贷在 GDP 中占比均在 10%以上。

**习题**

1. 什么是现代金融制度及其特点？
2. 简述现代金融制度结构特点。
3. 金融制度的组织结构有哪些组成部分？
4. 什么是分业经营与混业经营？
5. 简述流通产业与现代金融制度的关系。
6. 什么是信用交易及其类型？
7. 简述流通产业与信用交易之间的关系。
8. 简述消费金融公司的概念。
9. 办理消费贷款的步骤有哪些？
10. 我国消费金融公司存在哪些问题？

# 第四章　流通产业与资本市场

## 第一节　流通产业与资本市场

### 一、流通产业迅速发展

改革开放34年来，越来越多的流通产业更多地通过资本市场进行融资。1984年7月25日，北京天桥百货股份有限公司成立，这是我国改革开放以来第一家股份制企业，该公司的第一批发行股票300万元，其前身是成立于1953年的全民所有制企业天桥百货。随后，各地开始了企业股份化的尝试。

**表4-1　我国比较大的上市零售公司**

| 公司 | 证券代码 | 发行价格（元） | 公司 | 证券代码 | 发行价格（元） |
|---|---|---|---|---|---|
| 友谊股份 | 600827 | 12.81 | 南京新百 | 600682 | 8.63 |
| 新华百货 | 600785 | 17.67 | 东百集团 | 600693 | 8.59 |
| 西安民生 | 000564 | 5.65 | 大厦股份 | 600327 | 8.79 |
| 王府井 | 600859 | 28.01 | 开元控股 | 000516 | 6.55 |
| 欧亚集团 | 600697 | 17.68 | 豫园商城 | 600655 | 16.82 |
| 大商股份 | 600694 | 31.33 | 合肥百货 | 000417 | 11.08 |
| 西单商场 | 600723 | 9.92 | 北京城乡 | 600861 | 6.0 |
| 华联股份 | 000882 | 3.2 | 全聚德 | 002186 | 11.39 |
| 同仁堂 | 600085 | 7.08 | 长百集团 | 600856 | 4.80 |
| 物美商业 | 8277.HK | 6.22（港元） | 国美电器 | 00493.HK | 7.77（港元） |

续表

| 公司 | 证券代码 | 发行价格（元） | 公司 | 证券代码 | 发行价格（元） |
|---|---|---|---|---|---|
| 北京京客隆 | 00814.HK | 5.55（港元） | 联华超市 | 00980.HK | 3.875（港元） |
| 小肥羊 | 00968.HK | 3.182（港元） | 湘鄂情 | 002306 | 18.90 |
| 苏宁电器 | 002024 | 16.47 | 步步高 | 002251 | 23.86 |
| 华联综超 | 600361 | 8.52 | 武汉中百 | 000759 | 9.60 |
| 百联股份 | 600631 | 13.28 | 广州友谊 | 000987 | 17.24 |
| 广百股份 | 002187 | 25.47 | 重庆百货 | 600729 | 22.28 |
| 中国国贸 | 600007 | 9.99 | 小商品城 | 600415 | 37.73 |
| 中兴商业 | 000715 | 10.31 | 新世界 | 600628 | 10.68 |

至今，我国在上海证券交易所上市的流通企业有 38 家，在深圳证券交易所上市的有 22 家，在香港证券交易所上市的有 23 家。

**表 4-2　在深圳证券交易所上市的流通股**

| 证券代码 | 证券名称 | 上市时间 | 发行数量 | 发行价格（元） |
|---|---|---|---|---|
| 300005 | 探路者 | 2009.10.30 | 1700 | 19.8 |
| 300022 | 吉峰农机 | 2009.10.26 | 2240 | 17.75 |
| 002277 | 家润多 | 2009.7.17 | 5000 | 19.58 |
| 002269 | 美邦服饰 | 2008.8.28 | 7000 | 19.58 |
| 002264 | 新华都 | 2008.7.31 | 2680 | 12.00 |
| 002251 | 步步高 | 2008.6.19 | 3500 | 26.08 |
| 002187 | 广百股份 | 2007.11.22 | 4000 | 11.68 |
| 002024 | 苏宁电器 | 2004.7.21 | 2500 | 16.33 |
| 000987 | 广州友谊 | 2000.7.18 | 6000 | 4.08 |
| 000882 | 华联股份 | 1998.6.16 | 4500 | 3.20 |
| 000889 | 渤海物流 | 1997.12.18 | 3000 | 3.78 |
| 000785 | 武汉中商 | 1997.7.11 | 860 | 2.80 |
| 000796 | 宝商集团 | 1997.7.3 | 3000 | 7.74 |
| 000759 | 武汉中百 | 1997.5.19 | 4000 | 5.25 |
| 000715 | 中兴商业 | 1997.5.8 | 3000 | 7.50 |
| 000679 | 大连友谊 | 1997.1.24 | 3500 | 9.80 |
| 000419 | 通程控股 | 1996.8.16 | 1500 | 6.08 |
| 000417 | 合肥百货 | 1996.8.12 | 1691 | 5.80 |
| 000560 | 昆百大 A | 1994.2.2 | 3000 | 3.96 |
| 000564 | 西安民生 | 1994.1.10 | 3600 | 2.50 |
| 000516 | 开元控股 | 1993.8.9 | 600 | 2.10 |
| 000501 | 鄂武商 A | 1992.11.20 | 6500 | 3.50 |

**表 4–3 在上海证券交易所上市的流通股**

| 证券代码 | 证券名称 | 上市时间 | 发行数量 | 发行价格（元） |
|---|---|---|---|---|
| 600327 | 大厦股份 | 2002.6.25 | 4000 | 9.40 |
| 600361 | 华联综超 | 2001.11.29 | 5000 | 7.90 |
| 600306 | 商业城 | 2000.12.26 | 4500 | 5.68 |
| 600280 | 南京中商 | 2000.9.26 | 3500 | 6.36 |
| 600785 | 新华百货 | 1997.1.8 | 2550 | 4.05 |
| 600778 | 友好集团 | 1996.12.3 | 2700 | 4.20 |
| 600774 | 汉商集团 | 1996.11.08 | 1441 | 2.80 |
| 600738 | 兰州民百 | 1996.8.2 | 912 | 10.00 |
| 600723 | 西单商场 | 1996.7.16 | 4080 | 6.80 |
| 600729 | 重庆百货 | 1996.7.2 | 7800 | 1.50 |
| 600712 | 南宁百货 | 1996.6.26 | 2682 | 6.20 |
| 600891 | SST 秋林 | 1996.3.25 | 2700 | 6.80 |
| 600865 | 百大集团 | 1994.8.9 | 2500 | 5.80 |
| 600861 | 北京城乡 | 1994.5.20 | 5000 | 6.00 |
| 600859 | 王府井 | 1994.5.6 | 5000 | 8.00 |
| 600858 | 银座股份 | 1994.5.6 | 2000 | 3.00 |
| 600856 | 长百集团 | 1994.4.25 | 3000 | 4.80 |
| 600828 | 成商集团 | 1994.2.24 | 2960 | 4.10 |
| 600838 | 上海九百 | 1994.2.24 | 2000 | 5.00 |
| 600833 | 第一医药 | 1994.2.24 | 200 | 41.00 |
| 600823 | 世茂股份 | 1994.2.4 | 2000 | 5.00 |
| 600825 | 新华传媒 | 1994.2.4 | 2000 | 5.40 |
| 600824 | 益民商业 | 1994.2.4 | 1270 | 6.60 |
| 600827 | 友谊股份 | 1994.2.4 | 1500 | 5.20 |
| 600821 | 天津劝业 | 1994.1.28 | 8000 | 1.50 |
| 600814 | 杭州解百 | 1994.1.14 | 2200 | 5.68 |
| 600811 | 东方集团 | 1994.1.6 | 4000 | 6.69 |
| 900923 | 友谊 B 股 | 1994.1.5 | 4000 | 3.828 |
| 600807 | 天业股份 | 1994.1.3 | 3062 | 4.00 |
| 600697 | 欧亚集团 | 1993.12.6 | 2000 | 4.20 |
| 600694 | 大商股份 | 1993.11.22 | 2500 | 6.20 |
| 600693 | 东百集团 | 1993.11.22 | 2684 | 2.50 |
| 600683 | 银泰百货 | 1993.10.25 | 2400 | 6.50 |
| 600682 | 南京新百 | 1993.10.18 | 3000 | 4.80 |

续表

| 证券代码 | 证券名称 | 上市时间 | 发行数量 | 发行价格（元） |
|---|---|---|---|---|
| 600631 | 百联股份 | 1993.2.19 | 530 | 89.00 |
| 600628 | 新世界 | 1993.1.19 | 64 | 88.00 |
| 600616 | 金枫酒业 | 1992.9.29 | 130 | 58.00 |
| 600655 | 豫园商城 | 1992.9.2 | 535 | 80.00 |

**表 4-4　在香港证券交易所上市的流通股**

| 证券代码 | 证券名称 | 上市时间 | 发行（万股） | 发行价格（港元） |
|---|---|---|---|---|
| 03666 | 小南国 | 2012.7.14 | 34000 | 1.50 |
| 00837 | 谭木匠 | 2009.12.29 | 6250 | 2.58 |
| 00891 | 利邦 | 2009.11.3 | 45190 | 1.65 |
| 01238 | 宝龙地产 | 2009.10.14 | 100000 | 2.75 |
| 01361 | 361 度 | 2009.6.30 | 206400 | 3.61 |
| 01387 | 人和商业 | 2008.10.22 | 300000 | 1.13 |
| 00968 | 小肥羊 | 2008.6.12 | 24000 | 3.182 |
| 01368 | 特步国际 | 2008.6.3 | 55000 | 4.08 |
| 00848 | 茂业国际 | 2008.5.5 | 86300 | 3.1 |
| 00814 | 北京京客隆 | 2008.2.26 | 15180 | 5.55 |
| 01832 | 时代零售 | 2007.7.16 | 被韩国乐天收购 | (2009) |
| 00825 | 新世界百货 | 2007.7.12 | 33700 | 6.6 |
| 02020 | 安踏体育 | 2007.6.26 | 60000 | 5.28 |
| 01880 | 百丽百货 | 2007.5.23 | 5140000 | 6.2 |
| 00602 | 佳华百货 | 2007.5.21 | 25000 | 1.04 |
| 00538 | 味千百货 | 2007.3.30 | 30000 | 5.47 |
| 01833 | 银泰百货 | 2007.3.20 | 45000 | 5.39 |
| 03308 | 金鹰集团 | 2006.3.21 | 141750 | 3.15 |
| 03368 | 百盛集团 | 2005.11.30 | 16560 | 9.8 |
| 03389 | 新宇亨得利 | 2005.9.26 | 10000 | 1.01 |
| 00493 | 国美电器 | 2004.6.7 | 4410 | 7.77 |
| 08277 | 物美商业 | 2003.7.10 | 8795 | 6.22 |
| 00980 | 联华超市 | 2003.6.27 | 15000 | 3.875 |
| 08052 | 利亚零售 | 2001.1.18 | 16390 | 1.15 |

**表 4-5　即将上市的拟上市的连锁企业**

| 人人乐 | 新合作商贸 | 大润发与欧尚 | 红星美凯龙 | 开心大药房 |
|---|---|---|---|---|
| 摩登百货 | 北人集团 | 丽婴房 | 好孩子 | 岁宝百货 |
| 光龙集团 | 健之佳 | 秋水伊人 | 加贝物流 | |

表 4-6 我国上市批发市场

| 中国轻纺城（1997 年上市） | 深圳农产品（1997 年上市） |
|---|---|
| 中国小商品城（2002 年上市） | |

2009 年 11 月 11 日，湘鄂情在深交所成功上市，开盘价比发行价增长 41.06%，总市值超过 50 亿元。在全聚德、小肥羊、湘鄂情等上市公司的示范效应和引领下，近几年还有一些知名餐饮企业陆续上市，餐饮业将获得更大的发展。

深圳市农产品股份有限公司以投资、开发、建设、经营和管理农产品批发市场为核心业务，是首批农业产业化国家重点龙头企业，也是目前国内农产品流通行业唯一一家上市公司。公司自 1989 年成立以来，至今已经 23 年，已从 517 万元的原始注册资本发展成为总资产 66 亿元、净资产 35 亿元的大型现代化农产品流通企业集团。公司先后在深圳、南昌、上海、长沙、北京、成都、西安、柳州、合肥、惠州、昆明、沈阳、长春、南宁、银川、蚌埠、济南、广州、天津、九江、武汉 21 个大中城市投资经营管理了 32 家大型农产品综合批发市场和大宗农产品网上交易市场，初步形成了一个全国性农产品交易、物流及综合服务平台，成为国内经营管理农产品批发市场的第一品牌。2011 年其下属批发市场（含网上交易市场）农副产品年度总交易量超过 2300 万吨，年度总交易额超过 1300 亿元，约占全国规模以上批发市场交易总额的 10%。公司旗下批发市场每天有 4 万批发商、4 万车辆、20 万人次进场交易，每天向城市居民餐桌供应近 7 万吨农产品，向 2 亿多消费者提供优质安全的农产品。

## 二、资本运营两大模式

资本运营是指对企业所拥有的一切有形与无形的存量资产，通过流动、裂变、组合、优化配置等各种方式进行有效运营，以最大限度地实现增值。

### （一）扩张型资本运营模式

资本扩张是指在现有的资本结构下，通过内部积累、追加投资、吸纳外部资源即兼并和收购等方式，使企业实现资本规模的扩大。根据产权流动的

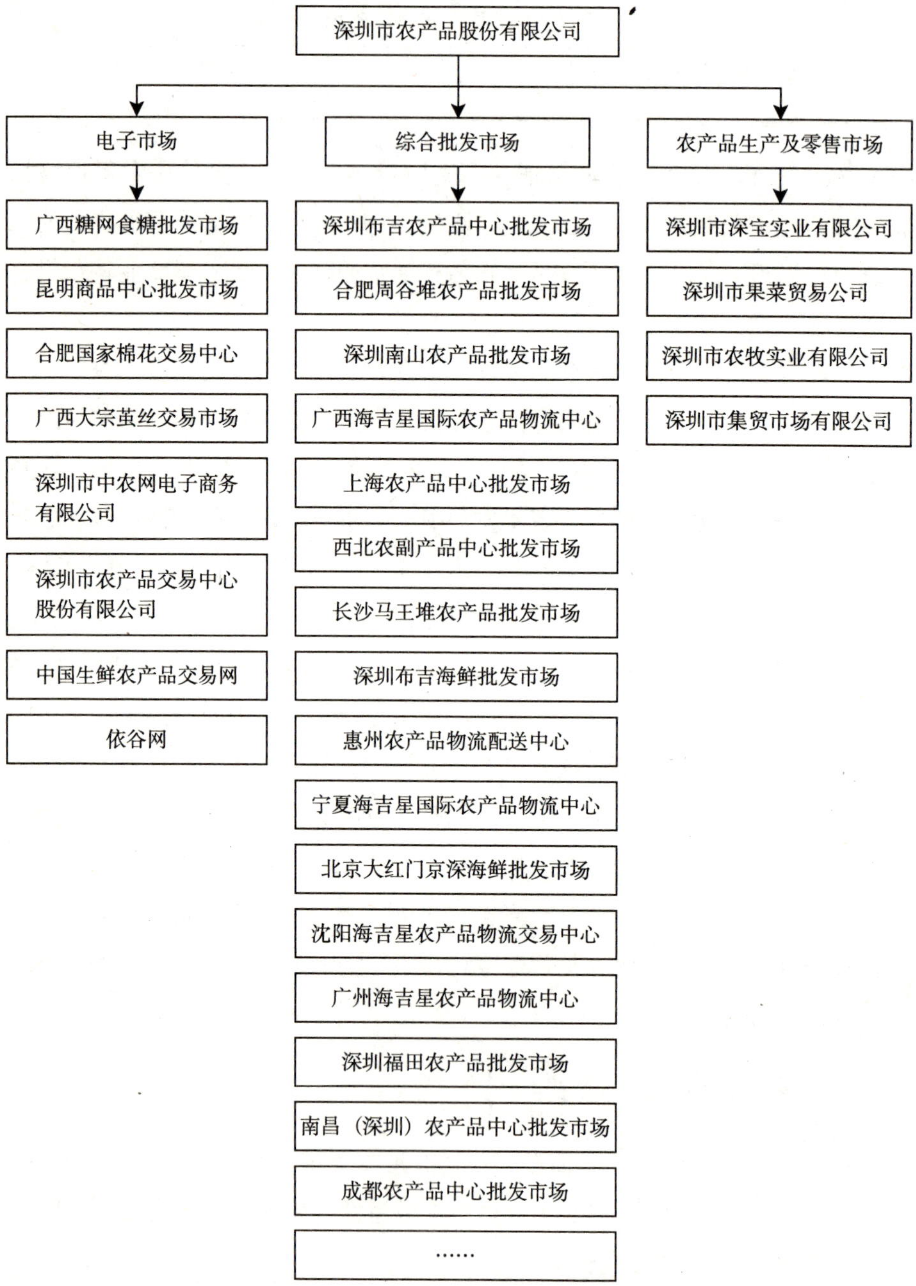


**图 4-1　深圳市农产品股份有限公司**

不同轨道可以将资本扩张分为三种类型：

1. 横向型资本扩张

横向型资本扩张是指交易双方属于同一产业或部门，产品相同或相似，为了实现规模经营而进行的产权交易。

2. 纵向型资本扩张

处于生产经营不同阶段的企业或者不同行业部门之间，有直接投入产出关系的企业之间的交易称为纵向资本扩张。

3. 混合型资本扩张

以上两种方式的混合采用，两个企业属于不同的行业，又不具有纵向的经济联系，在兼并重组中形成一类新型企业的资本扩张。

**（二）收缩型资本运营模式**

收缩型资本运营是指企业把自己拥有的一部分资产、子公司、内部某一部门或分支机构转移到公司之外，从而缩小公司的规模。它是对公司总规模或主营业务范围进行的重组，其根本目的是为了追求企业价值最大以及提高企业的运行效率。收缩型资本运营类型有：

1. 资产剥离

资产剥离是指把企业所属的一部分不适合企业发展战略目标的资产出售给第三方，这些资产可以是固定资产、流动资产，也可以是整个子公司或分公司。资产剥离适应形式：①不良资产的存在恶化了公司财务状况。②某些资产明显干扰了其他业务组合的运行。③行业竞争激烈，公司急需收缩产业战线。

2. 公司分立

公司分立指一个公司依照公司法有关规定，通过股东会决议分成两个以上的公司。主要采取两种基本方式：

一是新设分立。即将原公司法律主体资格取消而新设两个及以上的具有法人资格的公司。

二是派生分立。即原公司法律主体仍存在，但将其部分业务划出去另设一个新公司。派生公司的本公司继续存在但注册资本减少。原股东在本公司、新公司的股权比例可以不变。

在实践中，总公司为了实现资产扩张，降低投资风险，往往把其分公司改组成具有法人资格的全资子公司。此时总公司亦转化为母公司。母公司仅以其投资额为限对新设子公司债务负有限责任。

为防止企业借合并或者分立转移债务、逃避责任，我国《民法通则》第44条规定："企业法人分立、合并，它的权利和义务由变更后的法人享有和承担。"《中华人民共和国合同法》第90条规定："当事人订立合同后合并的，由合并后的法人或者其他组织行使合同权利，履行合同义务。当事人订立合同后分立的，除债权人和债务人另有约定外，由分立的法人或者其他组织对合同的权利和义务享有连带债权，承担连带债务。"因此，当事人分立后，不仅原有的一切债权债务依法由分立后的法人或者其他组织承担，而且原有的财产所有权、经营权、知识产权等也都转移给分立后的企业。如未与债权人达成协议，则分立后的各法人对原债务承担连带责任，具体数额根据分立时的财产分配情况及分立后各法人的注册资金数额来确定。

3. 分拆上市

公司分拆上市是指公司将其拥有的某一子公司的全部股份，按比例分配给母公司的股东，从而在法律和组织上将子公司的经营从母公司的经营中分离出去。通过这种资本运营方式，形成一个与母公司有着相同股东和股权结构的新公司。在分立过程中，不存在股权和控制权向第三方转移的情况，母公司的价值实际上没有改变，但子公司却有机会单独面对市场，有了自己独立的价值判断。公司分立通常可分为标准式分立、换股式分立和解散式分立。

2000年，联想集团实施了有史以来最大规模的战略调整，对其核心业务进行拆分，分别成立新的"联想集团"和"神州数码"。2001年6月1日，神州数码股票在香港上市。神州数码从联想中分拆出来具有一箭双雕的作用。分拆不但解决了事业部层次上的激励机制问题，而且由于神州数码独立上市，联想集团、神州数码的股权结构大大改变，公司层次上的激励机制也得到了进一步的解决。

4. 股份回购

股份回购是指股份有限公司通过一定途径购买本公司发行在外的股份，适时、合理地进行股本收缩的内部资产重组行为。通过股份回购，股份有限公司达到缩小股本规模或改变资本结构的目的。股份公司进行股份回购，一般基于以下原因：一是保持公司的控制权；二是提高股票市价，改善公司形象；三是提高股票内在价值；四是保证公司高级管理人员认股制度的实施；五是改善公司资本结构。股份回购与股份扩张一样，都是股份公司在公司发展的不同阶段和不同环境下采取的经营战略。

## 第二节　2000 年以来我国零售业并购概况

### 一、我国企业并购四大趋势

#### （一）纵向兼并

以生产上下游要素整合为目的的纵向并购日益活跃，会持续 5~7 年及以上，纵向并购的活跃，有利于降低企业运行成本，提高企业经营效益，增强企业发展动力，构筑企业创新链。

#### （二）横向兼并

以同行业整合、推动企业由大变强、由强变优的横向并购全面展开，在保持核心竞争力的前提下实现多元化经营。

#### （三）混合兼并

大型企业间的强强联合加速，混合并购渐入高潮，既有纵向兼并，又有横向兼并，形成纵向横向兼并相结合，形成规模较大的企业集团。

#### （四）企业联盟

企业结盟趋于活跃，形成多种企业之间的业务联盟关系，既有纵向联盟，又有横向联盟，虽然不是资本为纽带的关系，但是一旦形成“长期合约”关系，就更具有竞争力，不是单个企业对单个企业的竞争，而是“供应链”对“供应链”之间的竞争。

## 二、零售企业并购现状分析

### （一）零售业并购加速增长规模扩大

2000 年以来，我国零售业受国有流通企业改革和零售业全面对外开放的影响，掀起了并购热潮。据统计，2000~2005 年我国零售业并购发展趋势是并购数量迅速增长，涉及金额日益增加。2001 年我国零售业的并购金额是 2000 年的 3 倍多，并购事件数量是 2000 年的 2 倍多。2005 年我国零售业并购数量和金额较前年又有大幅度增长。

2005 年中国境内并购交易金额达人民币 4176 亿元，其中零售业内的并购交易金额达人民币 111 亿元。由此可见零售业并购在加速，规模在扩大。

2000 年以来我国零售业重大并购事件有：①大韩民国株式会社新世界收购上海易买得超市 14.8%的股权。②北京物美收购北京美廉美连锁商业 75%的股份。③大商集团收购河南郑州金博大。④北京物美收购银川新华百货。⑤美国百思买收购江苏五星电器。⑥国美并购永乐。⑦新华发行集团收购华联超市实现借壳上市。⑧北京京客隆入主首联集团。⑨沃尔玛收购好又多。⑩广州联华快客转手 7-11。⑪华润收购家世界，收购洪客隆。⑫国美成功收购大中电器。⑬乐天收购万客隆。

### （二）零售业并购的区域分布不平衡

第一，不论按并购方所在省份还是被并购方所在省份统计，东部地区是我国零售业并购多发区。按并购方所在省份统计，上海和北京两地发生的并购事件已经占到所统计事件的 45%，以上海和北京两地零售企业作为并购对象的并购事件占到了并购事件的近 1/3。

第二，跨国并购事件中，外资并购我国零售企业远远多于我国零售企业的海外并购。

第三，零售业并购事件多发生在各大经济区内部。

第四，从并购所涉及的金额来看，跨地区并购涉及金额巨大，占并购金额的约 70%，而发生在经济区内部的零售业并购金额只有 30%左右。

### （三）外资对内资零售企业的并购增加

我国零售业的对外开放始于 1992 年，最初外资的进入主要采取的是新设投资的方式，建立三资企业。我国加入 WTO 以后，外资以并购投资的方式进入零售业的步伐加快，尤其是 2005 年我国零售业对外全面开放以来这一趋势更为明显。

2000 年以来部分外资并购我国零售业事件有：①南京金鹰国际集团购物中心"零资产整体兼并"扬州商场。②华润创业有限公司现金收购江苏苏果超市有限公司。③香港顶好惠康超市并购惠阳超市 22 家店的经营权。④世界头号家居建材零售商家得宝收购东方家园 49%的股权。⑤英国女顺投资收购深圳民润超市 75%的股权。⑥家乐福和乐购收购乐客多 7 家门店。⑦大韩民国株式会社新世界收购上海易买得超市。⑧美国百思买集团收购江苏五星电器。⑨沃尔玛收购好又多。⑩英国女顺投资增持深圳民润超市 32.76%的股权。⑪美国家得宝并购家世界家居。

### （四）中国零售企业的海外并购有所发展

随着外资零售企业大量进入中国，我国零售企业在境内兼并外资企业，并参加海外并购事件，2000 年以来共有 7 起：①辽宁成大收购辽宁家乐福商业有限公司 35%的股权。②物美收购日本大荣在天津的 12 家合资超市。③中国永乐收购台湾灿坤在大陆的 32 家 3C 连锁店。④北京王府井百货收购首联集团持有的合资公司 7-11 25%的股权。⑤北京华联集团收购新加坡西友百货。⑥物美收购天津易初莲花。⑦ 2009 年 6 月 24 日苏宁电器正式宣布，出资 8 亿日元（约合人民币 5730 万元）收购拥有 80 年历史的日本家电连锁企业 LAOX 公司 27.36%的股份，成为 LAOX 的第一大股东。

## 第三节 2011 年流通兼并重组回顾与 2012 年展望

### 一、2011 年商业零售并购焦点

#### （一）重要的兼并重组

1. 沃尔玛兼并 1 号店

2011 年 5 月 13 日，沃尔玛正式宣布对 1 号店的股权入股。8 月，沃尔玛最终完成对 1 号店的入股，并在上海建立起第一个海外电子商务总部。沃尔玛以 4.5 亿元接收 1 号店 20%股权，虽然强调只是少量入股 1 号店，但这表明了沃尔玛进入电子商务领域的战略。

从 2010 年沃尔玛在深圳建设网上商城、加码山姆会员店，到 2011 年在电子商务领域的一系列动作，这都一定程度地反映出沃尔玛开始了在华市场整体战略的新调整。通过并购的手段快速启动多业态布局，将会成为沃尔玛在华下一步的战略重点。

2. 华润万家兼并江西洪客隆百货

2011 年华润万家也成功通过洪客隆百货进入江西市场。2011 年 7 月华润万家正式公告，以 32.7 亿元的代价获得洪客隆百货 100%股权。事实上，在华润万家的全国布局中，江西市场一直是个“盲点”。华润零售集团甚至评估过是以苏果的品牌还是华润万家的品牌来进入这一市场。最终采取并购的手段进入江西，很大程度上是洪客隆百货分布在江西的 20 多家大型自有商业物业资源的诱惑。华润万家的强势进入，对于江西本土零售企业来讲却不是一个好消息。据了解，江西本土以零售业上游供应链资源控制见长的正邦集团，正在考虑集团在零售终端网点发展上的继续拓展还是收缩。

3. 海航商业收购梅州乐万家

海航商业在经过一系列并购后，在 2011 年下半年突然出现并购战略

“短路”。事实上，包括海航商业的成立到近两年来一系列的并购，一度让业界产生了“海航商业将打造第二个华润万家”的猜疑，然而，这一切随着海航集团在2011年下半年的大调整，也让海航商业这个零售行业的并购“黑马”进入隐形。

4. 西单商场与新燕莎集团合并

2011年8月，经过近一年的筹划，西单商场与新燕莎集团重组完成，新燕莎控股终于进入了上市公司的体系中。重新组建的北京首商集团股份有限公司在京举行了揭牌仪式。该公司股票名称将由“西单商场”变更为“首商股份”，“西单商场”的字号不变。至2010年年底，西单商场、新燕莎集团合计总资产达48.69亿元。

2011年上半年，西单商场、新燕莎集团主业经营继续保持了较快的增长态势，销售收入、业务利润大幅增长。西单商场发布的上半年业绩预增公告中称，重组后，归属于上市公司股东的净利润同比去年增长700%左右。

据了解，新燕莎控股旗下资产较多，包括燕莎友谊商城、燕莎奥特莱斯购物中心、贵友大厦等，而重组前的西单商场股份有限公司拥有西单商场、友谊商店等。

5. 2011年电子商务市场年投融资额首超200亿元

据《2011年度中国电子商务市场投融资调研报告》数据显示：2011年已披露的中国电子商务投资事件共发生95起，较2010年同比增长50%以上；2011年国内电子商务市场投融资总额首度超过200亿元。无论是投资事件数量、投资门槛，还是投资总额均创历年新高，资本市场活跃度也大大超过前些年水平。

2011年，资本对电子商务的追逐十分狂热。京东商城的天价融资和当当网的103倍市盈率，上线时间不足1年的拉手网2010年12月就获得高达5000万美元的巨额融资，麦考林IPO、凡客诚品第五轮融资等案例的融资金额也都超过了1亿美元。其中京东商城融资总额超过了15亿美元，主要用于物配中心建设。

### （二）收购助拓新市场

“吃不饱”、“消化不良”成为巨头企业在2011年并购市场上的主要表现，但对于各个区域型企业来讲，并购也开始成为他们走向异地拓展的重要手段。长春欧亚、成商集团、新华都等企业都在并购方面有新斩获。

长春欧亚——在相继宣布进入济南、北京、太原等市场后，长春欧亚集团成功拍得郑州百货大楼股份有限公司33.8%国有股权，成为郑百第一大股东。欧亚集团从1988年开始实施企业兼并、收购、重组，盘活了资产，同时也积累了丰富的重组企业经验。从欧亚集团发展来看，该公司的42个经营单体店中，公司以经营现代时尚百货、现代摩尔生活馆、综超连锁三大业态为主，拥有相当一部分自有门店资源。

成商集团——与在区域并购市场上活跃的茂业集团不同，其旗下的成商集团在2011年3月实现了10年来首次异地并购，以1.34亿元的代价并购山东菏泽惠和商业广场90%股权。事实上，茂业国际近两年来在山东、江苏等地进行了一系列百货网点的收购，“通过在此区域的收购有助于快速实现茂业集团将华东、华北市场连接起来的预想。”茂业国际方面曾表示，此次成商集团收购菏泽惠和商业广场，也是茂业国际整体布局战略中的一部分。有利于加强集团在山东的业务发展，并进一步巩固集团在华东地区的市场地位。

新华都——在福建百货零售行业举足轻重的新华都实业集团股份有限公司在2011年也正式迈向了省外。2011年10月底，新华都通过收购易买得旗下位于宁波、常州、杭州与泰州的6家门店实现了异地拓展。通过收购易买得所属4家外商独资企业100%股权，有利于公司快速介入江苏、浙江当地的零售市场。

### （三）优质物业成新宠

从2011年并购事件来看，除了一些惯用并购手段发展的企业外，相当一部分企业开始有意识地利用资本并购来保障企业持续发展的稳定，而这突出表现在零售商对门店物业资源的持有上。

2011年9月，永辉超市宣布以1.88亿元的价格收购关联公司福建省永辉商业有限公司100%股权。事实上，在2011年2月永辉超市召开的董事会上就决定了在安徽成立合资公司开发自有物业。在10月1日永辉超市石家庄店开业不到两个月时间，永辉超市公告称已取得该门店物业的土地使用权。

对于门店物业的持有，王府井百货近两年内也多次不惜重金收购其优质门店的物业使用权。继2011年5月宣布收购位于长沙的王府井百货门店物业后，王府井百货接连在佛山、西安、北京等地拍下地块，用于自建商业物业。现代百货业竞争已从传统百货单店的竞争转变为商圈间的竞争、不同业态组合之间的竞争，尤其是在越来越多的大型购物中心的竞争压力下，传统百货业要想稳住市场地位必须尽快地完成门店的升级改造，而这些都是以门店资源为基础的。王府井百货此举正是加固自己的市场地位。

已经有越来越多的企业将资本投入到了企业对于优质网点资源的持有上，华润万家、家乐福、麦德龙、乐购、新世界等，无一不是在通过自建物业的途径来保障自己的持续经营能力。

## 二、2012年兼并重组展望

### （一）王府井百货欲开店3~5家

王府井百货发布的2011年度业绩报告显示，2011年公司实现营业收入约167亿元，同比增长约两成，净利润约为6.2亿元，增幅超过40%。据悉，净利润大幅提高主要源于规模扩张带来的营业收入增长。2011年超过七成门店的毛利率较上年提升，扭转了百货主业毛利率连续下滑的态势。王府井百货还在2011年对双安商场主楼进行了改造。调整完成后，门店国际品牌比重大幅提高，形象环境档次整体提升。

2012年，王府井百货将新开门店3~5家，营业收入预计同比增长10%以上。目前，王府井百货在国内17个城市共运营25家百货店，其中6家位于北京。王府井百货常务副总裁杜宝祥透露，今后将加大对购物中心业态的投入。

**（二）翠微进入新股发行阶段**

2012年4月10日，翠微大厦发布《翠微股份首次公开发行股票招股意向书》（以下简称《意向书》），很快翠微大厦已进入实质性股票发行、新股上市、投资人认购阶段。

《意向书》披露，目前，资本实力是制约本公司市场占有率快速提升的主要因素。翠微大厦此次发行每股面值为1元，发行股数不超过7700万股，占发行后总股本的25%。

招股书中提到，根据北京商业信息咨询中心的数据，2008年、2009年、2010年和2011年1~9月，翠微大厦在所处北京区域的市场占有率排名均列第三位。据中华全国商业信息中心的数据测算，2008年、2009年及2010年度，翠微大厦本店在北京地区的单店市场占有率排名均名列前茅。

**（三）餐饮企业上市阻隔重重**

2011年下半年，证监会暂停受理餐饮企业申报IPO（首次公开募股），俏江南等餐饮企业上市受阻，投资餐饮企业的PE机构有苦难言。2012年春节后，证监会发行部公布申报IPO企业清单，包括顺峰饮食酒店管理公司、狗不理集团。

**（四）农产品批发市场依然不允许上市**

2012年3月北京市政府以1.8亿元入股持有新发地农产品股份有限公司22%股份的交易已全部完成。由北京市商务委、市财政局、市发改委等单位组织的联合工作协调小组，已经完成了市政府入股新发地批发市场的法律协议签署、资金拨付、工商注册变更等系列手续，市商务委和市国资管理中心推荐的两名代表已正式入选新发地董事局，并开始履行董事职责。2012年4月，新发地农产品股份有限公司与上海华金农副产品批发市场签约，正式进军上海，新发地在沪建立新市场后，由上海进口的水果、经过该地中转的蔬菜可以直供北京市场，届时该类蔬果价格有望降低一成。

**（五）鼓励药品流通企业的兼并重组**

截至2010年年底，全国共有药品批发企业1.35万家，零售药店门店总数39.9万家。由于多种原因，中国药品流通行业管理基础比较薄弱，药品流通企业小、散、乱问题严重。目前，中国药品零售前三强占全国药品零售百强销售总额的 42.0%。无论从应对国内外竞争，还是从发展药品统一配送，减少中间环节，降低药价来看，都需要通过加强行业管理，提高行业集中度。2011 年商务部发布首个《全国药品流通行业发展规划纲要（2011—2015 年)》，提出 5 年内要培育 1~3 家销售额过千亿、20 家销售额过百亿的大型企业，连锁药店门店数占零售药店门店总数的比例由现在的 1/3 提高到 2/3，社会零售药店的售药比重逐步增加。

# 第四节 零售业并购的特点

## 一、我国零售企业并购特点

### (一) 零售业多为横向并购

我国零售业的并购以横向并购为主的特色十分明显，因为我国零售企业进行并购的主要动因是追求规模经济效益，通过行业内部的横向并购，企业可以迅速而有效地做大规模和降低成本，尽享规模经济的好处。我国零售业近年来的并购事件中，横向并购占到了并购总数的 70%以上，只有 28.19% 的并购事件涉及纵向并购。

### (二) 强强联合趋势增强

竞争的加剧促使我国零售企业的并购出现强强联合组建的跨地区巨型企业特征。2001 年 2 月，中国零售业 50 强的北京西单商场、北京超市发、上海华联超市共同投资成立北京西单华联超市有限公司。2003 年 4 月，原上海一百（集团)、华联（集团)、友谊（集团）和上海物资（集团）总公司归并整合成百联集团，拥有第一百货、华联商厦、华联超市、友谊股份、物贸中心、第一医药和联华超市 7 家上市公司。2006 年 7 月，国美电器以 52.68 亿港元的“股票+现金”形式并购中国永乐，这起家电零售行业排名第一和第二的企业间的联合将中国家电零售业带入了国美永乐、苏宁电器、五星电器三足鼎立的时代，后来五星被美国百思买收购，形成“双寡头阶段”。

**（三）“民进国退”现象明显**

作为一般竞争性行业，我国零售业正在经历产业战略性调整，国有资本规模缩小并逐步退出，而退出的重要方式之一是并购。在统计的190起零售业重要并购事件中，涉及国有股权交易的有30起，占15.8%，其中涉及国有资本退出的有19起，占10%。收购退出国有资产的企业主要是民营企业，如四川迪康集团收购成商集团、江苏地华收购南京中商等。

## 二、外资并购中国零售企业特点

**（一）独资趋势明显**

我国零售业对外资全面开放后，外资零售商在中国独资经营的趋势增强。商务部数据显示，2005年我国批准设立的187家外资零售企业中，外商独资企业有124家，比重达66.3 %。同时外资零售商往往通过收购合资公司的中方股权增大持股比例。比如，2006年1月，大韩民国株式会社新世界收购上海易买得超市有限公司中方股权并购增资，使外资的股权从49%上升到81%。

**（二）并购集中于新型业态**

外资零售商在我国经营主要以大卖场、仓储式商场、会员店和超市等业态为主，或采用超市、百货和便利店这样的业态组合，跨国零售商还将折扣店、便利店及邻里店等新型业态引入中国。外资对我国零售业的并购也多集中于以上的新型业态，并且均为同业态间的并购，如美国百思买集团收购江苏五星电器等。

# 第五节　我国零售业并购面临的主要问题

## 一、资金问题

(1) 零售企业并购筹资困难。一方面，我国资本市场的不完善使其无法有效满足国内企业的并购融资需求。另一方面，我国许多零售商在经营过程中大量占用供货商资金，短期资产负债率高，偿债能力和利润率较低，利润积累难以支持并购，许多时候只能寻求借贷资金支持进行并购，加大了收购以及企业成长的风险。

(2) 并购后企业资金状况恶化。并购耗用的大量资金加剧了零售企业内部的资金问题，使企业债务风险加大。此外，并购后资金链的紧张会影响到并购整合的效果和企业其他方面的成长。

## 二、整合问题

整合是决定并购能否真正成功的关键所在，也是并购过程中难度最大的环节。我国零售业并购整合中的问题有：

(1) 不能有效整合并购双方的实际资源。存在招牌和店名变了，但各方企业仍独立运作，长期存在多套采购体系、管理系统、配送系统，造成资源的巨大浪费。

(2) 由于并购企业的资金困难，难以为整合提供有力的资金支持，影响了整合的进程并且使整合效果大打折扣。

(3) 跨地区跨行业并购由于经营地区分散，难以在物流体系、信息系统等方面形成有效的资源整合与共享，如华润并购万佳后就出现巨额亏损。

(4) 忽略文化整合。目前我国零售企业的品牌和文化建设尚不成熟，在整合有形资源过程中企业文化整合往往被忽略。

## 三、并购的行政色彩浓厚

我国零售业并购的主体是企业，但政府与企业的关系密切，使政府成为并购的主导力量，政府凭借政治权力进行干预，如将持有的零售企业的股权进行划拨、行使其大股东权益或者以其他行政手段促使企业的并购。我国许多地区性的零售巨型企业就是政府通过经济与行政的干预形成的。如果政府过度干预，将使并购的经济因素被忽视，为企业的后续发展埋下隐患。

## 四、盲目并购导致效益欠佳

我国零售企业存在盲目并购的现象。有些零售企业将大规模并购作为企业发展战略，企图以盲目的并购来实现其发展目标，却忽视了企业内涵式发展。

## 五、外资抢占与控制零售业市场

外资零售企业多为跨国企业，拥有先进而科学的经营管理方式和手段，对卖场终端的管理能力和对生产厂商的控制能力很多都强于中国企业。他们拥有品牌，可以在全球范围内配置资源，同时具有成熟的行业经营和并购经验。在零售企业的竞争中具有一定的优势，容易形成对中国零售市场的挤占和垄断。尤其是在新型业态和物流配送等领域，本土企业的劣势十分明显。比如在沿海部分大中城市中，连锁超市外资最高的市场占有率已达80%~90%。

# 第六节 优化我国零售业并购的基本思路

## 一、优化我国零售业并购的对策措施

### （一）转变增长方式，培育企业的核心竞争力

首先，加快现代企业进程，建立多元化的产权结构和产权约束。已经完成公司化改造的企业则要加强公司治理结构的建设，通过现代公司治理结构优化企业行为，通过公司制度规范政府对零售业并购的干预。

其次，零售企业应转变发展方式，通过现代流通方式、建设物流配送体系、优化质量管理、降低运营成本和加强售后服务等诸多方面来提高企业的核心竞争力。

### （二）提高并购水平，重视并购前的调查和并购后的整合

企业并购是复杂的资本运营过程，需要进行资本运作的经验和技巧，需要资本市场和政府相关政策的支持。因此，对大多数的零售企业来说，尽管通过并购来发展企业，速度快、收益大、风险小，但只有提高了核心竞争力，掌握了并购的基本知识和技巧，才能实现并购后的整合。

### （三）加强国内零售企业间的并购以扩大规模，提高在市场竞争中抗衡外资企业的实力

为了有效应对外资对我国零售企业大规模的并购，国内零售企业必须迅速成长起来，最为有效的办法就是加强零售企业间的并购，组成足以抗衡外国零售企业的规模较大的零售企业。我国的大型零售企业还要通过战略联系和物流配送等现代流通手段扩大自己的实力和规模，以大幅度地降低成本以提高竞争力，也可以通过对外国零售企业的并购来提升其经营管理水平和核心竞争力。

### (四) 加快资本市场发育，发展投资银行体系

我国零售业在并购中经常会遇到资金短缺的困难。解决这一问题，一方面从企业自身出发积极寻找出路，另一方必须借助资本市场实现并购，融通资金。应当发展具有中国特色的投资银行体系，以助中国流通企业发展。

## 二、完善零售业并购的政策法规体系

### (一) 加快国有资本从零售业退出的步伐

顺应世界经济发展的趋势，加快国有经济从零售业退出的步伐。改革开放后，零售业所有制多元化发展迅速，但大中型零售企业中，国有制或国有经济控股的企业依然占据主体地位，难以适应市场经济条件下零售业竞争发展的需要。因此，要加快零售业国有经济战略性重组的步伐，即通过股份制、合作制、私营经济等国有企业改革的方式使国有经济从零售业中逐步退出，这对优化我国零售业具有重要意义。

### (二) 政府减少对零售业企业并购的行政干预

规范政府行为，减少对零售业企业并购的行政干预。政府的行政干预一直是我国零售业效率低下的重要原因。我国商业领域的并购重组，要逐步通过政府职能的转变，把企业并购的主动权和基本决策权交给企业，以企业行为模式支配并购。

### (三) 完善零售业并购的法律、法规、标准体系

零售业的并购有其特殊性，因此政府相关部门应当在国家法规的基础上，制定零售业并购的相关规则，比如零售业不正当竞争的细则、零售业垄断判断的标准、外资并购零售企业的员工安排原则等可以操作的政策措施。另外，为了有效地规制外资对我国零售企业的并购，应当尽快完善外资并购我国大中型零售企业的审批、审查制度。政府部门还应当为企业并购提供信息支持和宏观指导协调等服务，指导外资并购的良性发展。

### (四) 鼓励零售企业兼并重组调整结构

规范和鼓励我国零售企业并购外国零售企业的政策，促进中国零售企业的国际化发展。一是对零售业海外并购实施税收优惠政策；二是建立海外投

资的保险和融资的国家担保等制度；三是建立中国零售企业对外投资的信息库，为中外企业提供 WTO 规则下的双边或多边投资对话机制；四是设立专门的企业投资促进机构，进行技术和信息服务，为企业走出去提供投资环境、国别政策、法律法规等服务；五是加快国际化人才的培训。鼓励我国有条件的流通企业通过并购“走出去”，进行国际化经营。

**案例一**

### 百货店上市和融资①

根据 ChinaVenture 投中集团统计显示，2007~2011 年的 5 年间，国内百货行业仅完成 12 笔融资，累计披露融资规模仅为 23.33 亿元。近年来国内电子商务的迅速崛起，对百货行业已形成现实冲击，但是，由于百货业具备特有的品牌效应、购物体验以及消费群体，电子商务尚无法完全取代百货店。相反，许多电子商务网站由专业网站向百货类同质网站发展，实体店“千店一面”现象表现为“千网一面”。

**（一）PE（私募）兴趣不再**

2012 年 2 月 6 日，商务部发布《关于“十二五”时期促进零售业发展的指导意见》，提出我国“十二五”零售行业发展目标为：商品规模保持稳定较快增长，社会消费品总额年均增长 15%，零售业增加值年均增长 15%；大型企业整体优势进一步增强，跨区域发展成效显著，中小企业健康发展，零供双方互利共赢、和谐发展；零售业结构布局更趋完善，城乡、区域间协调发展，基本形成结构合理、布局科学、竞争有序的零售业。

该文件的发布将对我国零售业在竞争格局调整、区域发展、培养行业内龙头企业等方面产生重大影响。

① 陈红霞. PE 止步　百货业难觅资金［N］. 中华合作时报，2012-3-2.

从 2007 年至 2011 年底，百货业共有 11 起 IPO（首次公开募股）案例，其中 2010 年 IPO 融资规模达到近 5 年最高值，华地国际 、人人乐、天虹商场、岁宝百货分别登陆资本市场，共募资 82.05 亿元（见表 4-7）。

表 4-7　2007~2011 年百货业 IPO 案例

| 企业 | 上市时间 | 交易代码 | 募资金额（亿元） |
|---|---|---|---|
| 徐家汇 | 2011-3-3 | 002561.SZ | 11.20 |
| 中闽百汇 | 2011-1-19 | SSR.SGX | 0.43 |
| 岁宝百货 | 2010-11-17 | 00312.HK | 6.85 |
| 华地国际 | 2010-10-21 | 01700.HK | 30.76 |
| 天虹商场 | 2010-6-1 | 002419.SZ | 20.04 |
| 人人乐 | 2010-1-13 | 002336.SZ | 26.98 |
| 春天百货 | 2009-12-15 | 000331.HK | 24.30 |
| 新华都 | 2008-7-31 | 002264.SZ | 3.22 |
| 步步高 | 2008-5-5 | 002251.SZ | 9.13 |
| 茂业国际 | 2008-5-5 | 00848.HK | 22.08 |
| 广百股份 | 2007-11-22 | 002187.SZ | 4.67 |

然而，PE 机构对百货领域的关注却较为有限。数据显示，百货业获 Vc/PE（风投/私募）融资案例较少，2007~2011 年的 5 年间，百货业仅获得 12 笔融资，累计披露融资规模仅为 23.33 亿元。其中 2008 年 6 月 8 日，新天域、新政泰达投资、弘毅、高盛以 6.75 亿元投资新世纪百货的案例，成为近 5 年百货业融资规模最大的一起案例（见表 4-8）。

表 4-8　2007~2011 年百货业 VC/PE 融资案例

| 企业 | 融资时间 | 投资机构 | 融资性质 | 融资规模（亿元） |
|---|---|---|---|---|
| 利群百货 | 2011-11-23 | 高盛 | PE-Growth | 3.35 |
| 爱婴岛 | 2011-3-1 | 华睿/同创伟业 | Vc-seriesB | 0.05 |
| 商之都 | 2010-12-30 | 新天域资本/弘毅投资/国元投资/安徽创投 | PE-Growth | N/A |
| 王府井国际 | 2010-12-27 | 中信产业基金 | PE-Growth | N/A |
| 爱婴岛 | 2010-3-1 | 同创伟业 | Vc-seriesA | 0.32 |
| 新供销 | 2009-3-1 | 凯得创新投 | Vc-seriesA | N/A |

续表

| 企业 | 融资时间 | 投资机构 | 融资性质 | 融资规模（亿元） |
| --- | --- | --- | --- | --- |
| 新世纪百货 | 2008-6-1 | 新天域资本/弘毅投资/高盛/新政泰达投资 | PE-Growth | 6.76 |
| 富克斯 | 2008-1-8 | 赛富基金 | Vc-seriesA | 2.74 |
| 南城百货 | 2007-12-29 | 同创伟业/年利达创投 | Vc-seriesA | 0.43 |
| 华地国际 | 2007-12-17 | 鼎辉 | PE-Growth | 3.32 |
| 友阿股份 | 2007-6-20 | 盛桥资本 | PE-Growth | 0.75 |
| ITAT | 2007-3-9 | 蓝山中国/摩根斯坦 | PE-Growth | 5.16 |

### （二）模式转变或成发展机遇

随着电子商务市场规模的快速增长，物流行业的迅速发展，电子商务带来的优惠促使具备较强消费能力的一、二线城市消费者开始逐渐转变消费习惯，百货业的市场份额日益被电子商务挤占。但百货业以其特有的实体经营模式，独有的品牌效应、购物体验及较成熟消费群体，短期内难以被电子商务替代。

百货行业的营业收入主要来自自营业务、联营业务、管理费、租金四个方面，目前国内百货企业多采取联营形式，联营收入也是目前国内各大商场收入的主要来源（见表 4-9）。品牌商直接进入商场，使得消费者在不同区域、不同商场能够享受到同质化的品牌、价格与服务，但也使得商场在消费者心中的无差异化理念深入，令特定百货企业的竞争优势难以体现。

**表 4-9　百货企业营收来源**

| | |
| --- | --- |
| 主营业务收入 | 联营：引进品牌商直接销售 |
| | 自营：买断商品后重新进行品牌自创 |
| 其他业务收入 | 租金：快餐连锁、影院、游戏等租金收入 |
| | 管理费：向品牌商收取进场费、品牌促进费等 |

相比较下，自营模式则是通过商场买断商品，对商品进行重新塑造包装进而形成自有品牌。这种方式可大幅提高商场的差异化程度，满足消费者的个性需求并提升百货企业利润。但目前这种模式要求百货企业

付出相对较高的成本，且商品上市后的市场反馈具备较大不确定性，与累积了大量固有消费群体的已有品牌相比，百货企业的自营模式在发展初期并不占优势。在已有品牌商入驻并成为主要收入来源的前提下，国内百货行业企业可适当开拓自营业务，进行产业链增值，从而提高自身核心竞争力。

ChinaVenture投中集团分析认为，对于三级及以下城市等知名品牌渗透率相对较低、渠道建设成本相对较高、区域型百货企业占据主导地位的市场而言，自营业务能有效提升企业收入、利润水平及竞争实力，更为未来可能的跨区域整合创造了机会。

### （三）百货做电子商务入不敷出

对比京东、当当等电子商务年均100%以上的增幅，传统百货企业试水电子商务却步履维艰。在华南地区，大小百货企业已陆续开设电子商务业务，但是，这些企业运行时间长则几年，短则近1年，至今，业绩表现并不如预期。

百货企业做电子商务，投资动辄过千万元，但直到现在，许多百货店不敢轻言盈利。虽然百货企业有实体店操作的成熟经验，但缺乏电子商务领域的专业人才和适合网络销售的商品搭配，目前百货店电子商务业务大都入不敷出。其主要原因是：人才匮乏；依赖实体店物流配送体系，没有差异化商品品类。

除了电子商务的冲击，如今的百货业还面临租金上涨、整体消费力下滑、行业过度竞争等因素的影响，因此，尽管在电子商务领域的表现暂时还不佳，但电子商务仍是百货企业寻找新的利润增长点的首选。

目前，各大百货企业网上商城的运营模式大都采用自采、代销和与供应商联营等多种形式共同运营。但事实上，网络销售必须与实体店的商品经营实现错位经营。网上商城的顾客群更年轻化，他们对时尚、价格更敏感，且传统网络电子商务大都通过价格战的比拼，让消费者已经形成网上商品价格远低于实体店的消费认知。也就是说，网上商品必须跟实体店完全错位才对顾客更具吸引力。

从目前的表现来看，由于缺乏经验，许多百货企业对于哪些商品更适合网上消费者、定价机制如何在保证企业利润的同时扩大市场、线上线下两种渠道如何避免此消彼长的尴尬等方面还没有清晰的定位和模式。

**案例二**

**光明122亿控股英食品巨头——食品业最大海外并购案例**①

### （一）光明食品集团近年收购事件

近年来，光明食品集团一直积极寻求海外并购机会。自2010年年初至今，光明集团就已成功进行过5次海外收购行动，如图4-2所示。

光明食品集团其他的一些海外收购未获成功，如图4-3所示。

| 9亿元收购云南英茂糖业60%股权 | 3.82亿元收购新西兰新莱特乳业51%股权 | 2.4亿元收购四川全兴酒业67%股权 | 34亿元收购澳洲品牌企业玛纳森食品公司75%股权 | 122亿元收购英国食品企业维他麦公司60%股份 |
|---|---|---|---|---|
| 2009年8月 | 2010年11月 | 2011年1月 | 2011年9月 | 2012年5月 |

**图4-2　光明食品集团收购事件**

### （二）光明收购维他麦概况

2012年5月3日，光明食品集团以12亿英镑（约合122亿元人民币）的企业价值，收购英国食品企业Weetabix（维他麦）60%股份，此次并购成为迄今为止中国食品企业最大的一宗海外并购案例。

此次收购由光明食品集团与Lion Capital LLP（下称“Lion”）基金联合宣布：根据双方的协议，光明食品将收购维他麦60%的股份，企业价

① 李静. 上海光明122亿控股英食品巨头　食品业最大海外并购［N］. 新京报2012-05-04.

| 2010年7月 | 2010年9月 | 2011年1月 | 2011年3月 |
|---|---|---|---|
| 光明食品集团对澳大利亚最大的糖业公司西斯尔（CSR）的收购在最后时刻变故，不敌新加坡丰益集团。 | 光明食品集团与联合饼干进入排他性谈判，收购价格约为31.6亿美元，但却在两个月后主动退出并购。 | 光明食品集团宣布退出收购美国最大的保健营养品制造商和零售商GNC的谈判。 | 光明食品集团在竞购法国优诺酸奶51%股权的争夺中失败，被美国通用磨坊截获。 |

**图4–3 光明食品集团海外收购失败事件**

值为12亿英镑（包括企业股权和负债）。余下的40%股份将继续由Lion资本和管理层持有。本次交易有待中国政府和监管机构审批以及反垄断审批，预计2012年下半年完成交割。

维他麦是英国第二大早餐麦片品牌，从创立至今已有80年历史。维他麦产品在英国市场占有率为7%，在北美、南非、德国、西班牙设有分支机构，全球雇员约2000人，产品出口全球80多个国家和地区。2010年，维他麦的销售收入近4.5亿英镑，税前利润2040万英镑。2004年维他麦被Lion收购后，Lion通过分红迄今已获得三倍于当初股权投资的收益。

2011年光明食品集团的营业收入为122亿美元，税息折旧及摊销前利润为12亿美元，约合76亿元人民币。以此计算，光明食品集团此次收购所需的122亿元资金相当于该集团近两年的利润。

### （三）光明愿为维他麦提供平台

光明食品集团的这次收购具有里程碑意义，标志着光明食品通过具有代表性的维他麦品牌进入英国以及全球食品市场。

光明食品将推动维他麦业务的增长和国际业务的成功，同时，还会聚焦在亚洲市场的潜力，特别是在中国，目前，中国市场对于健康及便利食品的需求正与日俱增。

Lion合伙人Lyndon Lea表示："我们在2004年对维他麦的收购是基

金的第一笔投资。我们持有维他麦 8 年多。”Lion 在欧洲与北美消费品零售行业有达 60 亿欧元的股权投资。

光明食品集团完成收购后，光明广阔的零售平台将为维他麦提供一条进入中国市场的便捷路径。

**（四）并购分析**

1. 光明食品集团仅次于中粮集团

光明食品集团成立于 2006 年 8 月 8 日。由上海益民食品一厂、上海农工商集团等公司的相关资产集中组建而成，资产规模 458 亿元，2009 年规模销售收入 760 亿元。

光明食品集团的现代农业产品主要是奶牛、生猪、大米、蔬果和花卉。集团食品制造业主要生产乳制品、糖、酒、休闲食品和罐头食品。集团拥有光明乳业（600597）、金枫酒业（600616）、梅林股份和海博股份（600708）等上市公司，以及光明、大白兔、冠生园、梅林、正广和等知名品牌，成为仅次于中粮的第二大食品集团。

2. 光明募资或需定向增发

光明频繁收购与规划中的大目标有关，光明此次如此巨额的并购，现有的资金估计难以保证，可能要采取定向增发的形式来融资。对于此次收购维他麦，光明会面临挑战。维他麦主要产品是麦片等冲调食品，在国内是小品类产品，与国外的消费群不同，这类产品目前现有的消费群主要是中老年人。因此，光明在国内市场上的发展策略和诉求都要做些调整。

光明计划在 2015 年营业额比 2010 年翻了一番。光明现在最大的优势是渠道，其在上海及华东地区渠道优势明显，零售网络发达。但是，光明缺少上游资源的把控能力以及比较成熟的品牌和产品，这就好比光明有了一个非常好的高速公路体系，但上面跑的车还可大量增加。

## 习题

1. 简述资本运营的概念及其两大模式。
2. 什么情况下企业会进行资产剥离?
3. 股份公司为什么会进行股份回购?
4. 简述我国企业并购的趋势。
5. 结合实际情况分析我国零售企业的并购现状。
6. 简述中国零售业并购的特点。
7. 简述外资并购中国零售企业的特征。
8. 我国零售业并购面临的主要问题有哪些?
9. 结合我国的实际情况，简述优化我国零售业并购的基本思路。

# 第五章　流通产业与银行、股票、债券市场

20 世纪 90 年代，武商集团利用外汇结算人民币进行商场改造，这在当时由计划经济向市场经济转轨过程中是一件新鲜事，引起较大的反响和示范效应。随之许多百货店开始借鉴这种方式对传统百货店进行升级改造，这对促进我国传统百货向现代百货迈进起到了重要作用。

1994~2000 年，中国工商银行为国有连锁企业发放技术改造专项贷款 5 亿元左右，贷款企业 50 多家。这是我国改革开放后银行与流通企业合作的具体表现，促进了我国连锁经营的发展。

## 第一节　流通产业与银行卡结算

### 一、货币支付形式的多种变化

最早的商品交换是物物交换，不需要货币作为中介，现代社会也存在非货币直接商品交换，被称为现代易货贸易。

### 二、银行卡结算是其中一种重要支付方式

银行卡交易包括借记卡和信用卡交易，具体参见第三章第三节内容。

据中国人民银行《中国支付体系发展报告（2009）》显示，截至 2009 年

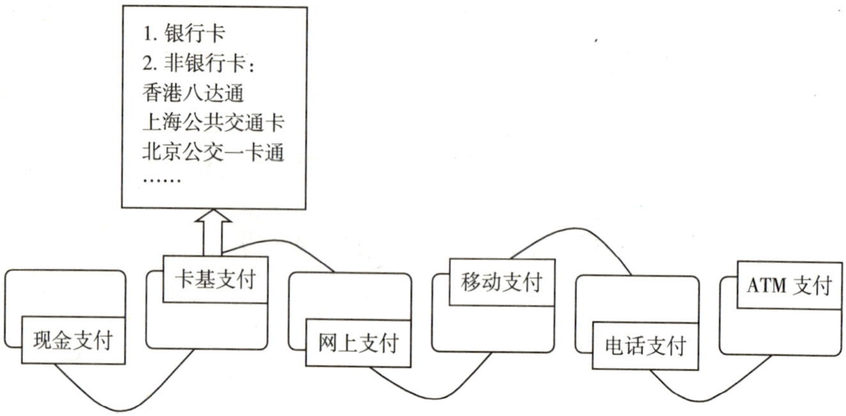


图 5-1　现代货币交换

年末，全国累计发行银行卡 20.66 亿张，同比增长 14.8%。其中，银行卡消费 10.15 万笔，金额 21674.06 亿元，同比分别增长 31.7%和 89%，银行卡渗透率达到 32.6%，比上年同期提高 7.7 个百分点。约 5 亿中国人形成了使用银行卡刷卡消费的习惯，中国已成为全世界最为庞大的银行卡市场。

## 三、电子支付及其种类

中国人民银行 2005 年发布的《电子支付指引（第一号）》的第二条将电子支付界定为：单位、个人直接或授权他人通过电子终端发出支付指令，实现货币支付与资金转移的行为。电子支付的类型按电子支付指令发起方式分为网上支付、电话支付、移动支付、销售点终端交易、自动柜员机交易和其他电子支付。

自 1997 年中国银行推出网上银行业务以来，我国电子商务已经走过了 15 年，网上支付、现金支付、手机支付等新兴支付工具相继产生，推动了在线支付业务的发展，促进了电子商务支付体系建设。

表 5-1　中国居民支付结算方面的主要需求

| | |
|---|---|
| 还款 | 信用卡还款 |
| | 房贷还款 |
| | 车贷还款 |

续表

| | |
|---|---|
| 缴费 | 水电煤气缴费 |
| | 有线电视缴费 |
| | 电话、网上缴费 |
| | 保险费缴纳 |
| 充值 | 手机充值 |
| | 游戏账号充值 |
| | 支付宝等虚拟账户充值 |
| 付款 | 网络购物付款 |
| | 期刊订阅付款 |
| | 鲜花、蛋糕、门票、机票订购付款 |
| 其他 | 积分兑换 |
| | 优惠券打印 |

**表 5-2　中国居民支付结算的四种主流方式**

| 支付方式 | 特点 | 典型应用 |
|---|---|---|
| 网上支付 | ◆ 快捷、便利<br>◆ 有网购市场庞大的用户基础，发展迅速<br>◆ 需要经过繁复的注册、登录、认证等流程，安全性令普通消费者担忧 | • 网上银行支付<br>• 支付宝等虚拟账户支付 |
| 现金支付 | ◆ 符合老百姓传统的支付习惯<br>◆ 流动性强，不利于监管方控制管理<br>◆ 涉及现场交易时商户风险大，交易费用高 | • 当当、卓越等 B2C 网站采用的货到付款方式 |
| 手机支付 | ◆ 灵活、方便<br>◆ 更适合小额支付<br>◆ 消费者使用习惯尚待培育 | • 彩铃、手机报等无线增值服务费用支付<br>• 正处于试点商用阶段的手机支付业务 |
| 非现场的家门口刷卡自助支付 | ◆ 符合老百姓刷卡支付的使用习惯，不需注册、认证，其简单、方便、灵活的特点已逐步被认可<br>◆ 网点数量、业务内容有待继续提高和丰富 | • 拉卡拉便利支付 |

**案例**

## 拉卡拉便利支付

2008 年，一种新型的支付方式开始流行于各大电子商务平台。通过安装在京沪广深等一线城市，以及太原、成都、南京、无锡等地便利店和连锁超市里的拉卡拉便民金融服务终端，消费者不需要开通网银、不需要网络注册，只要到拉卡拉便利支付网点，刷任何一张银联卡就可网上消费付款。

| | | |
|---|---|---|
| • 1. 拉卡拉面对终端用户，定位于便民金融服务商，用户可用一张银联卡在拉卡拉上完成跨行还款、缴费、支付、订购等多种不同操作。拉卡拉网点布局密集，加之其绕过互联网，直接与银联系统对接，这对于不堪忍受银行营业网点排队折磨，或对网络支付的繁琐手续和安全性存在顾虑的市场来说，具有很强的吸引力 | • 2. 拉卡拉与银联转接系统连接，变身为无处不在的 ATM+POS 机，但其后台交易仍需通过银联提供的硬件和技术支持来完成，无损银联等金融机构在产业链中的核心地位，甚至有利于刺激消费者增持银联卡。同时，拉卡拉的出现有利于帮助银行柜台剥离低端业务，降低营业点的人流量和运营成本，对于营业网点及自助设备较少的中小银行效果尤其明显。据统计，仅在上海，持卡人通过拉卡拉向平安信用卡还款累计金额就已突破 40 亿元 | • 3. 对中国电信、淘宝、携程网等签约商户而言，拉卡拉凭借其强大的渠道力量为它们提供了支付终端。在这个过程中，拉卡拉并不沉淀资金，可以有效缩短消费者还款时间甚至实现实时支付，从而有利于商户提前收款，提高资金周转速度，降低资金占压和坏账风险。同时，通过拉卡拉的 EBPP 平台，商户出具的账单资料统一呈现于拉卡拉账单上，可以有效地掌握消费者信息 |

**图 5–2 拉卡拉便利支付——网下支付模式**

拉卡拉的收入主要来源于两方面：一是签约商户的加盟费；二是交易中收款方支付的手续费分成。

## 四、流通企业与银行之间的刷卡费率纠纷

2005年发生的深圳流通企业、温州餐饮企业罢刷银行卡事件，实质是流通企业与银行之间的刷卡费纠纷。2005年温州市区50多家餐饮企业罢刷银行卡，商家表示，因为“现金结账实惠，使用信用卡结账须缴收银行手续费2%”。

温州市大部分商场受理银行卡所支付的费率为销售额的0.8%~1%，超市的刷卡费率一般在0.5%左右。家电行业则按业务笔数来计算，比如卖掉一台彩电或者一台消毒柜，只要顾客是刷卡埋的单，不管金额大小，商家一律只付10元交易手续费。相对而言，餐饮业2%的刷卡费率就显得过高。以温州市餐饮业2004年营业额70个亿来计算，其中10%通过银行刷卡，金融机构一年收入2%的手续费就达1400万元，再加上信用卡资金汇入商家需要一周左右，等于银行又赚了一笔利息。

如何协调商家、银行和消费者之间的利益关系？

（1）充分发挥行业协会的中介作用。应充分发挥商业协会、银行同业协会、消费者协会等行业协会的多功能作用，甚至可以在政府的引导下，召开协会联席会议。

（2）政府应针对当前的实际状况，出台相关政策措施，规制银行、商家的经营行为。

（3）不同的地区和行业的刷卡收费应有所不同。

（4）银行卡收费问题应采取听证会制度，确定基本的原则、费率标准。

## 五、虚拟货币及其本质

网络经济中出现新的支付工具与交易媒介：

（1）法定货币的电子信息形式，一般称为电子货币，它的主要作用是实现传统经济网络化以后的货币支付功能。

（2）互联网企业发行的网络虚拟货币，它是一种表达网络虚拟财富所有权的电子信息，赋予其所有者在一定范围内换取某种网络产品或服务的权利。

表 5-3 具有一定规模的网络货币

| 币种 | 发行公司 | 使用范围 | 汇率（与人民币） | 获得方式 |
|---|---|---|---|---|
| Q 币 | 腾讯 | QQ 会员、QQ 秀、QQ 游戏超级玩家、QQ 交友包月、资料下载 | 1Q 币=1 元 | 银行卡、财付通、电话银行、QQ 卡等 |
| U 币 | 新浪 | 网游点卡购买、游戏下载、网络占卜、UC 网络聊天室纸贺卡、任你邮、网上商城支付 | 银行卡：1U 币=1 元 | 固定电话/手机：1U 币 2 元<br>银行卡、宽带、手机、固定电话、e 购通、酷币兑换等 |
| 百度币 | 百度 | 百度传情、影视、缴电话费 | 1 百度币=1 元 | 银行卡快钱支付、Yee Pay 支付、手机 |
| POPO 币 | 网易 | 购买道具、popo 游戏、发免费短信、下载 popo 表情 | 无 | 使用 popo、我行我泡上传图片、奖励 |
| 盛大元宝币 | 盛大 | 各种盛大服务（盛大音乐、易宝平台）、充值杀毒、浏览收费资料、看电影 | 100 盛大元宝币=1 元 | 银行卡、充值卡、短信 |
| MM 币 | 猫扑 | 增值服务（社区管理、道具购买） | 1MM=0.2 元 | 固定电话、移动电话、银行卡 |
| China-Pub V 币 | VBook | 收看 VBook | 10V 币=1 元 | 网上支付、阅读卡、邮局汇款、银行汇款 |
| 卡拉 | 云网 | 网络彩票（快乐 8）、社区 | 1 卡拉=1 元 | 网上支付、邮局汇款、银行转账 |
| 狐币 | 搜狐 | 搜狐付费增值产品及服务（VIP 邮箱、搜秀、摘星吧、星相紫微） | 1 狐币=1 元 | 银行卡、手机、固定电话、宽带账号 |
| 联众币 | 联众 | 会员资格、联众秀、特殊标志、参加比赛 | 10 联众币=1 元 | 银行卡、电话银行、邮局汇款、支付网关 |
| 21CN 快感卡 | 21CN | 宽屏电影、在线音乐、收费邮箱、在线游戏 | 21CN 快感卡 1 元=10 元 | 邮政 185 电话购买、邮政 183 网上订购、邮局购买 |

虚拟货币是网络服务商为方便网上交易行为，降低其交易成本而开发的一种支付手段，可以把虚拟货币理解为互联网上的交易货币，是传统货币的延伸和发展。网络货币是货币形态的虚拟化，将传统具有实体形态的货币数字化、符号化，在一定程度上仍是纸币的对应物。

## 六、消费储值

2004 年 3 月，山东众旺经济发展有限公司发起“消费储值”活动，并号称其建立在“利益不对称理论”和“大数法则”的基础上，是一种新型的营销创新方式，具有非常广阔的前景。一时间，“消费储值”活动迅速波及全国28个省、自治区、直辖市，吸引全国11万多消费储值加盟商家和30多万消费者参与，涉及百货、餐饮、娱乐、医药、房地产等领域。山东省工商机关对众旺公司的消费储值活动予以密切跟踪。7月19日，中国消费者协会联合山东省消费者协会针对消费储值第一次发出消费警示，提醒广大消费者：消费储值奖励系赠与性奖励，不一定会返还。

## 七、手机支付

手机支付，即运营商为手机用户开设一个账户，用户可通过该账户进行购物和消费，可实现银行卡、公交卡、购物卡等功能的统一。手机支付的方便之处在于，用户的日常消费均可通过手机解决，不带钱包即可出行。

艾瑞咨询发布的《2009年中国手机支付发展研究报告》显示，2009年中国手机支付市场交易规模为24亿元，同比2008年的7.9亿元增长202.6%，预计2010年中国手机支付市场规模将达到28.45亿元，手机支付用户总数突破1.5亿户。

据统计，截至2012年年初，我国手机用户已突破10亿，移动网络用户接近4亿，移动商务进入一个新的发展时期。

截至2010年6月5日，上海世博会手机门票累计销售5.7万张。在上海用手机买世博会门票，去星巴克喝咖啡，“刷手机”坐地铁已不是新鲜事。

《福布斯》调查报告显示，2008年日本手机支付用户占总人口的38.5%，手机支付市场规模达到47.3亿元人民币，占移动互联网产业总收入的11%。2012年年初中国拥有超过10亿手机用户，未来如果按目前日本市场手机支付用户约40%的渗透率计算，中国手机支付消费市场巨大。

# 第二节　流通产业与股票市场

## 一、美国的"啄食顺序"与中日韩的非"啄食顺序"

20世纪80年代，梅耶斯提出了著名的"啄食顺序"(pecking order theory)理论，即在内源融资和外源融资中首选内源融资，在外源融资的直接融资和间接融资中首选间接融资，在直接融资中的债券融资和股票融资中首选债券融资。但是中日韩的融资顺序却不同于啄食顺序理论。

表 5-4　融资顺序

| | 美国 | 日本/韩国 | 中国 |
|---|---|---|---|
| 融资顺序 | 内源融资占资金来源总额的比重一直在65%以上，最高时（1992年）甚至达到97%，平均为71%。内源融资成为首选融资方式 | 内源融资较少，主要是从银行获取贷款。1957~1974年间，在日本企业的资金构成中，内源融资所占的比重仅为25.6%~37.7% | 内源融资所占比例较小，留存收益所占比率较低。这主要是由于我国企业处于扩张期，内部积累不够 |
| | 遵循啄食顺序理论，企业融资一般会遵循内源融资→债务融资→股权融资的先后顺序 | 在外源融资中，银行贷款所占的比例很高，一直在40%左右，而股票和债券融资所占的比重则从1957~1959年的18.5%下降到1970~1974年的8.3% | 股票融资比例较高。上市公司将配股作为再融资的首选方式，企业负债率高，因此利用股票融资无可厚非。但是，我国上市公司通过发行上市，负债率已大大降低，仍然特别推崇股票融资。增发新股是上市公司近年来比较热衷的融资方式。上市公司自1998年6月龙头股份首开先河以来，再融资方式受欢迎 |
| | 美国债券融资较大，股票融资较小。2002年美国债券融资达9350亿美元，股票融资只有1460亿美元，债券融资是股票融资的6.4倍 | | 债券融资比例较小。自1986年我国发行企业债券以来，累计发行3000多亿元，平均每年只有200亿元，2002年上市公司通过股票融资2102亿元，企业债券只83亿元，是股票融资的3.95% |

## 二、我国流通企业公司制度的发展

### （一）股份制成为发展方向

改革开放 34 年来，我国许多流通企业上市。境内上市：A 股（主板）上市、B 股上市、创业板。境外上市：香港上市（H 股、创业板市场）、美国上市（N 股、纳市）、英国上市（L 股）、新加坡等。零售股（百货股、超市股）、农产品流通股（深圳农产品等）、批发交易市场股（小商品城、轻纺城等）、餐饮股（全聚德、湘鄂情等）。

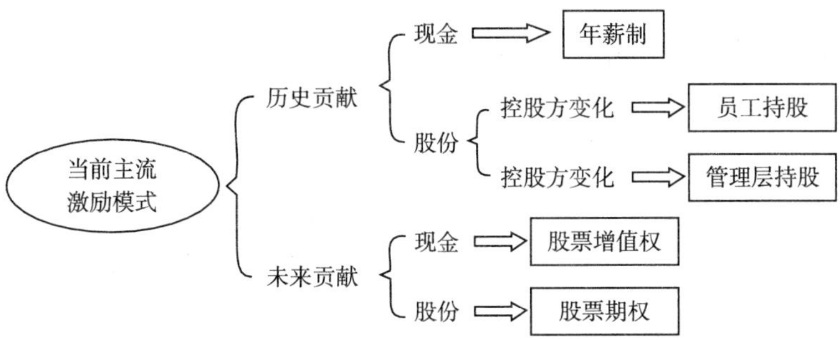


图 5-3　上市公司主流激励模式分类

### （二）并非“一股就灵”

股份制并非“一股就灵”。如“真功夫”上市前夜曝内讧，家族化成为发展瓶颈；郑百文、亚细亚、黄光裕事件等，充分说明不是“一股就灵”，而建设现代企业制度、提高企业核心竞争力才是最终目标。

# 第三节　流通产业与债券市场

## 一、直接融资和间接融资

按照融资过程中资金运动是否经过银行这一金融中介，可以把企业融资分为直接融资与间接融资。

直接融资借助于一定的金融工具（股票、债券），使出资者和融资者相互联系，不需银行作为媒介。直接融资的融资者直接从资本市场（如股市、债市等）那里获取资金，资金的使用期限一般在一年以上，且资金不需还本，投资者要取回本金与发行者无关。直接融资的股票和债券在市场上是流通的，具有流通性。

债券融资是直接融资的一种，是指通过发行债券来融资。2009 年华润股份债券融资 50 亿元，华联综超也采取债券融资的形式。

间接融资是通过银行作为中介，把分散的储蓄集中起来，再供应给融资者，而融资者也只能通过银行间接获得资金。间接融资的特点完全与直接融资相悖，在此不再赘述。

## 二、“新 36 条”力促资本进入流通业

我国流通领域对国内民营企业开放较早，可以追溯到 1978 年初，零售业对外开放是从 1992 年开始的，但是对民营资本的“玻璃门”、“弹簧门”、“天花板”等问题普遍存在。

流通是“新 36 条”（国务院关于鼓励和引导民间投资健康发展的若干意见）新增加的鼓励和引导民资进入的领域，在 5 年前的“非公经济 36 条”中虽早已允许非公有资本进入公用事业、基础设施、社会事业、金融服务业、国防科技工业建设领域，但流通业并未提及。

“新 36 条”第 6 条第 19 款规定，鼓励民间资本进入商品批发零售、现代物流领域。支持民营批发、零售企业发展，鼓励民间资本投资连锁经营、电子商务等新型流通业态。引导民间资本投资第三方物流服务领域，为民营物流企业承接传统制造业、商贸业的物流业务外包创造条件，支持中小型民营商贸流通企业协作发展共同配送。

此外，该条规定还指出，要加快物流业管理体制改革，鼓励物流基础设施的资源整合和充分利用，促进物流企业网络化经营，搭建便捷高效的融资平台，创造公平、规范的市场竞争环境，推进物流服务的社会化和资源利用

的市场化。

2005年8月《国务院关于促进流通业发展的若干意见》，2008年《国务院办公厅关于搞活流通扩大消费的意见》，针对解决商贸流通领域存在的突出问题及支持民营企业做大做强方面有明确的规定。商务部2010年5月发布的“2010年商务工作十个方面的重点任务”中，一个重点就是研究制定跨地区、跨行业、跨所有制的资产重组、收购兼并、参股、“走出去”等方面的政策，培育大型流通企业或集团。提高大型流通企业的市场集中度和占有率，支持企业建立全球供应链，形成跨国采购和销售网络，增强国际竞争力和市场话语权。

## 第四节　我国流通企业融资模式创新

### 一、我国流通领域融资具有关键性作用

流通企业流动资金占有量较大是涉及经济效益的一个极其重要的问题。

根据商务部对全国29个省市商圈融资的调查显示，全国成交额100亿元以上的商贸企业集群共有91个，其中各类交易市场有75个，融资需求800亿元；成交额100亿元以上的物流园区有16个，融资需求超过140亿元。

长期以来，传统零售商的盈利模式为“商品毛利”模式：以进销差价为基础，不断循环以获得持续发展。

20世纪90年代以来的“飞行加油模式”：用供应商的商品、延期付款、拖欠货款、不断地开新店，是一种畸形融资形式。

外资超国民待遇——以超国民待遇获得融资和便利，在融资上获得较好的条件，使中外零售商处于一个不公平的竞争环境。

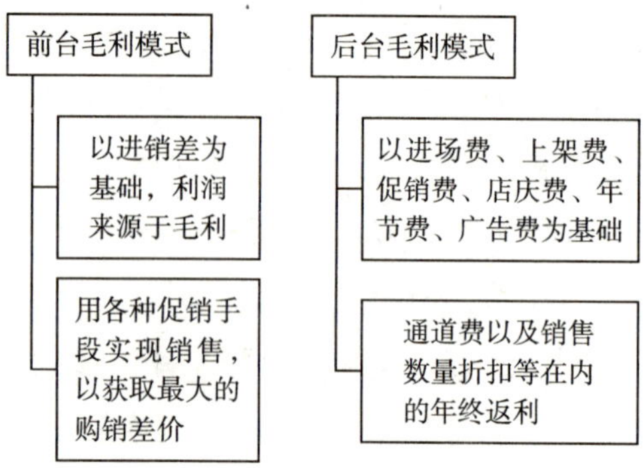


**图 5-4 前台毛利模式与后台毛利模式**

## 二、流通领域融资模式创新

### （一）吸引外资

流通领域对外开放过程中，大量外资进入中国，采取直接投资、间接投资的方式进入中国，对我国来说，引进了资金、技术、管理理念、业态、理念等，同时也引来了竞争和挑战。

1. 2009 年，比尔·盖茨基金会投资深圳农产品

2009 年 8 月 12 日，深圳市农产品股份有限公司公布的 2009 年中期报告里，最为显眼的是 Bill & Melinda Gates Foundation——以世界首富比尔·盖茨及其妻子梅林达名字命名的、世界最大的慈善基金会——盖茨基金增持“农产品”股份至 1200 万股，成为公司的第九大股东和第四大流通股股东。“农产品”2009 年中期报告显示，2009 年上半年公司营业利润大增 116.21%，上半年净利润同比增长 87.72%，达 1.37 亿元。这是盖茨基金看中“农产品”的一个重要原因。

作为农产品流通行业首家上市公司，“农产品”公司也面临着竞争日益加剧的局面。因此，为应对竞争、继续做大做强核心业务，2008 年起，“农产品”公司开始实施网络化战略，不断加快市场网络的扩张和提升现有市场网络的盈利能力，批发市场网络化价值日益凸显。“农产品”公司的核心业务——投资经营的批发市场（含控股和参股企业）共产生净利润 1.44 亿元。

查阅“农产品”历年年报，从2006年一季度至今，在农产品营收的构成中，批发市场所占比例不断提升，从两成多到如今的六成多；在主营利润所占比例上，也从六成多提高到如今的八成多。

2. 红星美凯龙吸引美国华平公司投资

红星美凯龙合计融资38亿元：2010年6月19日，红星美凯龙与美国华平投资基金公司、中信产业投资基金公司、复星集团、渤海产业投资基金公司注资26亿元；2007年10月，美华平投资基金公司曾向红星美凯龙注资2亿美元（约合14亿元），合计注资38亿元。

3. 引进外资的同时也存在许多风险

（1）垄断着国际大豆贸易的国际粮商，已将触角伸到了中国这个全球最大的大豆进口国，中国进口大豆约占全球总进口量的1/3。一方面，美国政府对大豆进行巨额补贴，另一方面，国际粮商通过大量参股中国的大豆压榨企业，逐渐控制大豆渠道。国际粮商一般低价买入南美及享受巨额农业补贴的美国大豆，再高价卖给中国的压榨企业，赚取垄断贸易利润。

外商基本完成了在中国的战略布局，在控制了中国大豆60%的实际加工能力后，国际粮商同时控制了中国大豆的进口，ADM、邦基、嘉吉和路易·达孚四大粮商已经控制了中国80%的进口大豆货源。

（2）外资私募基金——黑石集团投资山东寿光农产品物流园区。2010年4月，作为美国最大的私募基金之一，黑石集团将在中国的首笔Pre-IPO基金1.9亿美元放在了山东寿光农产品物流园有限公司（以下称“寿光物流园”）的“篮子”里。2011年5月，黑石选择撤股套现。寿光物流园拟上市所组建的香港地利控股集团有限公司（以下称“地利控股”）作为寿光物流园的大股东，按照条款约定，以高于同期银行贷款利率的利息，已完成回购黑石所持约10%股份的相关手续。早在2011年2月中旬，以寿光物流园为主体的地利控股已经向香港联交所提请上市，计划在二季度香港股市IPO筹资8亿~10亿美元。黑石此时退出，意味着主动放弃潜在的数倍投资回报。

## （二）集群融资

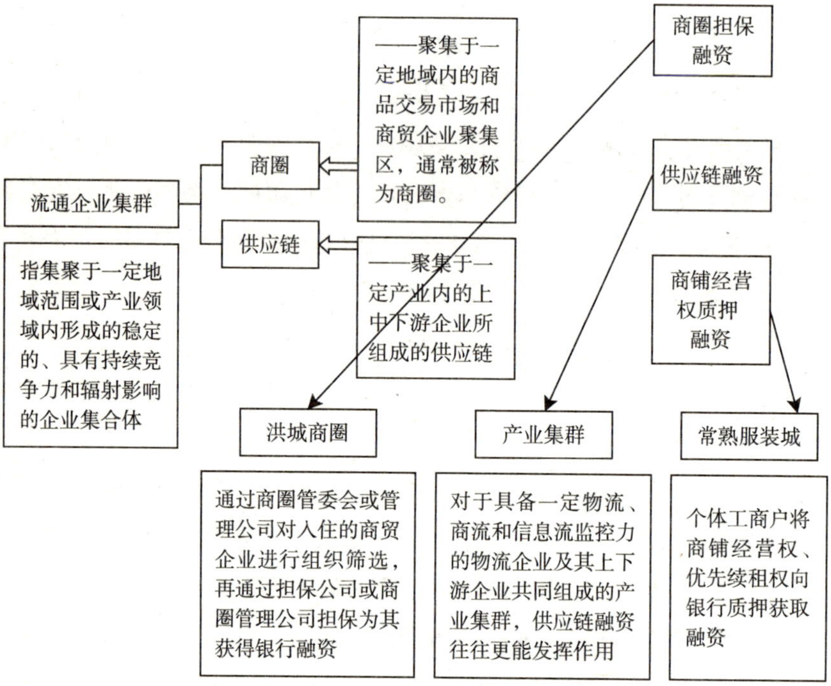


图 5–5　商圈、供应链、市场商铺融资模式

1. 商圈担保融资

佳利商贸城是江西洪城商圈中的一个交易市场，有1 万多家商铺，历经 10 年发展，目前该商贸城已经颇具规模，2009 年的营业额达到 16 亿元。作为当地一个颇有影响的商品交易市场，该商贸城有着相对完善的管理机制。为了化解商户流动资金缺乏影响业务发展的问题，当地的汉辰投资担保有限公司等研发了信用共同体，与商贸城的商会一起尝试用信用共同体贷款的方式，帮助解决商户发展中的资金困难，稳定客户群。

所谓信用共同体是一个以信贷资金为纽带，将放款银行、贷款户、行业协会、担保公司等联系起来，通过多方互动，严格准入，集资联保，互担责任等方式，形成互相监督、互相帮助、共担风险的自觉机制，以化解风险，破解贷款难题。该商贸城的信用共同体由所在区农村信用社、商会、经营商户、担保公司共同组建，商户可以申请加入。申请加入的商户需要有贷款使用需求、信用良好、有实力，并经过农信社、商会和担保公司的筛选。同时，该共同体有严格的准入和退出制度。

2. 供应链融资

供应链融资是解决中小流通企业融资难的又一有效途径。供应链融资即供应链中的商贸企业将存货、应收账款、现金流等置于银行或第三方（物流企业）的有效监管之下，并通过供应链中有实力和信誉的核心企业对其增信，从银行获取融资。分为批发主导的供应链融资、零售主导的供应链融资、物流主导的供应链融资等多种形式。多存于具备一定物流、商流和信息流监控力的物流企业及其上下游企业共同组成的产业集群。

3. 商铺融资

商铺融资指商铺经营权质押融资。个体工商户将商铺经营权、优先续租权向银行质押获取融资。这种模式多存于融资规模较小、期限较短、需求更为灵活的生活资料交易市场。如江苏常熟服装城，2009 年商户通过商铺经营权和优先续租权质押获得银行贷款 2203 笔，金额达到 20 亿元，大大缓解了当地服装销售企业的融资困难。

## 三、政府积极融资政策支持多种模式

(1) 实施商圈融资担保补助政策。选取组织管理完善、发展前景好、融资需求大的生产资料交易市场进行试点，培育商贸企业融资担保体系，降低企业融资成本，进一步推广商圈担保融资模式。

(2) 政府对参与供应链融资的企业给予风险补偿、贴息补助等支持措施，实现金融机构、企业与供应链的良性互动和持续发展。

(3) 协调规避商铺经营权质押融资的法律风险，协调有关部门明确商铺经营权、优先续租权的法律属性，同时进一步优化各地权利质押登记流程，支持商品交易市场内商户进行商铺经营权质押融资。

(4) 支持搭建商贸企业信用服务平台，支持部分市县搭建以流通企业集群为依托的，集行政、商务、金融多渠道信用信息于一体的信用服务平台。

**案例一**

## 康师傅与百事“联姻” 双品牌运营成合力[1]

2012年3月29日，商务部批准了康师傅和百事的在华合作联盟，康师傅控股附属公司康师傅饮品控股有限公司将成为百事公司在华特许经营装瓶商。

康师傅具有与其他公司成功建立合作伙伴关系的历史，此联盟倡议将把康师傅极佳的分销网络覆盖与百事杰出的创新能力结合起来，在短期内极大提升百事在华的饮料业务，同时将百事的未来增长潜能发挥到最大化。

2011年11月4日，康师傅控股和百事达成协议。在联盟获得商务部批准后，康师傅以子公司5%股权换取百事在中国全部24家装瓶厂中总共持有的72%的股权，并与百事现有的在华装瓶厂合作，负责生产、销售和分销百事的碳酸饮料，以及部分品牌的独家分销权。而百事将继续拥有品牌并负责其市场推广活动。

此前，康师傅与百事联盟消息一出，曾遭到多家百事可乐装瓶厂员工的罢工抗议。曾经的竞争对手，竟成为自己将来的雇主，员工担心并购后的被裁员等劳资纠纷问题。随后百事发布了员工赔偿方案，此事暂告停息。

作为除美国本土之外的第一大市场，百事公司近年来一直在中国市场加速扩张步伐。2010年5月21日，百事可乐在上海宣布：未来3年，百事公司将在中国市场增加投资25亿美元。这一数据超越了它最大竞争对手可口可乐在2009年宣布的未来3年20亿美元的投资计划。

此次联盟使内地饮料业的排名发生变化，百事和康师傅在华饮料份额将达到19.9%，超过可口可乐的16.8%。不过，百事和康师傅战略合

[1] 姚欢. 康师傅与百事“联姻”专家称双品牌运营成合力［N］. 中国企业家网，2012-03-30.

作对国内饮品行业整体影响如何还有待观察。

康师傅与百事“联姻”获批，双方此次合作“各取所需”，但联盟还将面临更多的整合问题，包括两者在企业文化、人事结构、财务等方面的整合问题。如果整合不好，或因缺乏认同感，会造成双方员工和大量高层人员流失。

笔者认为，双方的合作应当坚持双品牌运营，才能形成合力。一家台资企业和一家美国管理风格的企业整合必然面临阵痛，但企业应该通过迅速融合，实现风格互融，缩短阵痛期。香港利丰集团在海外兼并重组了30多家企业，没有一例不成功的案例，这应引起我国企业高度重视和借鉴。

**案例二**

## 红旗连锁福祸九鼎字号①

中国经济转型期，经济增速放缓及企业成本上升，导致企业盈利能力下降。因此，资本渐渐远离那些周期行业，开始转向抗周期及转型目标性行业。大消费、新兴产业等成为投资热点。商业零售、医药、节能环保、高端装备制造在国内资本市场定价超越传统行业。在一级股权投资市场也是如此，投资成本较高，投资竞争较激烈。

国内赫赫有名的九鼎投资在商业零售领域一单投资——成都红旗连锁看起来非常漂亮，企业盈利状况良好、市场占有率高、竞争力强，上市似乎近在咫尺。

但最近有媒体曝出，红旗连锁有涉及商业地产之嫌，而商业地产上市目前并不被政策鼓励，从2010年以来，证监会对涉及地产类的企业IPO，甚至再融资都是紧闭大门，哪怕是去香港上市融资，证监会也不会

① 赵文佳. 红旗连锁福祸九鼎字号［J］. 融资中国，2012-3-16.

轻易放行。

行业竞争总是瞬息万变，资本市场晴雨也如六月不定的天气。所以，红旗连锁能否早日上市关乎企业更关乎九鼎投资及其投资人的利益。

近年来，连锁企业租房成本上涨30%，而用工成本却超越其他行业。也就是说，连锁企业的盈利能力正遭受市场新的挑战。

### （一）成本上升吞噬利润

2010年度中国连锁百强榜显示，百强企业销售额占到社会消费品零售总额的11%，但房地产价格飙升带来连锁企业房租成本大约上涨3成。有限的利润被租金吞噬。这样的状态，也逼退了一些连锁经营商，尤其是外资连锁。

2011年1月，美国第二大建材零售商家得宝关闭了其在北京市场的所有门店；2月，家电零售商百思买关闭在中国大陆地区9家门店，并关闭在上海的零售总部。3月，全球最大的玩具销售商之一的美泰公司突然关闭了设在上海的芭比娃娃旗舰店；之后，隶属于法国圣戈班旗下的美颂巴黎建材商场，也宣布将关闭在上海地区的家装业务，进行战略调整。

世界500强企业缘何如此密集地在中国采取“瘦身计划”？虽然都是国际品牌，但照搬国外的模式在中国市场行不通，退出是因为“水土不服”。这些国际品牌在中国扩张速度缓慢，导致盈利能力下降，不得不关停门店。

连锁商业似乎比其他行业更加依赖规模效益。在一些外资撤离中国的同时，国内区域性的连锁商业却红红火火。

据媒体报道，继OK便利店在2008年全线撤出东莞之后，进入广东已经18年的外资便利店7–11，2010年年底先后关掉了在东莞的两家分店。与此同时，广东本土便利店发展快速，抢占了更多的市场空间，如美宜佳目前连锁店已近3000家。服务于小康生活的便利连锁店近来发展非常快，已经成为广东连锁企业发展的最大亮点。

**(二)红旗连锁势头凶猛**

因为便利连锁店在区域市场的庞大需求,红旗连锁发展势头凶猛。

红旗连锁最早是国有企业,1996年,由现任董事长曹世如在梁家巷开出第一家便利店。1999年,曹世如要求将已经发展起30家社区店的红旗连锁改制。

改制之后,红旗连锁发展缓慢平稳。2003年左右,只有100多家店。2003年,红旗连锁引进鸡精大王豪吉,后者控股66%,曹世如持股34%。

虽然豪吉是控股方,但并不参与日常运营管理。同年,曹世如又引进德隆国际,自己转让19%股权,同时豪吉转让51%股权给德隆,比当初入股价格溢价50%,股权转让完成后,德隆占股70%,曹世如和豪吉各占股15%。在入主红旗连锁的过程中,德隆危机全面爆发。曹世如再次回收德隆股权,同时豪吉退出。清退德隆和豪吉之后,曹世如将10%的股权转让给其子曹曾俊。

2009年,九鼎投资收购红旗连锁8%的股份,新和成收购红旗连锁10%的股份。当时红旗连锁的资产进行重新评估价值为18.3亿元,两家投资者按照评估值收购红旗连锁股份。

**(三)上市风险**

2011年11月,红旗连锁已经向证监会递交了上市申请。红旗连锁至今在银行没有欠款,负债主要是欠供应商货款,目前每个月净利润近2000万元。

因为红旗连锁在成都市场的垄断地位,具备区域定价权,竞争力很强。众所周知,零售行业现金流充沛,而一旦有话语权,利用与供应商回款周期就能实现资金运转,如当年国美电器,就是通过占用供应商资金进行资本运作。

红旗连锁拥有了话语权,自身发展的现金流问题一般可以顺利解决。那么,红旗连锁为什么还要上市?红旗连锁似乎完全没有上市融资的必要，其融资最大的目的应该是购买商业铺面。

红旗连锁在 2 年前就开始大量购买土地房产。2009 年其进行股权融资之后，公司就开始买房买地，现在公司办公用地、三大物流配送中心的土地都是自己购买的，100 多家便利店用的也是自有房产。2011 年，红旗连锁在成都一家名为中华园的高档社区投资 2000 余万元购买了 600 平方米左右的商业铺面，开了一家 24 小时便利店。

用租门面的方式开一家店，投资只要几十万元。中华园买一个铺面付出的资金完全可以开上百家。

“改租为买”会让网络扩张的资金需求量飙升数十甚至上百倍，红旗连锁这么做被认为是变相进入商业地产领域。

2010 年永辉超市上市时，已开业门店为 135 家，其中仅 3 家门店涉及自有房产，其余 132 家门店属于租赁取得，自有门店经营面积的比重仅为 3%。而大多数的连锁便利店，自有门店经营面积为零。红旗连锁自有门店比重远超同行。

曹世如对媒体称，租赁店面要面临房租上涨的压力，而购买商铺可一劳永逸，避免房租上涨带来的业绩波动，让经营业绩更稳定。

报道援引西南证券投行部任强的话说：“如果是投资商业地产，证监会肯定不允许其上市；如果是购买铺面作为连锁项目自用经营场所，证监会还没有明文规定。”

红旗连锁股权变更能否通过合规审查，并躲过连锁同行对其变相涉足房地产的质疑？九鼎投资能否在此单中获得较好的投资回报并迅速变成其投资人的收益？

**习题**

1. 什么是电子支付及其种类？

2. 简述 2005 年深圳商业企业、温州餐饮企业的“刷卡风波”产生的原因及解决方法。

3. 什么是“啄食顺序”？

4. 简述直接融资与间接融资的概念。

5. 简要比较分析“前台毛利模式”与“后台毛利模式”的区别。

6. 简述流通领域有哪些融资模式创新。

7. 政府支持多种融资创新模式的积极融资政策有哪些？

# 第六章　农村流通与农村金融

## 第一节　农村流通与农村金融

### 一、我国是农产品生产大国、贸易大国、消费大国

#### （一）我国是农产品生产大国

我国是农产品生产大国，2010 年我国农产品总产量达到 17.4663 亿吨（不包括木材 7284 万立方米），2011 年则达到 17.60 亿吨（不包括木材 7272 万立方米）。

**表 6-1　2011 年我国农产品产量**

单位：万吨

| 产品 | 产量 | 产品 | 产量 |
|---|---|---|---|
| 粮食 | 57121 | 蔬菜 | 67700 |
| 肉类 | 7957 | 水果 | 14200 |
| 棉花 | 660 | 油料 | 3279 |
| 水产品 | 5600 | 糖料 | 12520 |
| 禽蛋 | 2811 | 烤烟 | 287 |
| 牛奶 | 3656 | 茶叶 | 162 |
| 合计 | 175953 | | |

资料来源：根据统计局相关资料整理。

### （二）我国是农产品贸易大国

我国是农产品贸易大国，粮食进口大于出口，2010 年进口谷物 570.8 万吨，出口谷物 124.3 万吨，进口油脂 826.2 万吨，出口油脂 9.6 万吨。2011 年，谷物进口 544.7 万吨，出口 121.5 万吨，小麦、玉米、稻谷和大米、食用油籽均进口大于出口，2010~2011 年大豆进口分别为 5480 万吨、5264 万吨。2011 年，我国农产品进出口总额为 1556.2 亿美元，同比增长 27.6%。其中，出口 607.5 亿美元，同比增长 23.0%；进口 948.7 亿美元，同比增长 30.8%。贸易逆差为 341.2 亿美元，同比扩大 47.4%。2011 年我国棉花进口 356.6 万吨，食糖进口 291.9 万吨。2011 年蔬菜出口大于进口，出口 973.0 万吨，进口 16.7 万吨，水果出口 479.5 万吨，进口 341.8 万吨。2011 年畜产品进口大于出口，进口额 134.0 亿美元，出口额 59.9 亿美元，水产品出口大于进口，出口额 177.9 亿美元，进口额 80.2 亿美元。

**表 6-2　2011 年我国农产品进出口物流情况一览表**

| 品种 | 进口量或出口量（万吨） | | | | 进口额或出口额（亿美元） | | | |
|---|---|---|---|---|---|---|---|---|
| | 进口量 | 同比增长（%） | 出口量 | 同比增长（%） | 进口额 | 同比增长（%） | 出口额 | 同比增长（%） |
| 农产品 | — | — | — | — | 948.7 | 30.8 | 607.5 | 23.0 |
| 谷物 | 544.7 | -4.6 | 121.5 | -2.3 | 20.4 | 33.8 | 8.1 | 17.1 |
| 棉花 | 356.6 | 14.0 | — | — | 96.8 | 65.5 | — | — |
| 食糖 | 291.9 | 65.3 | — | — | 19.4 | 114.6 | — | — |
| 食用油籽 | 5481.8 | -3.9 | 90.1 | 3.9 | 314.8 | 18.7 | 14.4 | 22.3 |
| 其中：大豆 | 5264.0 | -3.9 | — | — | — | — | — | — |
| 油菜籽 | 126.2 | -21.1 | — | — | — | — | — | — |
| 食用植物油 | 779.8 | -5.6 | 12.4 | 29.9 | 90.1 | 25.8 | 21.4 | 65.7 |
| 饼粕 | 192.4 | -8.2 | 58.8 | -52.8 | 5.5 | 6.9 | 2.5 | -47.9 |
| 蔬菜 | 16.7 | 11.5 | 973.0 | 15.2 | 3.3 | 16.7 | 117.5 | 17.7 |
| 水果 | 341.8 | 24.1 | 479.5 | -5.5 | 31.1 | 53.1 | 55.2 | 26.7 |
| 水产品 | — | — | — | — | 80.2 | 22.7 | 177.9 | 28.7 |
| 畜产品 | — | — | — | — | 134.0 | 38.8 | 59.9 | 26.2 |

资料来源：根据中华人民共和国农业部资料整理，2011。

### （三）我国是农产品消费大国

我国有 13.4 亿人口，同时，每年还有大量的境外游客来中国旅游，农产品是城乡居民、旅游来客的基本消费品，每年生产的 17 亿吨农产品大多数都用于消费，少量进行轮换储备，因此我国又是一个农产品消费大国。仅仅以北京这个消费类城市而论，农产品自给率较低，北京拥有 2018.6 万常住人口，有 21000 万全国来客，520.4 万境外游客，5 万外国商务人员，合计为 23544 万人（次），拥有巨大的消费群体和消费量。

### （四）我国农产品物流相对滞后

2010 年，我国农产品物流总额为 22355 亿元，同比增长 4.3%。2011 年达到 23360.98 亿元，同比增长 4.5%。我国农产品物流总额已连续 8 年呈现增长态势，2011 年再创新高突破 2.33 万亿元。然而，我国农产品物流总额占社会物流总额的比重却一直呈现下降趋势。据统计，2011 年我国农产品物流总额增幅也比 2010 年同期有所回落，占 1.47%，农产品物流亟待大发展。

**表 6-3　2004~2011 年我国农产品物流发展一览表**

| 年份 | 农产品物流额（亿元） | 社会物流总额（亿元） | 农产品物流所占比例（%） | 农产品物流同比增长率（以上年为基准）（%） |
|---|---|---|---|---|
| 2004 | 11970 | 383829 | 3.12 | 6.3 |
| 2005 | 12748 | 481983 | 2.64 | 6.5 |
| 2006 | 13546 | 595976 | 2.27 | 6.3 |
| 2007 | 15849 | 752283 | 2.11 | 17.0 |
| 2008 | 18638 | 898978 | 2.07 | 17.6 |
| 2009 | 19439 | 966500 | 2.01 | 4.3 |
| 2010 | 22355 | 1254130 | 1.78 | 4.3 |
| 2011 | 23360.98 | 1584000 | 1.47 | 4.5 |

资料来源：根据 2011 年中国物流年鉴资料整理。

目前，我国现代农村流通体系还不完善，流通基础设施还很落后，流通建设金融供给短缺，其根本原因就在于缺乏强有力的金融支持。强调金融支持是解决我国现代农村流通建设的重要途径，是大力发展现代农村流通的客观需要，也是构建适应我国社会主义新农村建设需要的农村流通金融服务体系的必然选择。

农村金融体系的主体是商业性金融机构、合作性金融机构和政策性金融机构，这几种金融机构为农村生产和农民生活提供中短期资金服务。

按照农村流通体系图进行研究，农村流通体系是一个大的系统——“7+6+5”体系，不能只考虑某一个方面，必须考虑其整体结构优化与协同。

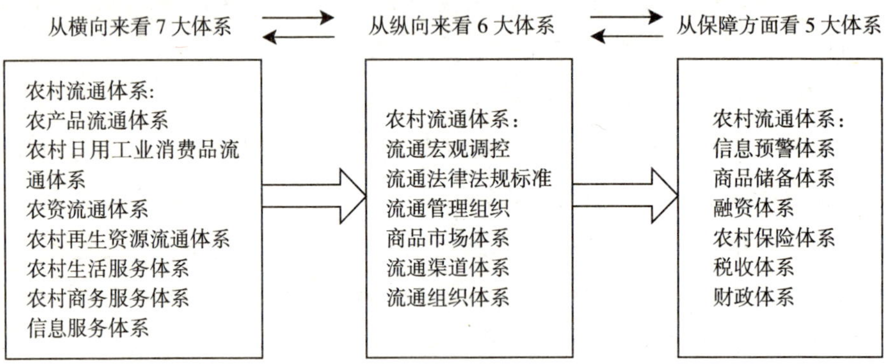


**图 6-1　农村流通体系**

## 二、农村现代商品流通网络架构中的金融支持现状

### （一）商品流通网络建设资金匮乏

改革开放以来，随着农产品产量的提高，农村有形和无形市场得到了长足的发展。然而，农产品流通相关的农产品储藏、加工、运输等物流设施，信息、检测设施等相对滞后，国家财政资金支持力度不够，同时农村金融的投入也甚微。

农村资金外流问题比较大，据统计，各类银行机构从县乡村抽走的资金，每年在 3000 亿元左右，近几年来有所好转。扎根乡镇的金融机构中，邮政储蓄只吸收农村资金而不发放贷款，吸收的资金统统上划到地市级以上机构，然后转存人民银行获得利息收入。农村信用社也在强调资金的集中使用，往往也把吸收的农村资金上存到县级以上机构。农业银行由于是商业银行，正在向股份制迈进，为了改善经营状况，不得不全行统筹、统一调度资金，支持能够带来较大收益的发达地区和大型项目。农业发展银行作为政策性商业银行，业务范围仅仅限制在政策性粮棉油收购等部分流通领域贷款上，对农村尤其是牧区农村基本上没有安排资金，难以支持现代商品流通网络发展。

有关资料显示，全国银行业机构网点平均每万人拥有 1.34 个，而农村银行网点平均每万人只有 0.36 个。截至 2009 年 6 月末，全国仍有 2945 个乡镇没有银行业金融机构营业网点，其中有 708 个乡镇没有任何金融服务。[①]

### （二）企业和个人得不到农村金融机构信贷充分支持

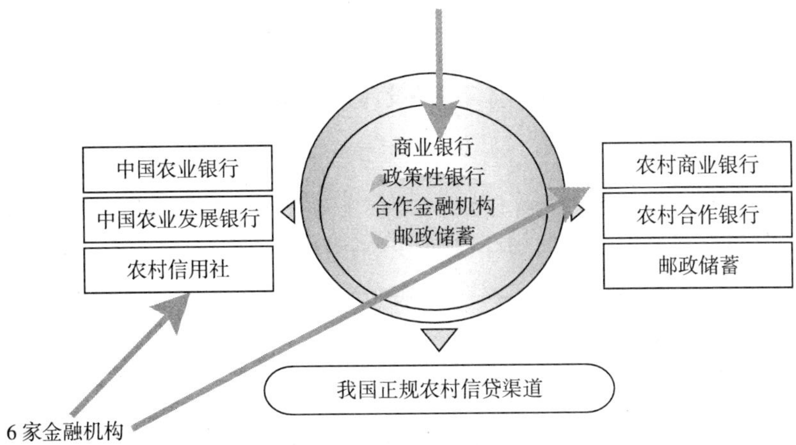


**图 6-2 我国正规的农村信贷 4 类渠道**

我国正规的农村信贷有 4 类渠道：商业银行、政策性银行、合作金融机构、邮政储蓄。支持农村信贷的 6 家金融机构有：中国农业银行、中国农业发展银行、农村信用社、农村商业银行、农村合作银行、邮政储蓄机构。

随着金融体制改革的深入，商业性金融机构越来越注重效益，而农业经济发展滞后，支持农村经济无利可图，还可能带来金融风险。商业性金融机构在流通业的不良贷款率长期居高不下。农村的中小流通企业更是因资本实力不济、盈利空间有限、偿债能力不强而引发更高的不良贷款率。农村金融机构出于资金保值增值的目的，对农村中小商品流通企业的贷款望而却步，

① 张涛. 服务“三农” 农村金融市场当需创新改革［N］. 中国商报，2010-3-16.

对农村缺乏资产作担保的个人信贷更是难上加难。因此农村商品零售机构、网点资金紧张，循环不畅，周转贷款无法满足日常经营需要。

### （三）商品支付结算的手段、速度跟不上现代流通的需求

随着商业银行网点纷纷从乡镇撤离，在乡镇保留的邮政储蓄和农村信用社只具有同城、同地汇兑结算功能，而不具备跨市、县特别是跨省等异地汇兑结算功能，这就使得农业经济发展的结算渠道不畅。农村异地汇款结算难为农产品的大量外销提供服务，在资金结算上设置了障碍，影响了农产品的快速流通和销售，延缓了商品资金的回笼，制约了流通网络的发展速度和规模。

### （四）商品流通领域的信用体系建设滞后

在一些地方，农村信用体系建设滞后，原因主要有以下几方面：①农村普法活动不深入。②农民知识水平不高。③农村融资观念陈旧。在这样一个大环境下，农村商品流通网络构架中的信用缺失现象就较为严重，信用体系、中介机构不健全，信用环境的制约作用还很突出。中介机构数量少，担保机构发展缓慢，担保难、贷款难的专业化服务水平、专业素养和信誉度低。

## 三、现代农村流通网络建设中金融支持的必要性

### （一）金融支持是现代农村流通建设的需要

“三农”问题是我国经济不容忽视的问题，现代农村流通是带动我国农村经济发展的一个新的利润增长点。在计划经济时代，我国农村一直是“重生产、轻核算、轻流通，企业重消费、轻积累”，农村流通企业没有得到重视。

经济体制转型后，国家财政也没有对其进行适当的补贴，使其很难适应市场化的运作，农村流通企业也长期未积累自身发展的资金，经济转型以来由于长期经营不善，农村流通企业的固定资产抵押率极低，银行不愿意贷款给农村流通企业，使得农村流通企业在发展过程中资金更是捉襟见肘。加之目前“反哺”还远未实现，财政对农村流通建设投入不足乃至资金供给短缺，这些已成为制约现代农村流通建设的瓶颈。

改革开放以来中央 14 个一号文件使我国农业和农村发生了较大变化，

农村流通建设日益受到社会高度重视。在重视并大力发展农村流通网络建设的同时，必须明确金融支持是当前我国现代农村流通建设的瓶颈，在国家和地方政府当前财力有限的情况下，金融支持是更理性的选择，正确处理好金融组织趋利性与农村流通弱质性的关系，是我国现代农村流通建设的客观需要。

### （二）金融支持是现代农村金融业务的内在要求

现代农村流通要求金融的协作与支持，要求金融机构开展农村流通金融业务。农村流通金融为农村流通业提供资金融通、结算、保险等综合性金融服务，是农村流通与资金融合的产物，它伴随着农村流通业的发展而发展。

农村流通和农村金融的融合成为国内农村银行业一项重要的金融业务，并逐步显现其作用。如邮政储蓄银行、乡村银行将开展农村流通金融服务，有效融合农村流通业与资金供求，这是现代农村流通金融业务本身的内在要求，是现代农村流通金融整合形式的创新。

### （三）金融支持是现代农村流通业与金融业融合的必然要求

要实现快捷、方便、灵活的现代农村流通金融服务，离不开农村金融业的支持。农村金融市场能聚集资金支持现代农村流通体系，大量农村金融工具的运用能实现无时无处不在的现代农村流通结算，农村金融市场也能转移或分散现代农村流通业的经营风险。

只有现代农村金融市场高效分配资金资源，才能为现代农村流通的基础设施提供更多资金来源。只有现代农村金融渠道畅通无阻，才能保障现代农村流通过程中产、供、销的进一步循环。只有现代农村金融网络安全，才能使需求者或农户既能网上订货，也能网上结算，现代化交易方式才能被广泛应用于现代农村流通中。因此，现代农村流通建设的金融支持，是现代农村流通业与农村金融业协同发展的必然要求。

## 四、提升金融为农村商品流通网络架构服务的途径

### （一）整体优化农村金融生态环境

各级政府要关心金融业的发展，发挥好引导、监督和维护的作用，组织协调多个领域、不同部门共同参与、相互配合，为金融业的发展创造良好的

外部环境。要减少对银行正常信贷活动的干预，建立良好的信用维护机制，制止逃废金融债务行为。要稳定、完善和强化各项支农政策，建立稳定的农业、农村投入增长机制，切实加强农村综合生产、流通能力建设，促进农村经济社会全面发展。

**（二）完善农村金融组织体系**

在农村商品经济快速发展的过程中，我们应看到一方面农村缺少体系健全的金融机构，另一方面更缺乏一些好的、有效的农村金融商品及服务。在开拓农村市场、建设农村现代流通网络的进程中，应形成多种金融机构并存、竞争、合作，共同支持"农村现代商品流通网络"的新局面。

因此，如何根据流通行业的特点和农村商品流通的内在需求推出设计合理的金融产品就显得尤为关键了。

（1）农业发展银行要积极调整贷款对象，适当延伸业务范围，在突出支持国有购销企业对粮棉的购销下，支持中央和地方粮棉储备体系建设。在增加国家对粮棉市场的调控能力的前提下，延伸对粮棉产业链条的信贷支持。支持具有收购资格的粮棉产业化龙头企业开展粮棉收购，支持粮棉购销企业与大企业开展联合经营等，并承担政策性银行支农业务。

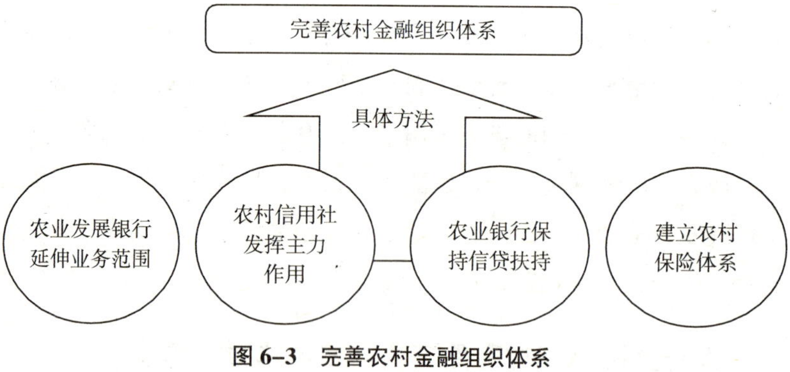


**图 6–3　完善农村金融组织体系**

（2）农村信用社要充分发挥农村金融的主力作用，根据不同地区的实际情况进行改革，应顺其发展路径改为商业性金融机构，对合作性坚持比较好的继续进行规范，规范成真正的农民群众自己的合作金融组织。农村邮政储蓄机构成立邮储银行，把从农村地区吸收的资金以贷款形式发放到农村和农村流通建设中去，在相对贫困地区形成合理的资金流，以激活当地农业经济。

（3）农业银行要继续发挥支持农村的传统优势，要对三位一体的农业经济生产流通联合体和产量高、质量好、外向型农产品产销基地和批发市场给予重点信贷资金扶持。

（4）应支持建立以政策性保险为主体的农村保险体系，对商业性保险公司提供的农业保险业务给予政策优惠，增强其支持农村商品流通的信心和能力。

**（三）营造良好的商品流通信用环境**

农村相关部门应积极推进信用体系建设，加快统一的乡镇企业和个人信用信息基础数据库的建设，规范征信机构业务经营和征信市场管理，努力推进征信业的健康发展。继续开展“信用工程”创建活动，推动农村信用环境的根本改善。培育和规范多元化的信用主体，为农户和农村中小商品流通企业开辟多种抵押担保形式。

同时，积极推进信用担保体系建设，组建符合县域经济需求的政策性担保公司，并鼓励建立民间出资的商业化担保公司和会员出资的会员制担保公司，分散和化解银行信用风险。健全对守信或失信行为的奖惩机制，达到奖善惩恶的目的。通过农村信用体系的建设，消除影响和阻碍商品流通的不良因素，形成诚信经商的商业氛围。

**（四）完善农村中小商品流通企业融资体系**

农村中小商品流通企业是农村商品流通网络的主体和重要组成部分，农村金融必须也应该通过完善其融资体系建设，为其可持续发展创造条件，为农村商品流通网络的顺利运营奠定基础。

（1）应鼓励有条件的农村地区设立支持中小流通企业的发展基金，或在县、镇、乡政府统一支持的中小企业发展基金中安排一定规模的资金，重点用于扶持农村中小流通企业的创立、扩大经营服务规模、人员培训、信用担保及服务体系建设等方面。

（2）各地农村的商务主管部门应积极协调各商业银行，加大对农村中小商品流通企业的信贷支持，完善对这些企业的金融服务，扩大授信额度，开发新的信贷服务项目。

（3）鼓励各类信用担保机构积极开展农村中小商品流通企业的担保业务，要制定相应政策，鼓励、引导民间资本投入中小流通企业的改造和发展。

## 第二节 农村流通与期货、期权

### 一、农村流通存在“多重风险”

农村流通存在的“多重风险”主要有：①自然风险——自然灾害的影响。②政策风险——政策的多变性带来的影响。③市场风险——供求市场变化的频率加快。④进出口风险——农产品进出口数量增加，市场波动加大，金融危机具有常态化趋势。

### 二、农产品价格波动及其特点

#### （一）农产品价格

广义的农产品价格是指农林牧副渔各业产品的价格。狭义的农产品价格是指种植业、养殖业产品的价格，具体来说包括“粮棉油、麻细茶、糖菜烟、果药杂”以及肉禽蛋奶产品的价格。

#### （二）决定农产品价格的基础条件

（1）农产品生产资料主要是土地，土地的地理位置、自然条件、丰沃程度是不同的，从而引起的劳动生产率和成本也是不同的。

（2）土地的优劣程度不同，决定了同样多的物化劳动和活劳动投入到同一面积的不同等级的土地上，会产生不同的产品数量和收益。

（3）土地是一种不可再生的稀缺资源。

①土地的有限性和固定性决定了土地的经营具有垄断性。②社会对农产品需求的不断增长。③要使耕种劣等土地的生产者也能获得适量的收益，因此农产品收购价格应以劣等地的社会必要劳动耗费为基础来确定。

**(三) 农产品价格运动的特点**

农产品价格呈现不规则的周期性波动。一般来说，市场供求决定市场价格，反过来，市场价格决定市场供求。农产品市场价格——上期价格决定当期供给 $S_t = f(P_{t-1})$，当期价格决定当期需求 $D_t = f(P_t)$，由此出现周期性的蛛网效应。

三种蛛网效应：

(1) 稳定型蛛网，需求弹性大于供给弹性。

(2) 不稳定型蛛网，需求弹性小于供给弹性。

(3) 封闭型蛛网，需求弹性等于供给弹性。

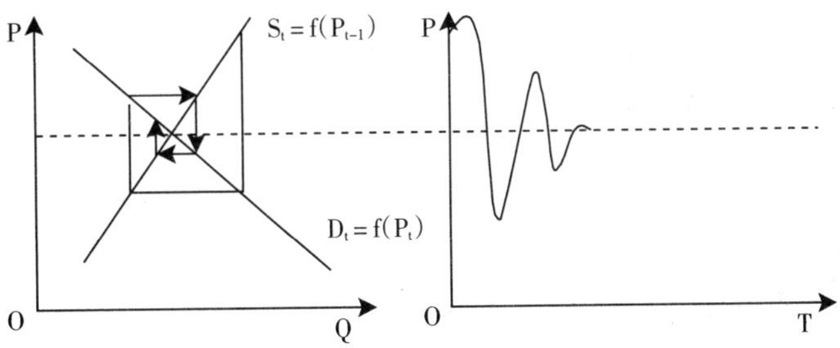


**图 6–4 稳定型蛛网现象，需求弹性大于供给弹性**

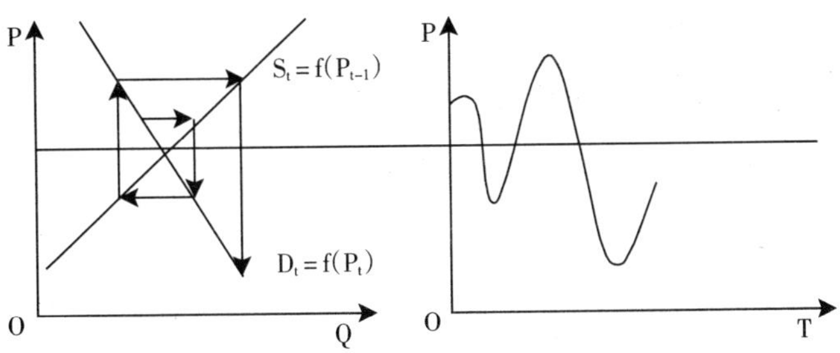


**图 6–5 不稳定型蛛网，需求弹性小于供给弹性**

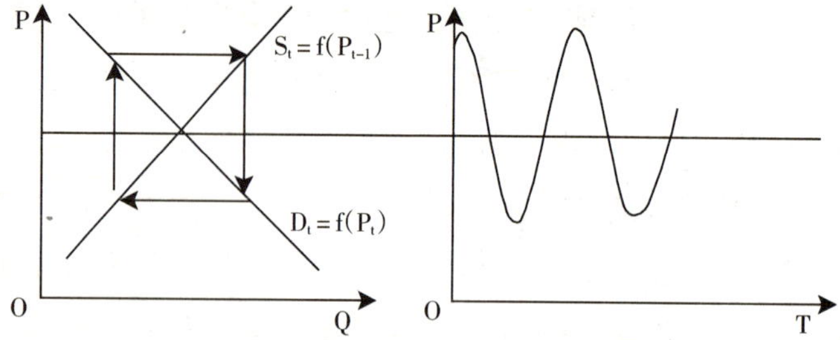


图 6-6 封闭型蛛网，需求弹性等于供给弹性

## 三、期货、期权能够为农村流通规避交易风险

### （一）期货市场具有独特的功能

期货交易是众多的买主和卖主根据期货交易所的规则，在公开、公平、公正的原则基础上进行的期货合约的买卖。易于形成一种真实而具权威性的期货价格，指导经济当事人的生产与经营活动，同时又为经济当事人提供了避免市场价格波动风险的机会。因此，期货交易具有价格导向与风险转移的功能。

（1）价格发现。俗称价格导向，即确定市场上各种商品的未来预期价格。期货交易的参与者众多，在期货市场这一竞争的市场上，生产者作为供给者，他们的决策反映了供给的变动；经营者作为需求者，他们的决策反映了需求的变动；而投机者的活动则反映了他们对供求双方的分析。

（2）回避价格波动的风险。由于各种外部因素的影响，市场的供求状况会经常出现异常的波动，由供求所决定的价格也因此经常地出现波动，这种市场价格波动风险的存在，对于生产者和经营者都是一种威胁。期货交易则可以有效地转移价格波动风险，具体来讲，是指通过期货交易中的套期保值方法来达到。

### （二）期权具有对期货交易回避风险的功能

期权，又称选择权，是在期货的基础上产生的一种衍生性金融工具。从其本质上讲，期权实质上是在金融领域中将权利和义务分开进行定价，使得权利的受让人在规定时间内对于是否进行交易，行使其权利，而义务方必须履行。期权对期货交易来说具有回避市场风险的功能。

## 第三节 农村流通与农业保险

### 一、农业保险及其功能

农业保险是指专为农业生产者在从事种植业和养殖业生产过程中，对遭受自然灾害和意外事故所造成的经济损失提供保障的一种保险。

农业保险按农业种类不同分为种植业保险、养殖业保险；按危险性质分为自然灾害损失保险、病虫害损失保险、疾病死亡保险、意外事故损失保险；按保险责任范围分为基本责任险、综合责任险和一切险；按赔付办法可分为种植业损失险和收获险。

农业保险≠农村保险，后者是以地域命名，是指在农村范围内举办的各种保险的总称，除含农业保险外，还包括乡镇企业、农业生产者、其他各种财产、人身保险、农村流通保险。

农业保险的保险标的包括农作物栽培（农业）、营造森林（林业）、畜禽饲养（畜牧业）、水产养殖、捕捞（渔业）以及农村中附属于农业生产活动的副业。

我国开办的农业保险主要险种有：养殖业如生猪保险、养鸡保险、养鸭保险、牲畜保险、奶牛保险、耕牛保险、山羊保险、淡水养殖保险、养鹿保险、蚌珍珠保险等，种植业如水稻保险、蔬菜保险、林木保险、水果收获保险、西瓜收获保险、小麦保险、油菜保险、棉花保险、烤烟保险等。

### 二、农业保险能够为农村流通提供金融支持

改革开放 30 多年来，中共中央、国务院先后出台了 14 个一号文件，其中多次提出农业保险问题。2008~2012 年国家对“三农”投资分别为 5625 亿

元、7253 亿元、8183 亿元、10408 亿元，2012 年再次超过 1 万亿元，达到 12286.6 亿元。2011 年、2012 年如果加上地方财政的投入，总投资超过 2.5 万亿元。

但是，单靠政府财政投资远不能够满足“三农”所需要的资金，“三农”投资分散到每一个农民，实际上是非常小的数字。因此，需要靠提高农产品价格来提高农民收入，同时充分发挥农业保险的作用。农业保险也是“三农”投资的一个重要组成部分，但是，发展农村流通是解决农村问题的一个关键。市场风险越来越成为“三农”问题的核心，回避市场风险应充分发挥农业保险的作用，为农村流通提供金融支持。

**习题**

1. 简述农村现代商品流通网络架构中的金融支持现状。
2. 论述现代农村流通网络建设中金融支持的必要性。
3. 简述提升金融为农村商品流通网络架构服务的途径。
4. 如何根据流通行业的特点和农村商品流通的内在需求推出设计合理的金融产品？
5. 简述农产品价格特点。
6. 决定农产品价格的基础条件有哪些？
7. 简述期货、期权与农村流通之间的关系。
8. 简述农业保险的概念、种类及其保险标的。

# 第七章　流通产业对外开放与金融业开放

## 第一节　我国流通领域的对外开放及其阶段

长期以来，流通业作为整体而言，根据国家发布的《外商投资产业指导目录》，一直被列为外商投资"禁止类"或"限制类"的范畴。自改革开放以来，我国商业开始有限度地对外开放，大体分为六个阶段：

第一个阶段：1978 年至 1992 年 7 月，"禁止期"

在这一时期，中国政府禁止外商在中国开办独资或合资的零售、批发企业。但是，如果外商投资生产企业，法律允许其在中国销售合同比例内的产品。因此，外商实际上不同程度地介入了中国国内贸易领域。相对而言，餐饮业较早对外开放：1984 年 7 月 25 日，第一家肯德基进入中国（北京），1990 年 10 月 8 日，第一家麦当劳进入中国（深圳），此后，必胜客、罗杰斯、汉堡王等国际品牌大举进入中国大陆市场，至今肯德基、麦当劳在中国开店数分别超过 3500 家和 1500 家。

第二个阶段：1992 年 7 月至 1999 年 6 月，试点期

1992 年 7 月，国务院同意先在北京、上海、广州、天津、大连、青岛 6 个城市和深圳、珠海、汕头、厦门、海南岛 5 个经济特区，各试办 1~2 个中外合资或合作经营的商业零售企业，项目由地方政府或国务院审定。

期间，试点是中国流通业对外开放的基调。具体表现为：一是地点上的试点。二是有限度地吸引外资。1995 年 5 月和 1997 年 12 月，国家行政部门分别颁布了《外商投资产业目录》，均把零售、批发和物资供销列入了“限制外商投资产业目录”。三是规定了外商出资的形式。1997 年 12 月，国家颁布了《外商投资产业目录》，重申了商业领域“不允许外商独资”，并增加了“中方控股或占主导地位”的规定。

1992 年上海八佰伴成为国内正式批准的第一家中外合资零售企业，外商投资流通业领域总体表现为“三多”：

一是投资项目多。全国共有 20 个省、市、自治区，国务院批准或各地自行批准开办了 277 家外商投资零售企业，其中部分是连锁经营企业，若按单个店铺计算超过 400 家。

二是著名跨国公司多。全球美国《财富》杂志全球 500 强的零售商，共有 14 家企业在此期间进入中国，约占当年全球 500 强的 23.7%。例如，当时全球零售业排名第一的美国沃尔玛公司、亚洲排名第一的日本大荣公司、欧洲排名第一的德国麦德隆公司、法国家乐福公司、法国欧尚公司等。

三是进入中国经济发达地区的多。中国的大城市和沿海经济发达地区是外商零售企业的主要选择对象。仅广东（含深圳市）、上海、江苏共有 194 家，约占 70%。

第三个阶段：1999 年 6 月至 2001 年 12 月，规范管理试点期

1999 年 6 月，原国家经贸委与外经贸部联合发布了《外商投资商业企业试点办法》，该办法称，“……使扩大商业领域利用外资投资试点健康有序进行”。该办法首次提出了可以设立从事批发业务的合营企业；在限定条件下，允许外商合营者控股。此时，中国商业对外开放的步伐明显加快。此项政策明确规定了外国合营者、中国合营者和合营企业的申办资格。申请设立从事零售或批发业务的外国合营者，申请前 3 年年均商品销售额或商品批发额分别应在 20 亿美元或 25 亿美元以上，申请前一年资产额应分别在 2 亿美元或 3 亿美元以上。

由此可见，中国政府期望吸引国际大型零售企业来华进行投资，以提升

中国商业的整体经营水准。新政策还对当前商业对外开放的地区、外商的出资比例、经营年限、形式和审批权作了规定。

日本丸红株式会社与上海一百（集团）有限公司合资组建上海百红商业贸易有限公司，2001 年 7 月 18 日正式获得国家主管部门的批准，成为全国第一家具有外资参股的批发企业。

第四个阶段：2001 年 12 月至 2002 年 12 月，外商大举进入中国的抢滩时期

2001 年 12 月 10 日我国正式加入 WTO，流通业开放进程已列入了明确的时间表。

在批发业方面，我国在 2001 年前，允许外资在合资企业控股，取消地域或数量限制，2003 年以前取消企业股权及形式的限制，外资服务供应商可为其分销产品提供全面性相关服务，包括售后服务；在零售业方面，“入世”后允许在 5 个经济特区以及北京、天津、广州、大连、青岛、郑州及武汉成立合资企业，在北京及上海，允许设立 4 家合资零售企业，在其他地方最多成立 2 家，北京可允许两家合资企业在市内开设分店；在 2002 年 1 月以前，允许外商拥有控股权，允许在所在省会城市及重庆、宁波成立零售企业，在 2003 年 1 月前，取消所有地域、数量、外资持股比例的限制。

2002 年是我国加入世界贸易组织的第一年，这一年零售业走在开放时间表之前。1~9 月，我国新批准设立深圳吉之岛友谊百货公司、宁波欧尚超市有限公司等 12 家合资零售企业，外方投资分别是法国的家乐福和欧尚、日本的吉之岛、英国的百安居以及我国台湾地区的统一集团和香港特别行政区的华润集团。这些新批企业获准建立的店铺总数为 387 个，而 2001 年同期我国新批准外商投资零售企业 7 个，店铺总数为 376 个。

第五个阶段：2002 年 12 月 11 日至 2004 年 12 月 11 日，外资以并购形式进入商业领域时期

2002 年 11 月 7 日，中国证监会和中国人民银行联合发布《合格境外机构投资者境内证券投资管理暂行办法》。11 月 4 日，证监会、财政部和经贸委联合发布《关于向外商转让上市公司国有股和法人股有关问题的通知》，国家

经贸委、财政部、国家工商总局、国家外汇管理局也随后颁布了《利用外资改组国有企业暂行规定》。11 月 28 日国家外汇管理局公布《合格境外机构投资者境内投资外汇管理暂行规定》。沪深证券交易所发布了《合格境外机构投资者证券交易实施细则》。

2002 年 12 月 11 日至 2004 年 12 月 11 日，外资以并购形式进入商业领域时期。这标志着 QFII（合格境外机构投资者）进入中国证券市场投资的法律规范已经完成，是我国资本市场的又一次重大突破，它对中国证券市场的发展和国有经济战略布局产生深远影响。至 2005 年 3 月 15 日，获得批准的 QFII 已达 27 家，获准投资额度达到 40 亿美元。至 2008 年 12 月，获得批准的 QFII 已达 72 家，获准投资额度已超过 65 亿美元。

2003~2004 年三大新业态、九大跨国零售品牌进入北京。三大业态是专业连锁店、折扣店、便利店。九大零售品牌：①法国欧尚；②乐华梅兰；③德国欧倍德；④英国百安居；⑤德国麦德龙；⑥美国沃尔玛；⑦日本 7-11 便利店；⑧西班牙迪亚；⑨泰国正大易初莲花，现改名为卜蜂莲花。

2003~2004 年两年，有近 300 亿元的社会资金投向北京流通领域，北京也迎来外资进京的高峰期。

为了迎接我国零售业过渡期的结束，商务部 2004 年 4 月 16 日颁布了《外商投资商业领域管理办法》（下称《新办法》），自该办法实施之日起，1999 年颁布的《外商投资商业企业试点办法》（下称《试点办法》）自动废止，新旧两个办法对比，主要有七个不同之处：

（1）目的不同。《试行办法》的目的是为了促进流通业改革，而《新办法》的目的是为了完善市场流通体系建设，由此，我国流通领域已经从单纯的改革阶段逐步进入市场规范阶段。

（2）取消股权限制。《试点办法》中明文规定，暂不允许外商独资设立商业企业，而《新办法》中对此不再限制。对于《试点办法》中规定的中国合营者的最低股权比例限制，在《新办法》中也不再作硬性规定。

（3）取消地域限制。《试行办法》第 4 条规定，设立合营商业企业的地区仅限于省会城市、自治区首府、直辖市、计划单列市和经济特区，但在《新办法》中已经彻底取消。取消城市限制对大城市的作用并不明显，但对中小城市较明显。

（4）投资门槛降低。《新办法》对于外资商业企业投资的门槛基本取消。《试点办法》中对于申请设立外商投资商业企业的条件，从资质条件、申请前年销售额、申请前资产额等诸多项目都有明确的条件限制。《新办法》中只规定了应遵守本国法律、行政法规及相关规章，并鼓励有较强经济实力的外资商业企业来华投资，只有少数受限制的重要商品的合资方式做出了所占股份比例不能超过 49%的限制。

（5）经营范围有所扩大。《新办法》明确规定从事批发的外商投资商业企业可以从事佣金代理业务，并且可以授予他人以特许经营方式开设店铺，这在《试点办法》中是没有规定的。对于商品进出口代理业务，新老办法的规定也有所不同，《试点办法》中对于此项业务有明显限制，在《新办法》中却被取消。

（6）审批程序不同。在《试点办法》中无论是大小外资投资商业企业在中国开店，均须逐级申报，最终要商务部审批，程序较复杂。而《新办法》中，省级商业主管部门在一定条件内获得了审批权。

（7）加重特许经营管理力度。在《试点办法》中没有明确什么样的外商投资企业可以进行特许经营活动，而《新办法》中对此增加了相当限制性条款，没有实体的外商投资商业企业将不能实施特许经营活动。这实际上是保护了中小投资者的利益。

第六个阶段：2004 年 12 月 11 日以后，流通业进入全面开放时期

2004 年 12 月 11 日，中国流通业入世过渡期结束，中国流通业全面向外资开放，特别是零售业开放程度最大。

## 第二节　外资银行大量进入中国

据不完全统计，截至2009年12月末，在中国内地注册的外资独资与合资法人银行机构共26家，下设103家分支行和附属机构。73家外资银行在内地设立了144家分行，196家外资银行开设了252家代表处。65家外资银行分行、21家外资法人银行获准经营人民币业务，52家外资银行机构获准从事金融衍生产品交易业务。

相关数据显示，截至2009年11月末，共有33家境外机构投资入股24家中资银行，入股金额达204.82亿美元。在5家大型国有商业银行和10家全国性股份制银行中，只有农业银行和招商银行没有外资入股。美国金融机构涉足的中资银行包括工商银行（高盛、运通）、建设银行（美国银行）、浦发银行（花旗集团）、深圳发展银行（新桥投资）和广东发展银行（花旗集团）。

至2012年3月，合格境外投资者（QFII）达到158家，投资金融额度为800亿美元。许多非金融机构也相继投资中国流通企业。如比尔·盖茨2009年投资深圳农产品市场股份有限公司股票，拥有1200万股。

2009年全球性的金融危机严重影响中国中小企业的发展，企业融资难、融资额度小等成为中小企业面临的困境，同时对于中国的金融机构来说也是很严峻的挑战，但对于外资银行来说是一个“机遇期”。

新加坡华侨银行、淡马锡集团、星展银行相继进入重庆市场，2012年进入重庆的星展银行重庆分行和前两家金融机构瞄准支持渝企海外上市和服务小微企业融资不同的是，星展银行将目标客户锁定在帮助国企融资和对高端客户理财服务上。为促进快速增长的中国业务拓展计划，新加坡星展银行将对其子公司星展银行（中国）有限公司（简称“星展中国”）增资23亿元人民币，使其注册资本金增加近60%。

# 第三节　外商进入中国流通业的现状特点

## 一、中国市场对外资具有较强的吸引力

2000~2010年批发和零售累计利用外资项目数49051个，占全国项目总数的10.6%，累计使用外资金额267.4亿美元，占全国利用外资总额的3.4%。2004年以后，零售业利用外资步伐明显加快，外资项目数和实际使用外资金额数都呈逐渐上升趋势。截至2009年，外商在华企业法人数达到793家，从业人数达到33.32万人。

表7-1　2004~2011年中国使用外商直接投资

| 年份 | 外商直接投资 | 年份 | 外商直接投资 |
|---|---|---|---|
| 2004 | 606亿美元 | 2008 | 924亿美元 |
| 2005 | 603亿美元 | 2009 | 900亿美元 |
| 2006 | 694亿美元 | 2010 | 1057.4亿美元 |
| 2007 | 747.7亿美元 | 2011 | 1160.11亿美元 |

## 二、外商进入中国流通业的现状

自1992年上海八佰伴成为国内正式批准的第一家中外合资零售企业后，目前世界前50家最大零售商已有70%进入中国。我国政府累计批准的外商投资商业企业（按活动单位算）在我国已发展到2400家，实际使用外资48.3亿美元，其中91%的零售吸引外资是在“入世”后，规模是37亿美元，营业面积约828.6万平方米。

## 三、中国零售领域是世界上竞争最激烈的领域

以零售开放为突破口，全方位对外开放。如零售、批发、餐饮、家电、

表 7-2 2005~2007 年中国零售企业发展情况

| 年份 | 内资连锁零售企业 | | | | 外资连锁零售企业 | | | |
|---|---|---|---|---|---|---|---|---|
| | 营业面积（万平方米） | 就业人数（万人） | 营业面积增长（%） | 就业增长（%） | 营业面积（万平方米） | 就业人数（万人） | 营业面积增长（%） | 就业增长（%） |
| 2005 | 7488.9 | 127.7 | 12.72 | 14.56 | 480.7 | 16.1 | 29.92 | 23 |
| 2006 | 8462.7 | 143.5 | 13 | 12.36 | 641.2 | 18.8 | 33.39 | 17 |
| 2007 | 8800.9 | 153.6 | 4 | 7.07 | 1009.6 | 25.7 | 57.44 | 37 |

百货、专业店、超市、便利店、现代物流、商品交易市场、现代期货、现代易货等都有外资商业企业的影子，直接和间接地投资、入股、参股、兼并、重组，可以说，当前中国零售市场是世界上竞争最激烈的市场。

## 四、跨国零售商大量进入中国

目前全球 50 家最大零售企业，超过 80%已经进入中国，它们从南向北、从东部向中西部，逐渐完善构建自己的商业布局。截至 2009 年年底，沃尔玛174 家、家乐福 153 家、麦德龙 41 家、乐天 76 家、大润发 110 家、易买得23 家、欧尚 35 家、乐购 70 家、永旺 21 家、屈臣氏 500 家、肯德基 2775 家、麦当劳 1200 家等。许多外资将主战场转到二三线城市。

2010 年 2 月 8 日，沃尔玛东莞店开业，沃尔玛进入中国市场 13 年来，相继在 93 个城市开设了 178 家分店，沃尔玛莞城凤来路分店是沃尔玛在中国开设的第 179 家商场。至 2012 年 2 月 1 日，沃尔玛在中国的门店已经达到 370 家，超过家乐福门店数，家乐福现有 203 家，麦德龙有 54 家店。

## 五、外资物流企业已经进入中国

2005 年外资进入中国物流市场，2006 年有三件令人“震惊”的事件：一是荷兰跨国物流商 TNT 以“购买式”兼并华宇物流企业；二是 FedEx 以 4 亿美元收购了和大田合资的快递公司；三是 UPS 以 1 亿美元的代价同中外运协议分手，这是外商独资化举动的一个开始。目前美国 FedEx、美国 UPS、德国 DHL 以及荷兰 TNT 四大外资快递巨头已占领了我国国际快递市场 80%以上的份额。在“国际快递、航运物流、进入中国的国外制造企业和餐饮企业带来的物流”的三个领域中，外资已经占据了短期内难以打破的垄断地位。至今表现为7个特点：①约1200亿美元的货物空运进出口市场，成为2005年国际航空货运市场的竞争焦点。②先入者优势明显。③客户细分与服务深化。④独资趋向抬头。⑤CEPA刺激香港企业进入。⑥外资在某些行业物流中处于领先甚至垄断地位。⑦跨国物流巨头并购我国民营物流企业。

### 六、外资进入中国期货业

2002年，瑞富集团——世界非银行机构中最大的期货交易商，也是全球衍生性商品交易及清算的领导者在上海成立的办事处。2005年9月12日，美国瑞富有限公司所属全资子公司瑞富集团有限责任公司宣布，计划在北京与经易期货经纪有限公司成立一家合资企业。这是中国证监会公布港澳机构参股内地期货公司细则以来，首家宣布与内地期货公司达成合作意向的境外机构。香港大福证券与广州神通期货公司也接近达成协议。但外资参股比例不能高于49%。

### 七、北京是中国最开放的特大型城市之一

北京零售业开放程度居内地各城市之首，全球280家世界一流零售商中的101家已经在北京落户，截至2009年年底，北京市已累计批准外资零售门店2647家，其中家乐福就有14家。

## 第四节　外商进入中国流通业的正负效应分析

### 一、外商进入中国流通业的正面效应分析

（1）弥补了我国流通业建设资金不足的问题，带动了我国对流通业建设

的投资。外资的进入，一是给我国零售业提供了大量的资金；二是外资零售业的进入，使得市场竞争更加激烈，国内零售企业要想提高竞争力、提高经济效益就必须扩大投资，扩大规模。

（2）有利于提高我国零售业的营销管理水平。市场营销的核心是市场定位和营销组合，外资零售商进入我国市场前，首先投入大量的人力和物力进行专门的市场调研，根据顾客需求特点，确定自己的目标市场。再根据目标市场中的竞争对手情况，实施准确的市场定位，通过营销组合策略，更好地服务目标顾客。

（3）有利于提高国内流通业的技术含量。外资零售企业能对众多的连锁店实行有效管理的关键在于现代科技的广泛应用。如沃尔玛公司总部拥有庞大的计算机系统和商业卫星频道，时时传送和处理来自世界各地连锁店的信息，大大提高了管理效率，降低了经营成本。现代管理技术在零售业中的广泛应用，使零售业的技术含量倍增，这不仅体现在拥有尖端的科技设备，更包括对专业人才的吸纳和使用。近几年来，国内零售企业加大了技术投入和人才引进，如大型零售企业已相继建立了计算机网络，采用了条形码技术、POS 系统、对商品的购销存进行单品管理、自动补货等，大大降低了库存水平，强化了对商业专门人才的培养和重用。

（4）有利于我国流通业转变服务观念。外商的进入，有利于我国商业企业转变观念，转变经营机制，迎接市场竞争的挑战。外商的进入，是我国多种经济成分并存的一个重要内容，既是竞争，又存在机遇。这也是当初引进外资进入中国零售业的初衷，让国外商业进入中国的商业领域，形成一种竞争的格局，改变我国多年来商业格局不变、观念不变、经营方式不变的状况。虽然现在进入我国流通领域的外资主要采取合资形式，但是这种合资和合作有利于我们学习和借鉴国外先进的技术和管理方式，我国商业企业与其他发达国家相比，在规模、技术、管理、观念上确实存在一些差距，引进外资有利于我国在开放中缩小这种差距。

（5）有利于提高我国消费者的消费理念、消费行为方式。随着外商的进入，大量国外品牌商品也进入中国，能够满足中国消费者的需求，另一方面中外商品的竞争，促使厂家和商家提高商品质量、促使商业企业改善服务，同时也使得商品价格下降，使消费者得到更多的“福利”。外资引入中国零售业促使中国商业企业的经营理念发生极大的变化，以消费者为中心，努力提高消费者的满意程度，树立企业形象。

燕莎友谊商城是北京第一家外商合资商业企业，1993 年合资，2002 年推出一个全新的业态——“品牌直销购物中心”。燕莎还首次尝试自助式交款——在燕莎奥特莱斯，顾客可以自己拿着商品到收银台交款，这样不用再拿小票回柜台领取商品，大大节省了购物时间。

迪亚天天超市自 2005 年 3 月 24 日起 10 家店不提供免费塑料袋，以 0.10 元/个价格收费，宣传节约环保的理念。沃尔玛等外商在低碳超市、农超对接等方面都起到了积极的表率作用。

## 二、外商进入中国流通业的负面效应分析

（1）我国在由计划经济向市场经济转轨过程中存在许多问题，如经济秩序混乱、竞争无序、宏观调控体系不健全、流通产业政策没有形成、企业规模较小等，在这种情况下，一些全球著名跨国零售公司进入中国零售领域，这对于相对薄弱的中国零售业必然会带来巨大的挑战。

（2）流通业具有投资门槛低、竞争充分、就业量大、资本转移容易等特点，外商进入流通业领域存在负面影响。

①资本积累作用较小，外商可以用较小的投资，在很短的时间内迅速挤占他国商业市场，获得长期稳定的收益。②外部经济负效应。国际零售商的劳动生产率较高，若市场份额过大，势必影响中小型商业企业的生存环境、就业人数和充分就业。③对东道主国流通主渠道控制权的影响。

（3）外商以规模化、连锁化经营，实施低价策略占领我国消费市场形成绝对成本优势。在短期内许多著名跨国零售公司进入中国具有“抢滩”性质，美国沃尔玛、法国家乐福声称“三年不要利润”以打开中国市场。

（4）外商实施现代商品配送，建立厂商、供货商与零售商合作模式，迫

使我国重塑新型工商关系。外商跨国公司在商品采购上，一般是以市场需求为选择标准，采用的是现代化的商品配送模式，通过投资、参股、培植、控股、买断、垄断等方式，建立较为固定的上游供货方与供应基地，以保证货源质量的优良、价格的低廉、品种数量的充足；在配送方面，由公司采取一站式，实行统一配送。

（5）外商在投资经营过程中实施本土化战略，与我国形成争夺商贸人才的竞争局面。加入 WTO 后，由于贸易自由化，国外跨国公司把争夺人才，即人力资源作为进入中国市场的重要方式，不惜代价吸引中国商界的优秀人才。因为，要占领中国庞大的消费市场，占有更多的市场份额，形成超额价值，就必须不断地进行商业营销、分销渠道、商业管理的创新，以求通过创新，如电子商务、配送中心、新型业态等建设，来降低交易成本，促使商业呈现规模报酬递增趋势。而创新需要进行人力资源的开发与管理，需要人才来掌握运用先进技术与现代新兴业态。

（6）目前外资主要偏重于投资大卖场、仓储式商店这两种业态，形成这两种业态相对过剩。据统计，外资零售商在大卖场业态方面具有绝对优势，对中国本土零售商而言，无法与之抗衡，据联商网 2010 年 2 月 22 日资料统计，外资大卖场在许多城市出现过度现象，如：①上海在市区集聚有 83 家，分别为卜蜂莲花 21 家、家乐福 19 家、乐购 17 家、大润发 13 家、欧尚 5 家、沃尔玛 4 家、麦德龙 4 家。②杭州市区集聚有 15 家，分别是乐购 4 家、沃尔玛 3 家、大润发 2 家、家乐福 2 家、麦德龙 2 家、欧尚 1 家、卜蜂莲花 1 家。③在成都市区集聚有 13 家，分别是家乐福 7 家、沃尔玛 2 家、欧尚 2家、麦德龙 1 家、卜蜂莲花 1 家。④安徽省有 17 家，分别是家乐福 6 家、大润发 3 家、沃尔玛 3 家、乐购 2 家、欧尚 2 家、麦德龙 1 家。

# 第五节　我国流通业开放政策

## 一、加强对外商直接投资的管理与监督

加强对外商直接投资的管理与监督，建立符合国际惯例的商品分销行业管理模式。

(1) 建立符合国际惯例的贸易透明与公开制度。

(2) 建立符合国际惯例的分销管理体制与行业协会等自律性组织。

## 二、建立健全适度贸易保护政策与市场准入制度

在遵循 WTO 原则的前提下，建立健全相应的适度贸易保护政策与市场准入制度。

(1) 建立和完善反倾销与反垄断法律体系。

(2) 实行绿色壁垒与环境保护。

(3) 实施技术贸易壁垒。技术型贸易壁垒是指商品进出口国针对外国商品的质地、规格、营养价值、用途及说明、产地证明、包装商标等制定的严格技术、卫生检疫等技术性标准，以限制进口的一种非关税壁垒，以降低进口产品的竞争力。

## 三、强化“择优引资”意识

改革开放 30 多年来，我国引进外资已进入“择优引资”阶段，一方面要取消各种优惠待遇与特权，即“超国民待遇”，另一方面也减少对其过多的限制，如规定出口数额、销售本地商品的比例等，使外商在投资领域、生产经营、法律、行政等方面享有与本国流通企业相同的待遇。从而改变其“超国民待遇”和“次国民待遇”的双重地位，使中外流通企业在相同的环

境下进行公平竞争，降低市场的扭曲度。

## 四、推进流通产业的国际化，参与国际市场竞争

加入 WTO 后，我国取消外商投资流通领域的各种限制，外商直接投资会增加，并在流通领域内形成竞争局面。这要求我国流通产业应大力提高自身实力，培育商业企业核心竞争力，积极开拓两个市场，利用两种市场资源，抢占有利“阵地”。

## 五、构建多种所有制并存的混合式股份制企业集团

一是通过兼并、参股、控股或直接投资等形式，抓住一批效益好、市场占有率高的大型零售企业，充分利用其设备、销售网络、资金、人员及在消费者心中的高信誉度等优势，组建一定规模的商业企业集团公司。

二是组建经营战略联盟集团，经营战略联盟是指两个或两个以上的科贸工农、产供销、国内外一体化、一条龙的经济利益共同体，联盟成员之间相互合作，共担风险，充分发挥其规模效应，降低开发商品、拓展市场、销售渠道、售后服务等交易成本，提高企业的抗风险能力。

## 六、建立电子商务网络与商品配送系统

电子商务是贸易的发展方向，现代物流与配送是流通产业的又一次革命，它们能够将消费者、经销商、供货商等联系在一起，进行全过程的售前、售中、售后服务，将大大节约交易成本，改善竞争环境，提高商品的流通效率。

**习题**

1. 简述我国流通领域对外开放的 6 个阶段。
2. 简述我国流通领域对外开放的现状。
3. 简述我国流通领域对外开放正负效应。
4. 开放经济条件下我国流通产业应采取哪些措施？
5. 简述 2004 年《外商投资商业领域管理办法》与 1999 年《外商投资商业企业试点办法》的 7 个变化。

# 第八章　现代采购、物流与金融制度创新

## 第一节　电子采购与业务流程创新

### 一、采购及现代采购

采购是企业生产和经营活动的起点，对于大多数企业而言，采购是其业务活动的一个关键点，在现代市场经济条件下，特别是买方市场条件下，采购也是容易滋生腐败的一个环节。

在计算机与网络技术条件下，许多企业经历了由传统采购向现代采购的发展过程。

现代采购又称为电子采购，它是借助于信息技术手段的创新，实现物资采购工作的网上招标、网上竞价、货比三家，利用电子商务来重新整合资源，规范业务流程，对于企业信息化来说是一个良好的契机。

### 二、逆向拍卖是多种拍卖形式之一

拍卖（Auction）是以公开竞价的方式，将特定的物品或财产权转让给最高应价者的买卖方式。

表 8-1 拍卖的 8 种形式

| (1) 英式拍卖 (English Auction) ——又称公开拍卖、增价拍卖，是最流行的网上拍卖方式，它使投标者的参与变得相对容易。一旦买者发现自己感兴趣的物品，他就可以浏览当前的最高出价，然后决定自己是否出最高的价格 | (2) 荷兰式拍卖 (Dutch Auction) ——是一种公开的减价拍卖，多适用于易腐易烂的物品的拍卖，如鲜花、新鲜食物等。荷兰式拍卖也多种多样，常见的一种方式是，开始价格处于一个相对高的水平，之后价格持续下降 | (3) 封标拍卖 (Seal-Bid Auction) ——封标就是秘密投标，不公开投标 | (4) 双向拍卖 (Double Auction) ——就是买卖双方实时在线到达市场，观察价格，然后双方同时提供公开的或者秘密的买卖价格，进行实时交易，拍卖商宣布投标价及出清价格。同类拍卖物品的成交价格成为即时的市场价格 |
|---|---|---|---|
| (5) 集体议价 (Group-Buying Auction) ——这是一种创新的网上拍卖方式，通过互联网集合买家的购买力从而使得集合中的每个成员都可以获得价格折扣 | (6) 逆向拍卖 (Reverse Auction) ——在传统拍卖中，由卖者公布要出售的商品，潜在的买者进行投标。而在逆向拍卖中，由买者列出想要购买的商品，而由卖者对买价进行投标 。这是一种可以使个人或者组织能够以最低价格获得商品或服务的专门拍卖方式 | (7) 多属性拍卖 (Multi Attribute Auction) ——允许买卖双方就拍卖品的多个属性同时进行谈判 | (8) Yankee 拍卖 (Yankee Auction) ——是多物品拍卖的一种形式，确定成功投标者的依据是多种多样的：首先，按照投标价格高低顺序，价高者获胜；其次，如果最高价格相同，则根据最大购买量而定；最后，如果最高价格和购买数量相同，则根据投标时间的早晚确定 |

## 三、RAT 是一次革命

1933 年由美国经济学家约翰·梅纳德·凯恩 (1883~1946 年) 提出逆向拍卖 (RAT)，但当时的条件还不成熟，直到网络技术在世界得到普及。最早的逆向拍卖模型是 1995 年格伦米开办的 FreeMarkets 公司提出的。1999 年 12 月 FreeMarkets 公司为 General Motors 和 United Techlogy 做成一笔金额高达 17280 万美元的采购合同后，逆向拍卖才渐入佳境。

2000 年 3 月，我国第一次运用逆向拍卖技术进行采购活动，至今 RAT 应用于我国经济活动中已超过 10 年时间。

2008 年美国金融危机出现后采取的 10000 亿美元的救市方案中，美国财政部提出建立坏账银行 (Bad Bank) 来收购“有毒资产”，至于定价问题可以借助于市场机制采取逆向拍卖方式。

逆向拍卖技术 (Reverse Auction Technology，RAT) 是指采购商发布标准

的采购需求，供应商在有限的时间内通过专门的网络平台进行交互实时竞价，竞价结束时的报价为各个供货商的最终报价，买方根据报价，结合该供货商的供应实力给予综合考评，从而选出一名或几名最具竞争力的供货商作为自己的合作伙伴。

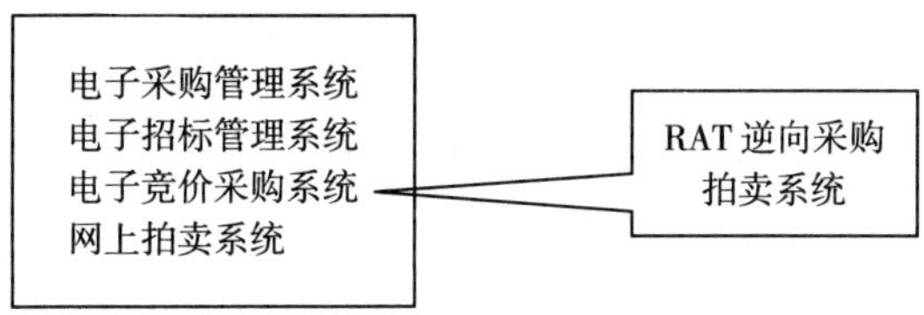


**图 8–1　RAT 交易模式**

逆向拍卖是适合一个买方多个卖方的交易模式，可用图 8–2 表示。

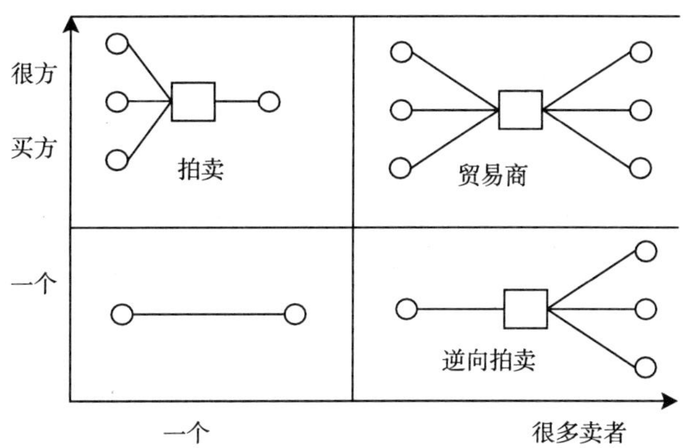


**图 8–2　逆向拍卖交易模式**

**表 8–2　逆向拍卖技术与拍卖**

| 拍卖 | 逆向拍卖 |
| --- | --- |
| 由一个卖主针对一个卖品 | 由一个买主针对一批买品 |
| 给定一个基价涨价区段 | 给定一个基价降价区间 |
| 面对众多的买者 | 面对众多的卖主 |
| 当场竞卖 | 在网络上背对背同时竞价 |
| 逐级向上叫价 | 逐级向下报价 |
| 按照事前约定的最高价或次高价中标 | 按照事先确定的最低价按一定权重联合竞标 |
| 发现价格的过程 | 发现成本的过程 |

四种应用模式为：

（1）采购商自有网络采购平台。这类企业一般规模比较大，在行业内拥有很大的供应资源，具有丰富的网上竞标项目管理经验。比如中国石化物资采购电子商务网（http：//www.sinopec-ec.com.cn）于2000年8月15日正式投入运行，目前网上采购物资涉及钢材、设备、配件、煤炭、化工、贵金属、三剂等56个大类8万余品种，中国石化集团各油田、炼化和建设单位以及2500多家供应厂商在网上进行采购交易，网上注册用户已达5700个。

（2）第三方网络交易平台。公用市场平台在中小型企业中使用得比较广泛。中小企业的采购人员以获取供应市场信息为目的，在平台上发布采购信息，随时与供应商保持一种联系。比如阿里巴巴网络有限公司为全球领先的B2B电子商务公司，阿里巴巴每天通过旗下三个网上交易市场连接世界各地的买家和卖家，其国际交易市场集中服务全球的进出口商，中国交易市场集中服务中国大陆本土的贸易商，而日本交易市场通过合资企业经营，主要促进日本外销及内销。三个交易市场形成一个拥有来自240多个国家和地区近3600万名注册用户的网上社区，此外还有全球采购网等。

（3）第三方提供软件服务。根据企业需要提供相应的服务，包括软件平台支持、竞标支持、项目管理，如必联，它提供软件包括组织结构管理、供应商目录管理、产品目录管理、采购计划管理、合同执行管理、采购效果分析、决策支持系统、采购成本管理系统等多个模块。网达信联专注于采购管理信息化，致力于为客户提供架构完整、功能全面、具有良好伸缩性的软件产品，其中所开发的Wander Rat电子采购解决方案，是由采购招标和网上竞价两部分有机结合在一起的采购方式。必联采购网是一个集“全方位的资讯服务+多效的采购交易平台+管家式服务”为一体的企业采购协同工作平台。

（4）全方位的竞标模式。提供供应商资源开发和网上竞标服务，例如英国骓鼎，提供全方位管理的网上拍卖。这种代理采购公司提供的是电子采购外包服务，包括对采购产品的成本分析，对供应商市场的分析，进行供应商搜寻、筛选、认证评估和组织网上竞标，并在各个环节中提供建议。

企业采用 RAT 应满足的 6 个条件：

（1）较大的采购规模。只有较大的采购规模才能吸引众多的供应商投入必要的时间来进行一个正式的招投标流程。

（2）清晰的技术规范招标。采购商要仔细设计技术规范，以确保不同报价之间的可比性。对实物产品或服务的报价在质量、可靠性或能力等方面的差异可能会很大，因此应有清晰的技术规范。

（3）较多的供应商。RAT 技术的采用应有足够的竞争，否则，供应商就缺乏动力来获得采购方的事业，并提出方案。因此，至少挑选 3~10 家供应商才算比较充分。

（4）主动的供应商。有足够的供应商数目，供应商还必须对获得生意有兴趣。供应商缺乏兴趣的一个普遍原因是有大量的订单积压。如果供应商的产能负担过重，那么可能会产生较高的报价。这可能是由于满负荷生产带来的利润率造成的。

（5）有足够的时间。一个正式的竞争性招投标流程所需要的时间，至少要3~4 周，才能最终签署合同。而对于更大或更复杂的方案，则会需要更多的时间。现在的电子技术能够缩短招投标文件的收发时间。

（6）模具成本相对较低。如果采购方仅需要很少的，甚至并不需要特殊的产品模具，那么所有供应商就有同等的机会。如果需要特殊模具，且原先的供应商还保有模具的话，那么它就会占有不公平的先机。

## 四、RAT 应用的流程

RAT 技术分 8 个阶段，分别为：①数据分析阶段。②竞标策略的制定阶段。③供应商筛选阶段。④竞标书的发布阶段。⑤供应商培训阶段。⑥竞价选择阶段。⑦协商阶段。⑧反馈阶段。

（1）数据分析阶段。采购方通过对采购清单上产品费用全面分析，以及对企业内外部环境调研，确定出最具有采购成本的产品种类。

（2）竞标策略的制定阶段。采购方准备筛选供应商的标准，主要有产品质量、物流、财务等方面的标准。这些标准确定了采购方在大范围筛选供应

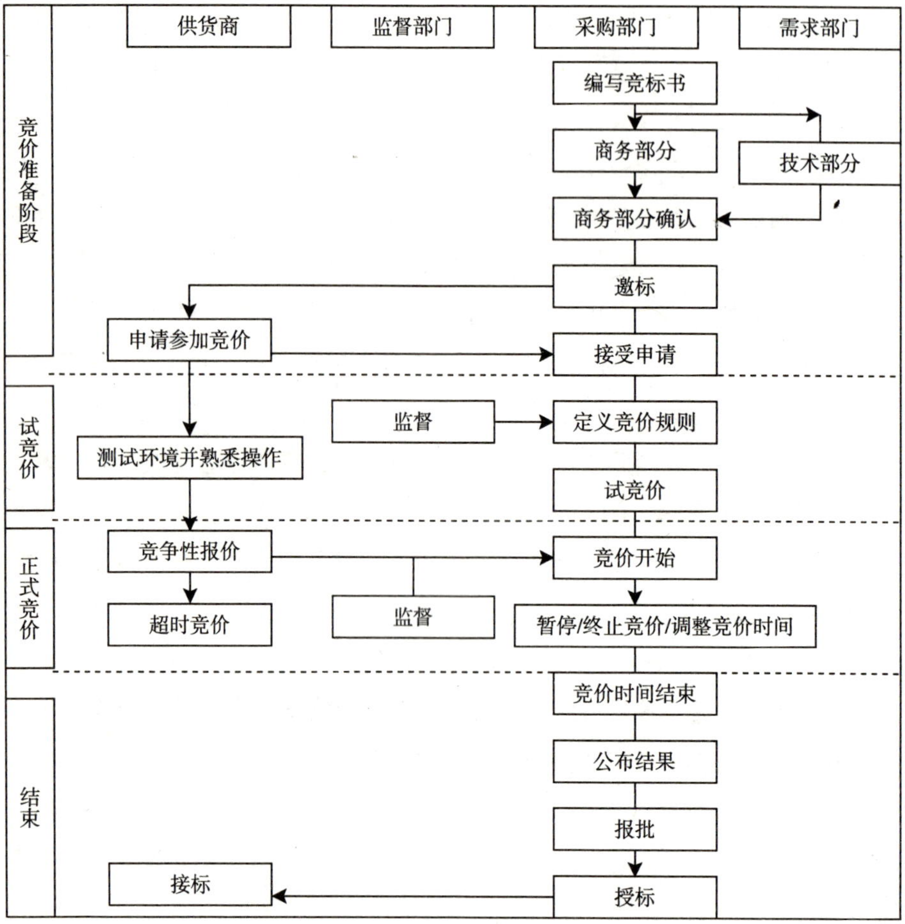


**图 8-3　RAT 应用的流程**

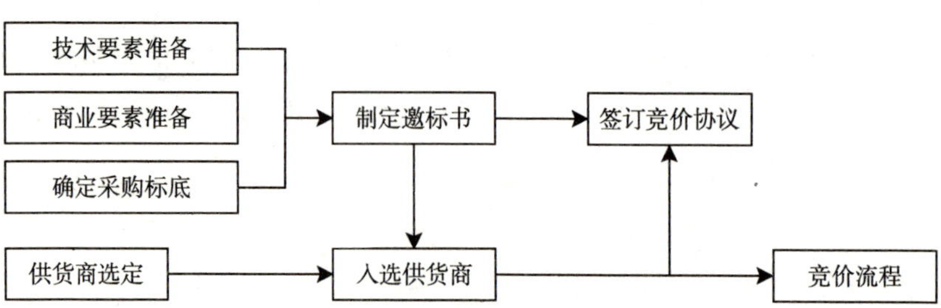


**图 8-4　采购商的前期准备工作**

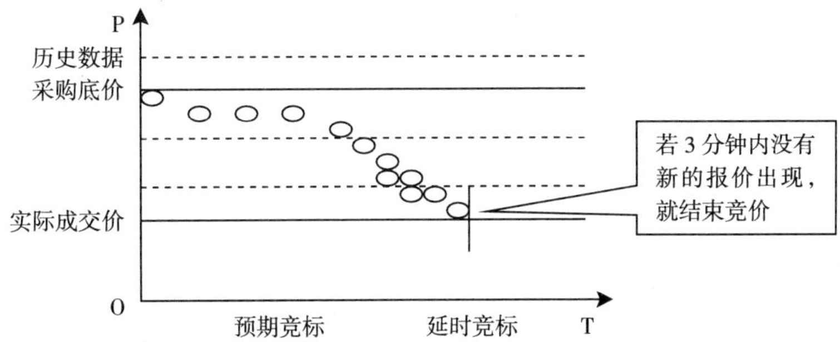


**图 8-5　预期竞标与延时竞标**

商，初步筛选供应商，以及形成潜在供应商的指导方向。

（3）供应商筛选阶段。采购方应整合企业现有的供应商和新供应商资源，建立供应商名单，根据筛选供应商的标准对供应商进行审核，并告知审核合格的供应商。

（4）竞标书的发布阶段。竞标书的发布阶段包括采购方确认的起始竞标价格。只有低于此价格的供应商才能进入竞标平台。采购方都会专门开辟一个区域用于整个竞标过程。

（5）供应商培训阶段。通过审核的供应商，必须在网上竞标前，进入网络竞标平台，测试网络/系统连接和兼容性，进行模拟竞标。

（6）竞价选择阶段。在逆向拍卖规定的时间内，供应商上网进行在线逆向拍卖交易，在限定的时间内进行竞价，进入这一阶段的供应商必须是经过采购方审核通过具备各方面能力的供应商。但是如果通过审核的供应商没有参加竞价，也不能与之达成交易。竞价开始后，采购人员根据购买策略对供应商的竞价进行分析，选择合适的供应商。

（7）协商阶段。采购方与供应商确认最低价，最终确定的供应商可能是一个也可能是两个，最终确认要对比采购的多方面细节，如看货、资质评定、签订合约款，这些细节在网上竞标之前已经设置好相应的权重。采购方和供应商达成交易，并在网上公布成交供应商名单。通常线上采购专区可以设定一个非常短暂的时间便得出结果。

（8）反馈阶段。在网上逆向拍卖结束后，采购方对这次交易进行分析和评价，包括竞价图的绘制、跟踪不同的供应商的出价状况等。采购方还要对中标的供应商进行合同跟踪，及时沟通，建立良好合作伙伴关系。与没有中标的供应商也要及时沟通，为下一次采购做好准备。同时，要总结逆向拍卖中的经验与教训。

美国、法国、韩国、印度、巴西等国均采用了 RAT 这一方法。

美国 2007 年次贷危机，到 2008 年发展为金融危机，进而演变为全球性的金融危机，美国形成 5.7 万亿美元的“有毒资产”，其规模估计达到 GDP 的 30%，美国政府不希望美国金融机构全部破产，美国要救援银行，总共需要花费 3 万亿~4 万亿美元，对应于纳税人的净成本为 1 万亿~2 万亿美元。为此，布什政府和新奥巴马政府先后为“有毒资产”定价而犯愁，而逆向拍卖能够有效地解决这一问题。

奥巴马政府财政部长盖特纳选择建坏账银行（Bad Bank）收购有毒资产，为了有效地解决定价问题，坏账银行只能以高于目前市场价格的方式收购有毒资产，这意味着，以坏账银行有限的资本金收购的不良资产规模肯定有限，但如果以低于目前市场价格收购有毒资产，又会引起商业银行新的亏损。

RAT 已在我国应用并取得了巨大的成功，是国家“火炬”计划和国家科技基金支持项目，1997 年 7 月 1 日，我国颁布实施了《拍卖法》。2000 年 1 月 1 日，我国《招标投标法》开始实施，为引入采购技术开了先河。2000 年 3 月，我国第一笔以逆向拍卖方式进行的采购，比美国晚了 4 年多。北京、上海、广东、重庆、四川、新疆等地的企业应用逆向拍卖采购技术数百次，平均降低率为 19.5%。

目前我国 RAT 领域较有影响的公司有必联公司、网达信联、金点拍等。

2004 年李铭远、卫华诚、邓志雄、周冶联合发明的“一种商品采购反拍卖竞争定价的方法”获得中华人民共和国国家知识产权局发明专利。

2004 年国内第一家采购代理商国际招投标、电子采购服务供应商——北京必联信息技术有限公司，4 月成功运作两年有余的“逆向拍卖（RAT）采购平台”、“必联电子交易场”以租用的方式向企业提供服务。租用企业无须前期的硬件投入和后期的技术人员维护，开通后即可采用此租用平台进行投标商管理和实施逆向采购。如上海日立电器有限公司生产配件在网上采购，一次节省资金高达350万元，使原计划耗时半个月的采购只用了1天就顺利完成了。必联公司的RAT客户有：中奇制药、中润制药、欧意药业、修正药业、江山制药、新华制药、鲁抗医药、新兴铸管、千金药业、恩必普药业、石家庄四药、新诺威制药、汉方药业、博大制药、宏源化工、九派制药、华海药业、精进药业、振东制药、青岛汉缆、黄海制药、华康药业、威奇达药业、多氟多化工、步步高等。

## 第二节 物流配送与供应链关键点

### 一、现代物流概念及其分类

#### （一）现代物流

物流（Logistics）是指物品从供应地向接收地的实体流动过程，根据实际需要，将运输、储存、装卸、搬运、包装、流通加工、配送、信息处理等基本功能实施有机结合。物流活动（Logistics Activity）是指物流诸功能的实施与管理过程。

#### （二）现代物流的分类

1. 按物流的作用分类

供应物流——组织原料、辅料供应的物流活动；销售物流——伴随销售活动，将产品所有权转给用户的物流活动；生产物流——原料及辅料从企业仓库或企业“门口”进入生产线的开端，随生产加工过程流过各个环节，直到生产加工终结，再流至生产成品仓库；回收物流——企业在生产、供应、销售过程中对所产生的各种边角余料和废料进行回收的活动。废弃物物流是指对企业排放的无用物进行运输、装卸、处理等的物流活动。

2. 按物流系统性质分类

按物流系统性质分类，可分为社会物流、行业物流、企业物流。

社会物流是全社会物流的整体，也称宏观物流。社会物流是指超越一家一户的以一个社会为范畴、面向社会为目的的物流。这种社会性很强的物流往往是由专门的物流承担人承担的。行业物流是同一行业中的企业的互相协作，共同促进行业物流系统的合理化。企业物流是从企业角度研究与之有关的物流活动。企业物流又可以区分为：供应物流、生产物流、销售物流、回收与废弃物物流。

3. 按物流活动的空间分类

按物流活动的国界空间分类，可分为国内物流和国际物流。国内物流是指在一个国家内发生的物流活动。国际物流是指在不同国家之间开展的物流活动。包括两国之间或多国之间开展的物流活动。国际物流是伴随着国际贸易和国际经济分工合作出现的，随着经济的全球化，国际物流的重要性将逐步增强。

按物流活动的城乡空间分类，可分为城市物流和农村物流。城市物流是在城市空间范围内的物流活动，包括城市日用工业品物流、工业生产资料物流、农副产品物流。农村物流是在农村空间范围内的物流活动，包括农村日用工业品物流、农业生产资料物流、农产品物流。

4. 按物流活动的主体分类

微观物流或者说企业物流是伴随着工商企业的生产经营活动而展开的，是作为企业生产经营一部分的物流活动。

中观物流是从一个地区或部门、行业的角度来观察的物流活动，研究一个地区或部分行业在经济活动中的物流合理化问题，如城市物流合理化问题、煤炭物流合理化问题等。

宏观物流是站在国民经济整体的角度来观察物流的活动，研究国民经济运行中的物流合理化问题。政府是宏观物流经商管理的主体，其主要任务是制定产业政策和市场法规，负责物流基础设施建设，为物流产业的发展创造宏观环境，促进全社会物流活动的合理化和效率化。

## 二、商品配送

### （一）商品配送的概念及特点

1. 商品配送

商品配送是按用户订货的要求，以合理的送货形式，在配送中心或其他物流据点，按用户的订货要求进行分类、挑选、整理、加工、包装等配货活动后，将配好的商品在规定的时间内，以合理的方式，安全、准确地送交用户，实现物品最终配置的经济活动。

2. 商品配送的特点

（1）在整个商品运输过程中处于“二次输送”或“终端输送”的地位，是一种中转型送货，是从物流据点到用户之间的商品输送。从产地或者生产者所在地到配送中心的货物运送称为商品运输，而从配送中心到零售店或用户之间的货物输送称为商品配送。

（2）配送运送距离短、批量小、品种多，因而所采用的主要是汽车等短途运输工具，与一般运输相比，其运输方式、运输工具比较单一。

（3）商品配送不是单纯的运输或输送，而“送”和“配”的有机结合，是运输与其他行为共同构成的组合体，配送集装卸、分类、挑选、整理、包装、保管、加工、运输等一系列活动于一体，通过一系列活动完成将货物送达用户的仓库、商店、车间等目的地。因此，配送具有商品物流的多功能。

### （二）商品配送的作用

商品配送的作用主要有：①商品配送是流通社会化的重要手段。②商品配送能够实现用户的低库存和零库存。③商品配送有利于流通结构优化。

### （三）商品配送的分类

1. 按配送据点的不同分类

（1）配送中心配送。配送中心配送具有能力强、配送品种多、数量大等特点。但由于服务对象固定，其灵活机动性较差，而且由于规模大，要有一套配套设施、设备，使其投资较高，这就决定了其发展受到一定的限制。

（2）仓库配送。一般是以仓库为据点进行的配送，也可以是以原仓库在保持储存保管功能前提下，增加一部分配送职能，或经过对原仓库的改造，使其成为专业的配送中心。

（3）商店配送。这种配送的据点是商业或物资的门市网点。商店配送形式是除自身日常的零售业务外，按用户的要求将商店的品种配齐，或代用户另外订购一部分本店平时不经营的商品和本店经营的品种配齐后送达用户。因此，从某种意义上讲，它是一种销售配送形式。

2. 按配送商品种类和数量的多少分类

按配送商品种类和数量可分为：①单（少）品种大批量配送。②多品种少批量配送。③成套性配送。

3. 按配送时间和数量的多少分类

按配送时间和数量可分为：①定时配送。②定量配送。③定时定量配送。④定时定路线配送。⑤即时配送。

4. 按经营形式不同分类

按经营形式可分为：①销售配送。②供应配送。③销售—供应一体化配送。④代存代供配送。

5. 按加工程序的不同分类

（1）加工配送。这种配送是与流通加工相结合，在配送据点设置流通加工或是流通加工与配送据点组成一体实施配送业务。

（2）集成配送。这种配送只改变产品数量组成形式，而不改变产品本身的物理、化学性质并与干线运输相配合的配送方式，如大批量进货后小批量多批次发货，或零星集货后形成一定批量再送货等。

6. 按配送企业专业化程度分类

（1）综合配送。这种配送的特点是配送的商品种类较多，且来源、渠道不同，但在一个配送据点中组织对用户的配送，因此综合性强。

（2）专业配送。它是按产品性质和状态划分专业领域的配送方式。这种配送方式由于自身的特点，可以优化配送，合理配备配送机械、车辆，并能制定适用合理的工艺流程，以提高配送效率。

7. 共同配送

（1）由一个配送企业综合各用户的要求，在配送时间、数量、次数、路线等方面的安排上，在用户可以接受的前提下，做出全面规划和合理计划，以便实现配送的优化。

（2）由一辆配送车混载多货主货物的配送，是一种较为简单易行的共同配送方式。

（3）在用户集中的地区，由于交通拥挤，各用户单独配置接货场或理货场有困难，而设置的多用户联合配送的接收点或理货点。

（4）在同一城市或同一地区中有数个不同的配送企业，各配送企业可以共同利用配送中心、配送机械装备或设施对不同配送企业的用户共同实行配送。

## 三、供应链关键点

### （一）供应链概念

供应链就是由供应商、制造厂家、运输系统、分销商和销售商所组成的系统，将原材料转化为最终产品，并将这些产品提供给顾客。

### （二）供应链管理的四大关键点

1. 供应链整个环节的全局优化

全球化的深入和信息化的普及，供应链管理从20世纪末成为管理学的关注重点。传统供应链上的企业通常用电话或者传真实现信息共享，文件传送速度异常缓慢，想实现资讯整合几乎是不可能的事情。应该说传统供应链管理强调的是局部优化，即供应链上的每个企业只追求自身利益的最大化，并不在意供应链的上游和下游是否获得最大的利益。这样一种决策行为缺乏从宏观视野上对流通的深刻认识。

2. 专业化、规模化是降低SCM（供应链管理）物流成本的关键

美国的物流与配送第三方比较发达，许多中国企业都建立了自己的车队与仓库，导致成本居高不下。美国物流公司的专业化程度非常高，操作也很规范，企业对这些物流公司非常信任，美国的很多物流公司很快就形成了

规模，规模一大成本就迅速降下来了。企业把物流外包给这些公司相对来说成本是相当低的，而我国物流行业发展很快，却在交货过程中有不良问题发生。

3. 正确看待ERP（企业资源计划）和SCM的关系

有人认为这两者之间是重复的，其实不然。ERP是基于会计目的对企业内部资源的整合，而SCM是针对整个产业链的全局优化，或者说是ERP的一种外在补充。ERP需要做企业各部门的协调工作，SCM则是要宏观地协调各个不同企业之间的资源关系。

4. 面临标准化挑战

（1）标准化问题是中国企业实现SCM信息系统的一大障碍。供应链的不同企业都有SCM系统，却没有可供大家统一使用的信息平台，结果是不同的SCM系统标准各异。要想让供应链上的不同企业实现信息共享就必须设立统一的标准，否则就等于形同虚设。

（2）人为导致的操作不规范，不能真正地贯彻供应链管理的思想。任何一个企业的供应链的建立绝不是配置了一套信息系统就可以实现全局优化，操作这一系统的人才是互联互通的关键。

（3）必须有专业的人才来保障SCM系统的运行。

（4）公司最高决策层的态度直接决定了这套系统的真正作用。没有一个实权人物去谈SCM，是很难谈得好的。

## 四、利丰集团的供应链

利丰集团是以香港为基地的跨国商贸集团，1906年于广州成立，是中国最早的对外贸易公司之一，至今已有106年的历史，可以称得上是中国百年老字号跨国贸易企业。2007~2011年其营业额分别达到135亿美元、167亿美元、133.95亿美元、185亿美元、210亿美元。利丰集团在全球40个经济体系已建立260多个办事处及仓库，聘用员工超过35000名，全球供应商15000家，网络遍布全球。

利丰集团的核心能力是供应链管理，四项核心业务是贸易出口、本土市场经销、物流、零售，哈佛大学、史丹福大学及沃顿商学院等曾分别对利丰的供应链管理、价值链业务模式及网络经营进行多次个案研究。

### （一）利丰的 4 大核心业务

1. 进出口贸易

利丰（贸易）有限公司（1937 年上市）是全球最具规模的出口及采购集团之一，运用供应链管理的概念，提供高增值及高流量消费品的原料采购、制造及出口统筹服务，业务网络遍布全球 40 个地区。出口贸易产品主要包括服装、玩具、运动用品、手工艺品、服装辅料、家居用品、旅游用品、节日用品和家具等，其中服装占 68%，其他产品占 32%。2010 年 1 月，利丰与沃尔玛建立全球采购业务合作关系，预期于首个营运财年内将采购价值达20 亿美元的货品。目前沃尔玛自有品牌每年的采购价值高逾 1000 亿美元。

2. 利和经销（批发）

利和经销在亚洲为业务伙伴提供全面的综合分销服务，三项核心业务包括制造、物流及市场营销。集团以物流作为基础，把三项核心业务环环紧扣，成为一条完整的价值链，覆盖产品从原材料到消费者的整个过程，公司与超过 300 个跨国企业合作。

3. 利丰零售

集团的零售业务包括上市公司利亚零售有限公司及其他私营业务，分店网点分布于大陆市场及新加坡、马来西亚、泰国、印度尼西亚、韩国及菲律宾。

4. 利丰物流

利丰集团具有悠久历史，其重点是供应链物流，在全球最有影响的是全球供应链。

### （二）利丰集团的核心能力——供应链管理

1. 供应链管理进入哈佛大学的案例

供应链是围绕核心企业，通过对商流、物流、信息流、资金流的控制，从采购原材料开始，制成中间产品以及最终产品，最后由销售网络把产品送到消费者手中的将供应商、制造商、分销售、零售商直到最终用户连成一个整体的功能网链结构。供应链管理的好处是可以以最大值效率减少总成本。

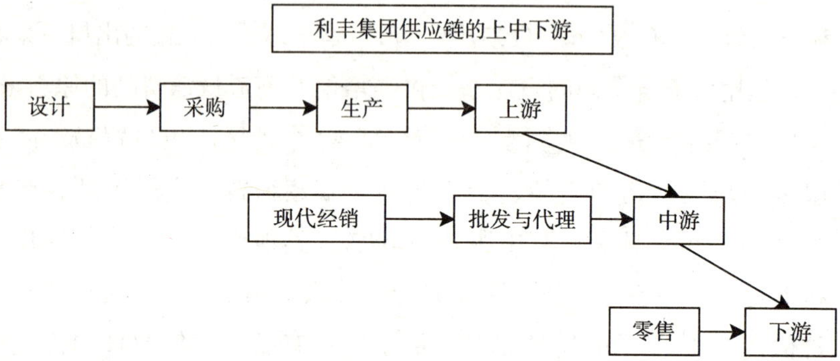


**图 8–6 利丰集团供应链的上中下游**

2. 利丰供应链管理的 7 个概念

（1）以顾客为中心，以市场需求为原动力。以需求拉动供应的生产和流通模式（见图 8–7），不但能快速地回应市场的变化，迅速满足消费者需求，而且可以减少因产品过季减价而带来的促销风险，有利减少库存，促进企业资金流转，并增加企业盈利。

（2）强调企业应专注于核心业务，建立核心竞争力。在供应链上定位，将非核心业务外包，这样企业就能更有效地集中利用资源，强化主业，并通过企业间的合作增强业务的能力。

（3）各企业紧密合作，共担风险，共享利益。从原料供应商到最终用户，供应链上的企业除了追求自身利益外，还应追求供应链整体的竞争力和盈利能力，通过合作减少环节间的交易成本，提升供应链的整体效率。

（4）利用信息系统优化供应链的运作。使各环节更快速地获得相应的信息和处理信息，及时就最新的市场变化作出适当反应，从而使供应链做到即时反馈，以配合顾客需求。

（5）对商流、物流、信息流和资金流进行设计、执行、检查和不断改进，以顾客为中心，将各个流程有机地配合，提升整体供应链的整体

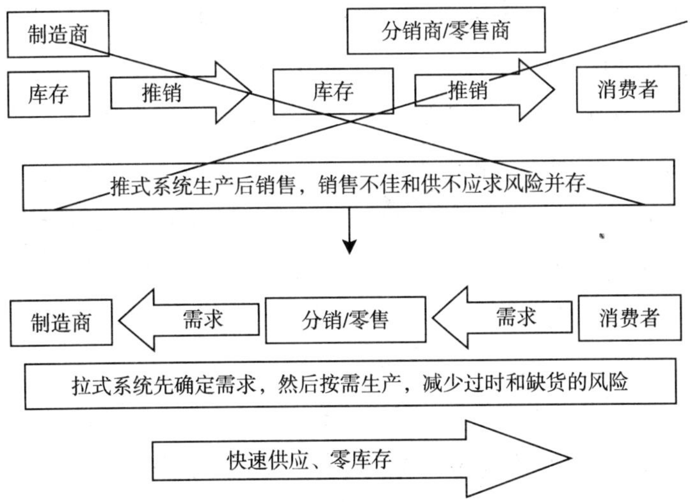


**图 8-7 以需求拉动供应的生产和流通模式**

效率。

(6) 缩短产品完成时间，使生产贴近实时需求，使各环节的企业实现按需生产，回应瞬息万变的市场，以减少存货积压的风险。

(7) 降低在采购、库存、运输各环节之间的成本。通过企业合作和流程整合使供应链更有效率，提升企业以及整条供应链的竞争力。[①]

3. 网络整合与供应链

(1) 10 个导致全球一体化的因素。

Thomas Friedman 在《世界是平的》中提到 10 个导致全球一体化的因素(The 10 Flatteners)，它们促进了网络整合的推行。[②] ①创新时代。②网景上市。③商流软件 (Work flow software)。④数码化及无线系统视讯会议、网络电话。⑤资源共享与全球化配置。⑥数据的搜索引擎方面。⑦离岸生产。⑧外包。⑨内包。⑩供应链。

(2) 网络整合的 3 项功能。①设计及管理网络。在供应链基础上实现一

① 利丰研究中心. 供应链管理：利丰集团的实践经验——四个哈佛商学院的利丰案例 [M]. 香港：三联书店，2003.

② 详见第 33 页，以下简述。

种水平式的合用，即在供应商、零售商、顾客之间创造价值。②以授权来作管控。取代传统的硬性的管控制度，网络指挥家糅合授权、培训及认证制度等来管理一个网络。在供应链中每一分子都可以运作自己的企业。③透过整合创造价值。运用网络内各公司的专长及特殊资源创造新的价值。网络整合——分散生产网络整合，整合网络不单只是采购材料及组合配件，它包括：将供应链每项步骤分拆，把它们分配给位于不同地点的各家公司管理，整合网络需要把这些分散了的工序重新设计成整条供应链，从网络中抽取合适的成员，优化及管理整个生产过程。

分散生产/无疆界生产的好处等于拥有了8300家“无烟工厂”，而不需投资一大笔资金来购置生产设施及物流设备。动员合作伙伴的资产及能力来达到增长及生产目标而不需要拥有它们。降低因拥有资产负担带来的风险，享有较高灵活性，能敏捷地对市场及技术的转变作出反应。

**（三）利丰贸易有限公司的最佳实践**

(1) 对整条供应链作全盘考虑。提升整体的价值、压缩整体成本，不应只着眼于对局部的优化，供应链与供应链之间的竞争。供应链管理过程中的软三元，即生产领域的三元，流通过程的三元，成为增值链中的主要组成部分。

(2) 指挥管理整个价值网。指挥整条供应链的运作，并确保每一个步骤均达到要求。

(3) 创新的企业架构——以顾客为中心的组织设计。整个部门集中服务一个客户，更能专注地为顾客提供服务，为每个客户量身定做的一条价值链。

(4) 像大公司一样思考，像小公司一样行动。灵活的企业部门，有很大自主权，兼有大公司在资金和行政等方面的支持。

(5) 对供货商网络的良好管理。利丰在全球拥有全面覆盖的供货商网络，深入了解各个供货商的生产能力、特殊技能和业务习惯，根据各供货商的强项去分配订单。良好的商誉，互信的关系，为供货商分担责任，协助供货商解决其采购及生产问题。占用供货商30%~70%的产能。

（6）轻资产运营模式。虚拟生产，不用花巨额资金投资在厂房上，而把资金用作扩大经营规模所需的营运资金。以最少的资源，做最多的生意。能更灵活地适应市场环境转变而调整经营策略。保持极低负债比率，几乎没有负债。利丰贸易公司的资产回报率2005年是38%，员工生产力是100万美元营业额/员工。

（7）有效地运用信息科技。信息科技的应用能够缩短订单的完成时间、降低成本和增强灵活性。关键是拥有一套完善的管理机制，以及运用信息科技使信息流和物流、商流更畅顺，从而提升整体供应链的效率。

（8）制造一个"稳定"和"应变"相平衡的环境。在经营环境急速变化的年代，企业不仅要有能力应付转变，还要预备转变，不断再造企业。然而，企业在制定其目标和计划时，必须避免过分短视，要让计划留有深化和实施贯彻的时间。

利丰集团的三年计划要点是：

第一，零起点（Zero-based）："累进式"VS"零起点"，从最低一层开始思想，"这个生意是否值得做下去"。

第二，定下三年计划（Fixed 3-year Plan）：参照中国内地的"5年计划"。第一年：计划和开展；第二年：落实计划；第三年：达到目标，并作检讨。

（9）并购及投资。利丰设立了一个投资基金及相关部门，风险投资不是为了直接回报，而是为了公司业务发展，填补公司的业务及能力的空白点。利丰的并购只有两个目的：获得新能力和新客户。

（10）注重"企业社会责任"。企业在决策以及日常运营中，应把社会责任考虑在内，"利润最大化"不再是唯一目标。企业社会责任是指企业在其商业运作中对其利益关系者应负的责任。利丰的供应商守则（Supplier Code Condudt）是：全球各地所有的利丰供货商都须遵从，保护劳工的权益。利丰的公司管理原则是：熟悉和遵守当地法则，强调透明度和资料披露，公正独立的财务报告，良好的投资者关系。

### （四）利和经销业务案例

一个庞大的、运作有效的全球性采购网络，有利于利丰各产品小组为特定的客户制定最优化的产品供应链，以最低成本向顾客提供最快捷的优质服务。

当获得来自欧洲一个零售商的1万件成衣订单，这不仅仅是一项简单的业务。可能的做法一般是：从韩国买纱并运往中国台湾进行纺织和染色，同时，由于日本的拉链和纽扣是最好的，而大部分是在中国内地生产，因此，会到日本的YKK（日本一家大型拉链厂商）在中国内地的工厂订购拉链。之后出于配额和工人状况考虑，认为在泰国生产是最好的，便把纱和拉链等运到泰国进行生产。又由于客户要求迅速交货，因此会分别在泰国的5家工厂下订单，这样，便能有效地为客户订造一条价值链，尽可能满足该客户的需求。

在收到订单5个星期后，1万件衣服就放在欧洲客户的货架上，它们看起来完全是在一家工厂里生产出来的。该产品的标签上可能会写上“泰国制造”。

利和营销精通亚洲各地市场的复杂细节，为数以百计的品牌分销消费品、药物、医疗器材及牙科用品。在亚洲8个国家拥有广阔的分销网络，分销产品包括个人护理、保健及美容、家居用品、食物及饮料、药物、医疗器材及牙科用品，特别善于重点客户管理、品类管理、商品陈列及账务处理，利用先进的信息科技软件，为客户提供重要的数据，改善业务表现。

利和物流在泛亚区管理覆盖广阔的物流网络，确保货物流程顺畅无阻，并维持最高效率及最低成本。在亚洲7个国家设有40个位处战略性地点的物流设施，全部设施配备先进的EXceed 4000仓库管理系统，客户能透过互联网查阅实时库存数据、送货情况及主要绩效指标。覆盖广阔的国内配送网络，在中国有逾15年的营运经验，优化地区性以至全球性由工厂至零售点的供应链。

利和制造在亚洲有超过40年的营运经验，曾生产数千种世界名牌产品。在马来西亚、泰国及印度尼西亚设有世界一流的生产设备，符合危害分析及关键控制点（HACCP）及优良制造规范（GMP）等主要国际标准，所有工厂

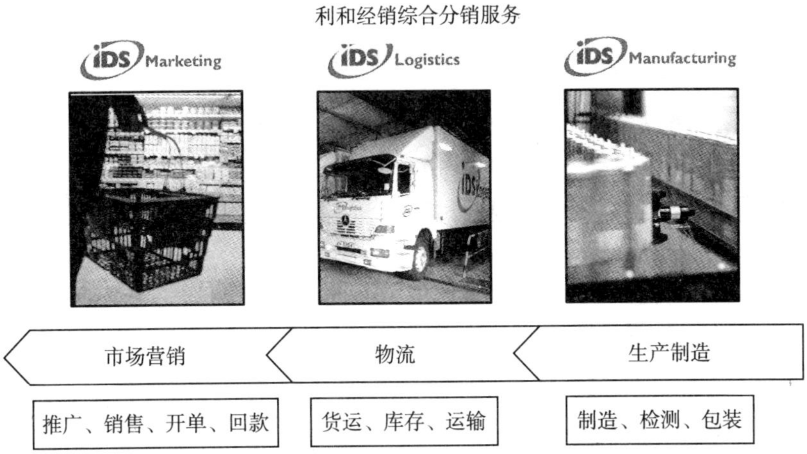


**图 8-8 价值物流链**

均获得 ISO 质量认证。制造产品包括家居及个人护理、保健及美容、食物及饮料，药物多种包装选择：宝特瓶、利乐包装、管装等；具附加价值的服务包括实验室检测、产品注册及产品开发支持。

利和全球性物流网络及服务擅长根据供应及需求的转变来管理全球性的供应链，提供由生产商至配送中心或零售点之间的物流服务，挑选最优秀等级的物流服务提供商及汇集购买力，端面相接的信息网络以提高供应链的可视性和速度，虚拟全球性物流网络，不会受约束于任何特定的设施或服务供货商，创新的物流方案提高成本的竞争力及减少存货，利和物流国际致力于减低入口成本价及营运资本。

**习题**

1. 什么是现代采购？
2. 什么是逆向拍卖技术及其 4 种应用模式？
3. 简述企业采用 RAT 应满足的 6 个条件。
4. 简述 RAT 应用的流程。
5. 什么是现代物流及其分类？
6. 简述商品配送的概念、特点和作用。

7. 简述商品配送的类型。

8. 什么是供应链及其管理的四大关键点？

9. 作为供应链成功管理的利丰集团，其供应链管理的理念有哪些？

10. 简述导致全球一体化的 10 个因素。

11. 简要分析利丰贸易有限公司的最佳实践表现。

# 第九章 电子商务与结算方式创新

## 第一节 电子商务及其本质

### 一、电子商务的定义

电子商务（E-Business），[①] 是指通过各种计算机和网络技术进行的一切商业活动，如经济组织内部的商业信息共享、经济组织之间的商业数据交换、网上交易等电子商务活动。

电子商务具体类型包括传统的电子商务，如经济组织对经济组织的电子商务、经济组织对消费者的电子商务、消费者之间的电子商务；还可以从业务流程的角度对电子商务分类，如电子商情、网络营销、网络贸易、电子结算、物流配送等一系列活动；还可以从应用的领域对电子商务分类，如网上批发、网上零售、网上餐饮、网上住宿、网上休闲、网上证券、网上期货、网上保险、网上缴税、网上旅游、网上购房等。显然电子商务新概念不仅仅是网上购物。

电子商务英文有两种写法，一种是以 IBM 公司为代表的，提出 E-

① IBM 公司采用的 EB 概念，2003 年洪涛《高级电子商务教程（第二版）》采用 EB 概念，HP 公司采用的 EC 概念，目前 EB 的概念已经被大多数人所接受，成为公认的电子商务概念，EB 包括 EC，也符合电子商务的实际情况。

Business；另一种是以 HP 公司为代表的，提出 E-Commerce，本书采用第一种写法。

### 二、电子商务的本质

电子商务是计算机、信息技术和网络技术在商品流通领域里的应用，是电子和商务的有机融合，是又一次技术革命对人类社会、经济、文化等方面的多元冲击。

互联网确实创造了一种传播载体，与铁路、公路、水路、航空、管道五种商品运载方式并存，有些特殊商品不仅可以网上交易、网上结算，甚至能够在网上下载并且享用，如 CD、影视、软件、图书、报刊等信息资料，是商流、物流、信息流三者的统一。虽然相对众多的商品和服务而言，这些仅仅是商品中的一小部分，但它确实创造了一种“新的传播通道”。

互联网是新经济的重要内容之一，新经济的内容是“网络经济×全球化”，而电子商务是网络经济的重要内容，它正在改变传统企业、传统的营销方式和业态形式。网络技术正在改造传统经济，“要么电子商务，要么无商可务”，同时网络经济与传统产业相互融合成为 21 世纪发展的主流。

## 第二节　电子商务的主体、客体、对象、空间

### 一、电子商务的主体

（1）生产厂商，如雅芳化妆品商店。

（2）传统的中间商，如沃尔玛是全球最大的零售商。

（3）现代意义上的网络经营商，如亚马逊、阿里巴巴。

## 二、电子商务的客体

电子商务的客体是指网上交易的商品，具有确定性、均一性、可察性、知识性、无形性五个特点。主要包括三大类：

（1）实物商品。许多实物商品，可以眼见、手摸、耳听、鼻闻、口尝。

（2）软件商品。许多软件信息提供服务，归纳起来包括软件、游戏、电子图书、电子报刊、新闻、研究报告、论文等信息库的查询与检索。

（3）网上其他服务。目前网上交易的商品主要是图书、唱片、软件、电脑以及相关商品或是经营网上商店自身有特色的商品。

网络虚拟商品特点：

（1）虚拟化。也称无形性，是虚拟商品区别于实体商品的本质特点。网络中的虚拟商品因为没有任何形式的表现，而且只能在特定的虚拟环境下才能存在并实现其固有的价值，甚至它的价值或许只有特定的人群才能感受到并愿意为之付费。

（2）数字化。即将许多复杂多变的信息转变为可以度量的数字、数据，再以这些数字、数据建立起适当的数字化模型，把它们转变为一系列二进制代码，引入计算机内部，进行统一处理，这就是数字化的基本过程。

（3）全球化。全球化是一个过程，指的是物质和精神产品的流动冲突区域和国界的束缚，影响到地球上的每一个角落的生活。

（4）唯一性。虚拟商品是没有任何形式的，但还是有很多人对它抱有浓厚的兴趣，会欣然自掏腰包，成为虚拟商品的所有者。

（5）个性化。个性化是指量体裁衣，就是面向消费者，直接服务于顾客，并按照顾客的特殊要求制作个性化的虚拟商品。

（6）期限性。期限性是指虚拟商品的存续有一定的期限，不能永久存在下去。如网络游戏中的虚拟商品既然依赖于网络游戏必定随着经营状况、经营成本以及市场需求等因素的变化而存在服务期限，任何一款网络游戏都不可能无限期运营下去。

### 三、电子商务的对象

（1）广大的网民用户是最主要的消费服务对象，电子商务的对象与传统营销的对象所不同的是当前的网民具有地域性和年龄性（年轻化）的特点。截至 2000 年年底，全球网民有 4.5 亿，占全球 60 亿人口的 7.1%，2002 年达到 5.91 亿人，2005 年超过 10 亿人，2009 年达到 17.6 亿人，预计 2030 年将超过 30 亿人。

（2）各类商业客户、供销商、其他合作伙伴和交易当事人，以及内部员工等。

### 四、电子商务的空间

电子商务的空间是指网上交易的市场空间，其空间的提供者是网络。包括新一代（NG）互联网络、宽带电信网、数字电视网等其他类型的公共网等，近年来无线网技术的出现，使电子商务的空间又有所扩大。

物联网≠互联网，它是第三次信息技术浪潮。“物联网”概念是在“互联网”概念的基础上，将其用户端延伸和扩展到任何物品与物品之间，进行信息交换和通信的一种网络概念。其定义是：通过射频识别、红外感应器、全球定位系统、激光扫描器等信息传感设备，按约定的协议，把任何物品与互联网相连接，进行信息交换和通信，以实现智能化识别、定位、跟踪、监控和管理的一种网络概念。

## 第三节　电子商务的产生和发展

### 一、国外电子商务的产生和发展

20 世纪 90 年代开始，经济全球化和信息网络化已形成世界经济浪潮，全球电子商务发展迅速，已成为21世纪世界新经济的一个核心内容，“电子商务是21世纪贸易的发展方向”（江泽民，1998）。具体可以从以下7个方面看其特点和发展趋势：

（1）上网人数增长迅速，见表9-1。

**表9-1　1980~2030年世界上网人数及预测**

单位：万人

| 年份 | 人数 | 年份 | 人数 | 年份 | 人数 | 年份 | 人数 |
|---|---|---|---|---|---|---|---|
| 1980 | 0 | 1988 | 90 | 1996 | 6000 | 2003 | 63400 |
| 1981 | 5 | 1989 | 170 | 1997 | 7000 | 2004 | 71900 |
| 1982 | 7 | 1990 | 400 | 1998 | 11300 | 2005 | 117000 |
| 1983 | 9 | 1991 | 600 | 1999 | 30000 | 2007 | 120000 |
| 1984 | 12 | 1992 | 1100 | 2000 | 37500 | 2009 | 176000 |
| 1985 | 18 | 1993 | 2100 | 2001 | 47100 | 2012 | 180000 |
| 1986 | 30 | 1994 | 3400 | 2002 | 55400 | 2013 | 220000 |
| 1987 | 50 | 1995 | 4300 |  |  | 2030 | 300000 |

（2）广义电子商务交易增长迅速。广义的电子商务包括企业之间、企业和消费之间、消费者之间、企业和政府、企业内部等的电子商务。

2000年全球广义电子商务交易价值达3770亿美元，2001年增加一倍，达到7170亿美元，2002年达到23000亿美元，到2006年达到128000亿美元。

2007年1月赛迪顾问报道：经历过网络泡沫洗礼的电子商务市场一直保持稳定的增长势头，全球电子商务交易额连年攀升。2005年是电子商务发展的第10个年头，全球电子商务市场交易规模增长了44%，达到83800亿美元左右。而截至2006年年底，全球电子商务交易额则达到128000亿美元，又实现了50%以上的增长。

（3）网上销售增长迅速。

（4）ASP网络商进入主导地位。从网络商来说，经历了三个发展阶段：第一是ISP（Internet Service Provider）阶段，是提供网络接入服务；第二是ICP（Internet Content Provider）阶段，提供各种网络内容服务，这种网络企

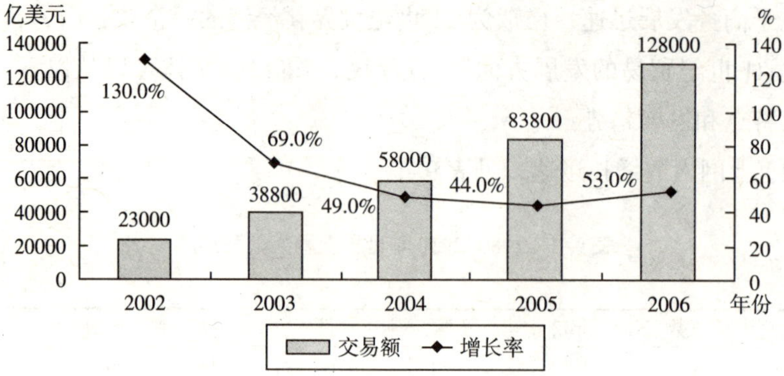


**图 9–1　全球电子商务交易额及增长率**

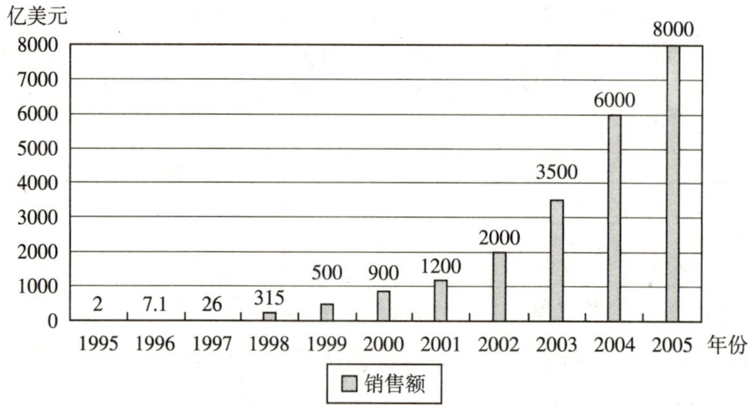


**图 9–2　全球通过网上实现的商业销售额**

业主要着眼于提供各种丰富的内容来吸引用户，提高点击率；第三是 ASP (Application Service Provider) 阶段，即应用服务供应提供商。

(5) 电子商务模式多种多样。据不完全统计，国内外的网络经济的创新模式有 200 多种。

(6) 当前电子商务的“瓶颈”。当前电子商务瓶颈主要是交易安全、电子支付与结算、物流配送、AC 信用认证体系、法律环境、信息基础环境、“数字鸿沟”等问题。

(7) 市场在用无形的手整合网络资源。

## 二、中国大陆电子商务的产生和发展

1. 上网人数增长，2011 年底超过 5 亿人

自 1994 年网络进入中国，1996 年国内出现“公用计算机互联网络”，1997 年国内出现第一次互联网高潮，1998 年实现第一笔电子商务以来，中国大陆电子商务发展迅速，是世界上网络经济发展最快的国家。仅从上网人数来看：1996 年仅有 10 万人，2009 年达到 3.84 亿人，2010 年达到 4.57 亿人，2011 年底达到 5.13 亿人。

2. 电子商务的交易量逐年增长

我国电子商务发展迅猛，2001 年电子商务交易额仅有 1200 亿元，到 2011 年达到 68000 亿元，预计到 2015 年将达到 18 万亿元，2011 年网上零售 8019 亿元,[①] 占社会消费品零售总额的比例为 4.3%，预计 2015 年网上交易将达到 3 万亿元，占社会消费品零售总额的比例将达到 9%。

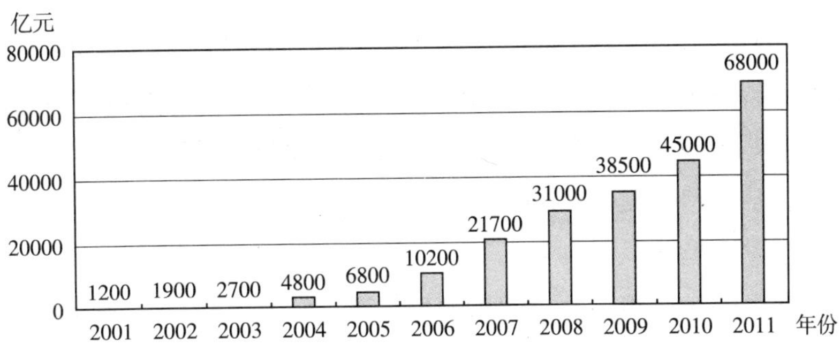


**图 9–3　2001~2011 年我国电子商务交易额**

2006 年淘宝网交易额达到 169 亿元，2007 年达到 433.1 亿元，2008 年达到 999.6 亿元，2009 年达到 2000 亿元，2010 年达到 4000 亿元。

3. 电子商务的商业业态多样

从商业业态的角度而言，网上商店的出现，又是 20 世纪末和 21 世纪初

① 中国电子商务研究中心 .2011 年度中国电子商务市场数据监测报告，2012.

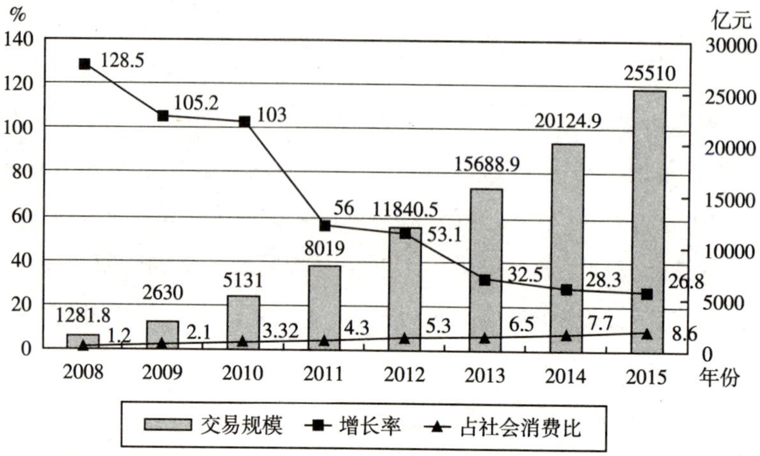


**图 9-4　2008~2015 年网上零售交易增长图**

商业零售业态的第四次革命。百货店是零售业态的第一次革命；连锁商店是零售业态的第二次革命；超市是零售业态的第三次革命；网上商店则是零售业态的第四次革命。

从商学理论而言，网上商店根据其经营的商品和商品种类、价格等业态因素，也可以分为不同的网上商店业态，如网上百货店（商场），网上超市，网上专卖店（专业店），网上折扣店等；从经营的商品和服务种类来分，可分为网上书店，网上电脑店，网上拍卖店等。

4. 电子商务经营形式多样

（1）网上购物，2011 年网上购物销售额达到 8019 亿元，占全国社会消费品零售总额的比例为 4.3%，有近 2 亿人在网上购物。

（2）网上餐饮、网上订餐、网上团购等十分活跃。

（3）网上休闲娱乐，在网上各类休闲娱乐成为网民选择的重要形式。

（4）网上旅游十分火暴，网民选订景点、酒店、机票等便利形式。

（5）网上展会，永不落幕的、开放的各类网上展会。

（6）网上国际贸易，正在成为发展趋势。

（7）网上证券期货，成为最早盈利的网络业务。

（8）网上保险，成为保险业普遍现象。

（9）网上采购，使企业采购更加简便、经济。

（10）网上银行大量涌现，1996 年 4 月中国银行正式建立第一家网上银行后，网上银行已经成为中外银行纷纷抢占的重要领域。

（11）网上游戏，据国家文化部发布的《2011 年中国网络游戏市场年度报告》显示，2011 年中国网络游戏市场规模（包括互联网游戏和移动网游戏市场）为 468.5 亿元，同比增长 34.4%，增速止跌回升。网络游戏用户突破 1.6 亿元，同比增长 33%，增速有所放缓。其中，移动互联网游戏用户数量突破5000 万人，同比增长 46%。

（12）网上彩票，也正在规范中发展。

5. 许多大型企业集团进军电子商务

中石化、中石油、海尔集团等较早开始电子商务，华普产业集团进军高科技，电子商务成为最佳平台，云南白药集团建设医药电子商务，格兰仕自主开发的网络购物平台整合了整个集团的全系列产品。目前中石化通过物资采购电子商务网站，能在网上交易的物资达到 130 多万种，中石化所需 95%以上的物资实现网上交易。

近几年来，在零售领域，沃尔玛、家乐福、麦德龙等外资争先上网；国内百货巨头苏宁、国美、王府井、银泰等纷纷上网；截止到 2012 年连锁百强有 59 家上网，王府井百货集团 2012 年投资 1 亿元打造大型综合购物网站，将于年内上线；秀水集团也投资 2 亿元建设网上 B2C 交易平台。

大型企业上网，实现了“以产品为中心向以客户服务为中心”的战略转移，达到对外充分适应、快速反应，对内高效沟通、快速决策。具体来说，实现网络交易和业务；实现多点信息互动；建立完整的交易体系；以完整的仓储、物流管理作为支撑；加强客户关系的管理。

许多大型企业电子商务主要功能包括网上销售 B2B、网上销售 B2C、网上集市等。同时，许多电子商务企业提供大型企业集团电子商务平台整体解决方案。

6.电子商务进入农村具有巨大的潜力和空间

近几年来，一些农村，特别是一个蔬菜基地或者农副产品企业充分利用电子商务集散信息，起到了积极的引导生产和消费的作用，“订单农业”、“订单蔬菜”给农民生产带来了一定的实惠。一些农副产品批发市场纷纷触网，如广东农产品中心企业的“金农网站”、深圳布吉农产品批发市场、广西食糖中心市场、全国棉花交易市场、郑州粮食批发市场等采用不同的电子商务模式等。近几年来，商务部信福工程、供销合作总社的新网工程等引导农民利用电子商务，出现了“农户＋网络＋公司”的“沙集模式”，外来工网上集聚的浙江义乌“青岩刘模式”，武汉“网上下单、下班取菜”模式等。

7.电子商务与保险业的联手

随着网民的增加，许多保险公司上网，即保险公司或保险中介机构以计算机和网络技术为工具来支持保险业务经营管理的经济行为。到2011年底，中国保险业有平安集团的PA18、泰康人寿的泰康在线等36家保险公司开展了电子商务，占保险公司总数的23%，相比2008年的17家，增幅超过一倍。“十二五”期间将是中国保险电子商务迅速发展的重要时期，其用户数量将以50%以上的年增长率递增，2015年中国保险行业电子商务收入将超过300亿元。

许多保险公司还采取了保险工具为电子商务业务进行保险，研发出一些新险种满足电子商务的发展，如安邦保险电子商务近来在电子商务平台上的发展较为突出，也是开办网上财险业务比较早的保险公司，安邦电商主要致力于用户的咨询服务、投保、续期、变更、理赔、退保等常见的保险电子商务问题的优化。

8. 国家出台了一系列的法律法规

（1）国家级电子商务法律。2004年8月全国人大常委会通过的《电子签名法》，2005年4月1日生效。《合同法》、《刑法》、《关于维护互联网安全的决定》等虽不专门针对电子商务问题，但其中分别含有电子合同、打击电子商务犯罪与违法行为的重要条款。《著作权法实施条例》、《计算机软件保护条例》、《商标法实施条例》与《专利法实施细则》适应国际通行趋势，规定可通过电子通信方式提出申请等，出台了《互联网上网服务营业场所管理条例》、《网上商业数据保护办法》等。

（2）地方性电子商务法律。2000 年 1 月 5 日，香港特区立法会出台了《电子交易条例草案》。2003年 2 月 1 日，中国大陆首部电子商务地方立法——《广东省电子交易条例》开始正式实施。2004 年 10 月 1 日，《湖南省信息化条例》正式施行。2007 年9 月 14 日，《北京市信息化促进条例》颁布，2007 年 12 月 1 日起施行。《网络零售管理条例》即将问世。

（3）电子商务标准。我国现已颁布信息技术标准 600 多项，商务部先后出台了《电子商务模式规范》、《网络交易平台服务规范》、《第三方网络平台交易管理规范》，许多电子商务标准即将出台，如《网络购物商品配送服务规范》等。

2005 年 5 月，我国中小企业电子商务与国际 RosettaNet 标准接轨。国际非政府组织编制的 Commerce One、Ariba 标准，由微软发起的 bizTalk、ebXML 标准，中科院电子商务中心制定的 cnXML 标准等应运而生。2009 年 9 月颁布了《基于电子商务活动的交易主体企业信用档案规范》和《基于电子商务活动的交易主体企业信用评价指标与等级表示规范》。

（4）国家出台了一系列产业政策。2000 年 4 月 13 日，证监会颁布《网上证券委托暂行管理办法》，2005 年 1 月国务院出台了《国务院办公厅关于加快电子商务发展的若干意见》，2007年6 月，国家发改委、国务院信息办公室颁布了《电子商务发展“十一五”规划》，2008 年 4 月 1 日，国家工商总局与商务部等七部委联合发出《关于进一步加强违禁品网上非法交易活动整治工作的通知》，对网络安全管理秩序和违禁品生产经营秩序进行集中整顿。2009 年 11 月，商务部发布了《关于加快流通领域电子商务发展的意见》，明确了政府部门对电子商务的引导和扶持政策。

2010 年 1 月 13 日国务院总理温家宝主持召开国务院常务会议，决定加快推进电信网、广播电视网和互联网“三网合一”。2011 年以来，商务部《“十二五”电子商务发展指导意见》、国家工信部 《电子商务“十二五”发展规划》先后出台。

### 三、当前地方不同的网店政策

在北京，2008年工商局“关于贯彻落实《北京市信息化促进条例》加强电子商务监督管理的意见”，8月1日起，网店经营者从事买卖前必须先注册营业执照，否则将被工商部门查处。开网店出售、置换自用物品且不以营利为目的的个人不用登记，但是否以营利为目的则需买卖双方自主识别和判定。已办理营业执照的企业或者个体户所开的网店，如超出原登记注册经营范围，也须办理相关变更登记。

在上海，B2B、B2C形式的网站经营者为网上重点监管对象，而对C2C形式的一般销售者，目前采取自愿办照的原则。

在浙江，对于个人网上开店不强制办理执照，扶持网上市场做强做大，鼓励个人通过网上创业解决就业难题。

在深圳，将降低电子商务经营者的开办难度和经营成本，可以在电子商务活动中申请除法律规定外的名称和经营范围。

## 第四节　电子商务结算创新

### 一、电子商务交易是交易的第三个阶段

交易的发展经历了三个发展阶段，第一阶段，传统交易阶段，买者与卖者直接见面进行面对面的交易会；第二阶段，是现代交易阶段，银行业从经营活动中分离出来，形成独立的经营部门，专门从事资金（资本）运作，处于买者与卖者的中间地位，为买卖双方提供服务；第三阶段，是电子商务产生和发展阶段，买卖双方在网上进行交易，银行提供结算服务，甚至出现了第三方金融结算平台，物流配送成为网上实物交易不可缺少的重要组成部分。

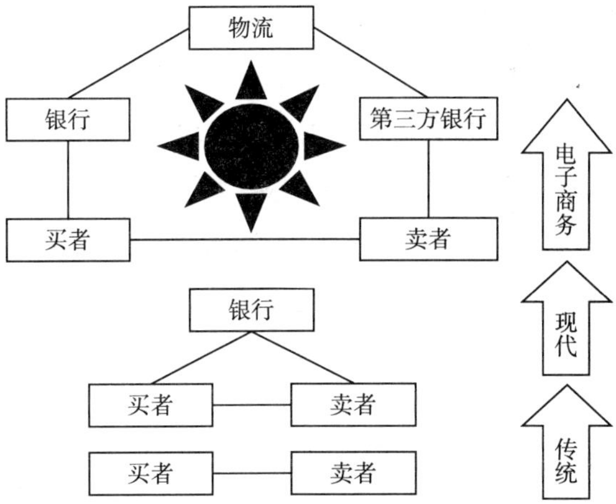


**图 9–5　交易发展阶段**

具体来说，电子商务在中国的发展，经历了七个阶段。

**（一）1990~1993 年，电子商务萌芽时期——EDI 的应用**

1987 年 9 月 20 日，我国成功发出第一封电子邮件，1990 年中国顶级域名.cn 注册成功，中国网络有了自己的身份标志，这些为电子商务的推行奠定了基础。

我国 20 世纪 90 年代开始开展 EDI 的电子商务应用，自 1990 年开始，原国家计委、科委将 EDI 列入"八五"国家科技攻关项目。1991 年 9 月由国务院电子信息系统推广应用办公室牵头八个部委局发起成立中国促进 EDI 应用协调小组，同年 10 月成立中国 EDIFACT 委员会并参加亚洲 EDIFACT 理事会。

**（二）1993~1997 年，政府引导电子商务时期**

1993 年国民经济信息化联席会议及其办公室相继组织了"金关、金卡、金税"三金工程，取得了重大进展，至今先后出台了 16 项政府"金字工程"。1994 年 10 月亚太地区电子商务研讨会在京召开，促进了电子商务概念在我国的传播。1995 年，中国互联网开始商业化，互联网公司开始兴起。1996 年，金桥网与互联网正式开通。1997 年，信息办组织有关部门起草编制我国信息化规划，1997 年 4 月在深圳召开全国信息化工作会议，各省市地区相继成立信息化领导小组及其办公室，各省开始制定本省包含电子商务在内的信息化建设规划。1997 年，广告主开始使用网络广告。1997 年 4 月以来，中国商品订货系统（CGOS）开始运行。

**（三）1998~1999 年，进入电子商务引入阶段**

1998 年 3 月，我国第一笔互联网网上交易成功。1998 年 7 月，中国商品交易市场正式宣告成立，被称为永不闭幕的广交会。1999 年 3 月，8848 等 B2C 网站正式开通，网上购物进入实际应用阶段。1999 年兴起政府上网、企业上网，电子政务、网上纳税、网上教育、远程诊断等广义电子商务启动，进入试点和实际试用阶段。

**（四）2000~2001 年，我国电子商务的“中断期”**

2000 年在全球电子商务“中断期”到来时，我国电子商务也进入“中断期”，我国大量的电子商务企业亏损倒闭，一些进行整合，萌芽期的电子商务环境里没能养活几家电子商务平台，但是孕育了一批初级网民。

**（五）2002~2006 年，电子商务进入成长期**

这一时期互联网飞速发展，短时间内网民人数大幅度增长，众多的创业者、公司纷纷涉足互联网这块蕴藏着无数宝藏的土地。当当、卓越、阿里巴巴、慧聪、全球采购、淘宝等一批知名电子商务企业得到发展。电子商务给我们传统的生活方式带来了翻天覆地的变化，淘宝网的出现改变了人们往常的消费习惯，更多的人加入了网购大军的队伍。这个阶段对电子商务来说有三个大变化：

（1）大批的网民逐步接受了网络购物的生活方式，而且这个规模还在高速地扩张。尤其是以学生和白领为主的网购群体逐渐壮大。另外，网购的高涨也带动了物流的发展。

（2）众多的中小型企业从 B2B 电子商务中获得了订单，获得了销售机会，“网商”的概念深入商家之心。

（3）电子商务基础环境不断成熟，物流、支付、诚信等问题不断被提出和解决，向一个健全的方向发展。有许多网络商家积累了大量的电子商务运营管理经验和资金。

电子商务 B2B、B2C、C2C 等多种电子商务交易模式不断创新。电子商务批发交易、零售交易、物流、易货、展会、餐饮、旅游、机票、租赁、保险、证券、期货等逐渐成熟，第三方电子商务不断涌现，风险基金大量进入，涌现出了阿里巴巴、中华粮网、淘宝网、京东商城、易趣网、当当网等电子商务网站。

**（六）2007~2010年，电子商务进入务实时期**

在这个阶段，不仅网络企业，而且越来越多的传统企业和资金流入电子商务领域。电子商务认知面扩大，越来越多的企业知道了电子商务，积极加入了电子商务，对其相关的理论知识和操作都有了大致的了解。同时与电子商务平台磨合，加速了电子商务的快速发展，电子商务从业人员可以针对目前的发展情况开发出更多的适合企业的网络应用产品。

阿里巴巴上市标志着B2B领域的发展步入了规范化、稳步发展的阶段，给广大做电子商务的企业一个很大的信心，也使国内众多电子商务平台有了发展的动力。现实社会与虚拟社会不断融合发展，电子商务及与其相关的物流，第三方支付等领域的发展使得电子商务发展到了一个前所未有的高度。可以说，由传统企业延伸过来的电子商务公司和互联网中成长起来的中小网商将会是未来中国电子商务发展的核心力量。

**（七）2011年至今，电子商务正准备进入“发展期”**

电子商务正在由“成长期”进入“发展期”，多种电子商务模式（含移动商务模式）得到迅速发展，商务部颁布《“十二五”电子商务发展指导意见》、工业和信息化产业部颁布《电子商务“十二五”发展规划》，电子商务将遵循促进融合、示范引导、产业带动、规范发展的原则，到2015年，我国规模以上企业应用电子商务比率达到80%以上，次应用电子商务完成进出口贸易额占我国当年进出口贸易总额的10%以上，此网络零售额相当于社会消费品零售总额的9%以上。

## 二、第三方结算、第三方物流与配送是社会分工细化的结果

电子商务的发展离不开结算、物流与配送，但统一的自我结算、物流与配送不能满足电子商务高速发展的需要，因此，第三方结算、第三方物流与

配送就出现了，它们能够提供专业化、系统化的服务，是社会分工细化的结果，如图 9–6 所示。

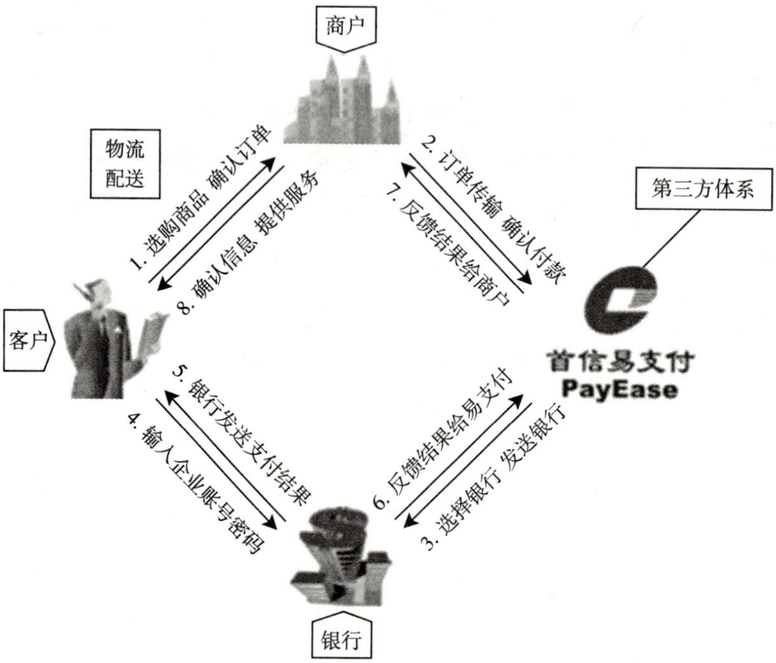


图 9–6

消费者或客户向商户选购商品，确认订单，然后商户进行订单的传输，确认付款，通过第三方支付机构，如首信易支付，易支付将应付款金额发送给业务合作的银行，银行给消费者企业账号。这时对于消费者而言，按银行给予的企业账号支付账款，银行发送支付结果，并将结果反馈给第三方支付（易支付），易支付反馈结果给商户，商户在确认信息后，提供相应的服务。

第三方支付如此，第三方物流与配送也可以由第三方专业公司来完成，不需要商户直接完成，可以由第三方的物流配送企业接受商户的委托，完成相应的物流与配送业务。

## 三、网上交易既简单又复杂

网上交易与现实交易一样，都是消费者与商店之间的买卖关系，不同的是，网上交易是在网上完成商流交易活动，除了服务商品外，大多数实物商品交易需要现实的物流与配送活动来完成。

商人（含自然人）在网上开店、销售产品并打出广告，消费者在网上寻找商品，第三方咨询机构或者银行给予商店征信或者授权金融部门进行结算，消费者在规定的银行单位付款，然后由商店进行物流配送，商店委托第三方物流企业进行商品配送或退货，从而完成网上交易活动。

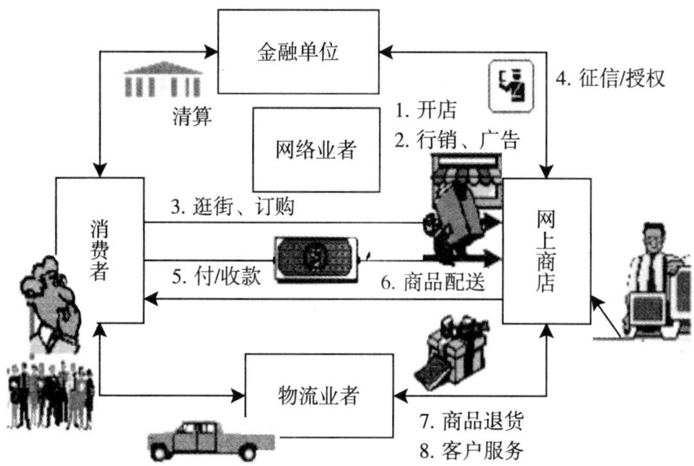


**图 9–7 网上交易示意图**

## 四、支付宝实际上是一位防范风险的“管家”

对于 B2C 交易而言，支付宝是第三方支付平台，是为买卖双方提供结算服务的机构，如图 9–8 所示。消费者购买商品后选择支付宝支付，先得有支付宝账户才可以用支付宝进行结算，消费者注册后登录支付宝，填写账户名、登录密码，然后进入支付宝，付款到支付宝，支付宝通知商家发货，商家得知消费者付款到支付宝上才发货，这对商家而言没有交易风险，支付宝为商家把好了关。消费者验货满意后，通知支付宝付款给商家，完成交易过程。如果验货不满意，消费者不同意支付宝将货款付给商家，于是采取退货行为，这时，支付宝直接退货款，这样，支付宝为消费者把好了关。

对于 B2B 交易而言，主要靠认证中心、网上银行来把关。这里以深圳农

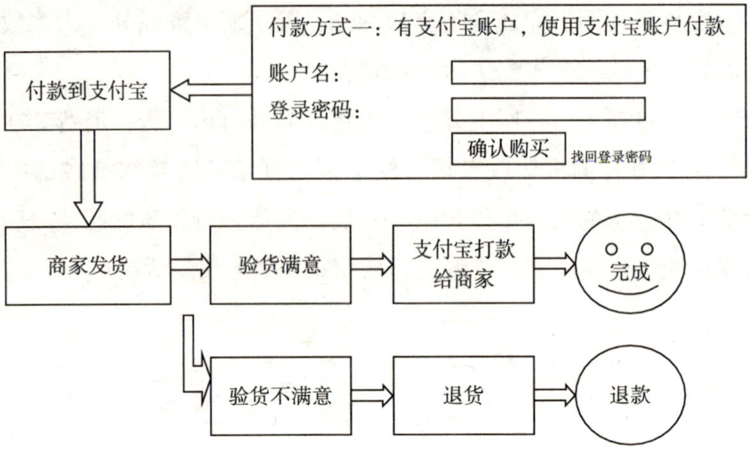


**图 9–8　支付宝管家示意图**

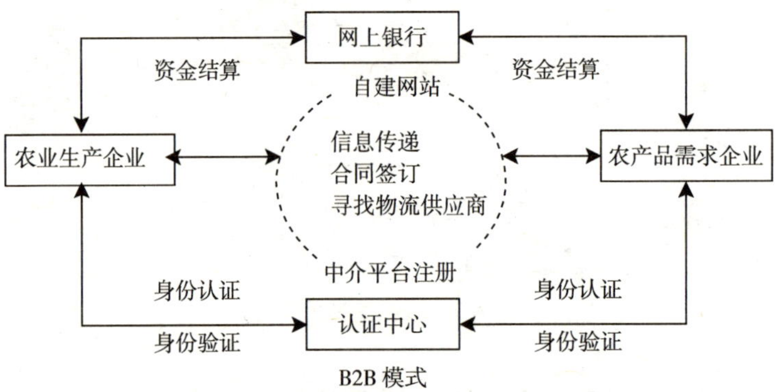


**图 9–9　深圳农产品网上批发市场 B2B 模式**

产品网上批发市场为例进行分析，在 B2B 网络平台上，农业生产企业与农产品需求企业之间形成买卖交易关系，生产企业在网上发布信息，需求企业在网上探寻产品，然后签订合同，实现交易。但是在此之前，买卖双方需要在 B2B 网上进行注册和身份认证，以完成实名制交易，交易完成后，网上银行为其完成资金结算，认证机构和银行为其提供防范风险的“管家服务”。

## 五、多种基本的结算方式

多种基本的结算方式有：①网上购买，网上结账。②网上下单，送货上门结账。③网上购买，银行汇款，或者划账。④网上购买，邮局汇款结账。

⑤线下支付。

## 六、多种电子结算创新

1. 电子银行服务

电子银行服务泛指以手机银行、网上银行、电话银行、自助银行等组成的一个整体的电子银行服务系统所提供的服务。以下以中国交通银行为例。

（1）手机银行——中国交行手机银行采用了多密钥双安全通道的最高级别安全保障体系，最大限度地保障了用户数据在传输过程中的安全。交行手机银行的特点之一是同时支持 WAP 和客户端两种使用模式，人性化的设计让客户各取所需，简单便捷地拥有安全、可靠、强大的电子银行服务渠道。手机银行开通操作十分简便，已留存手机号码的交通银行网上银行客户可以不必前往银行网点，通过网上银行或者手机就可直接激活使用。目前，手机银行基本涵盖了交行网银的所有功能，还推出了独具交行特色的创新功能，例如，手机银行无卡取款、手机地图、手机号码转账、手机支付等。

（2）网上银行——交行企业网银，功能强大，包括账务查询、现金管理、国际业务、企业付款、财务服务、电子商务等，以专业化、特色化的服务协助企业早日实现“财富广蕴、通达天下”。交行个人网上银行是基于互联网技术，以先进的网上银行技术平台构建起来的银行服务系统。客户足不出户，接入互联网即可登录个人网上银行，享受全天候 24 小时、方便、快捷、安全的金融服务。交行个人网上银行提供的金融服务主要有：我的账户、转账汇款、外汇宝、基金超市、信用卡、理财产品、个人贷款、证券期货、客户服务、代理缴费和网上支付。

（3）自助银行——易操作，快交易。交行是唯一一家在 ATM 全面实现无卡存取款业务的大型商业银行。交通自助银行通过研究持卡人交易习惯，优化了交易操作流程，美化了交易界面背景及按钮，压缩了持卡人交易步骤，提高了办理业务的效率。同时，根据持卡人实际需要，将存取款一体机的单笔取款限额提高到 10000 元人民币，满足了持卡人快速大额取款的需求。

（4）电话银行——以 95559 为品牌的电话银行是交通银行为客户提供综合

服务的窗口。它采用人工座席代表、自动语音应答、传真和Web服务等方式，365天×24小时全天候双语种接受客户的各类业务咨询、信息查询、投诉和建议并提供多种交易功能。客户服务中心建立了完善的中高端客户服务系统，实现了服务的差异化和个性化，20秒服务水平平均超过85%，达到业界领先水平。2009年交通银行客服中心通过CCCS质量体系认证，是国内5大商业银行首家通过认证的总行客服中心。

2. 地方银行电子化

如北京银行、深圳平安银行、北京农村商业银行、天津银行、上海银行、上海农村商业银行、南京银行、宁波银行、杭州银行、江苏银行、深圳农村商业银行、重庆银行、青岛银行、成都银行、哈尔滨银行等。

3. 银行机构电子化

如中国人民银行、银监会、中国银联、国家开发银行、中国农业发展银行等。

4. 外资网上银行

如花旗中国银行、汇丰中国银行、渣打中国银行、恒生银行、东亚银行中国网站等。

5. 电子钱包

如电子支付、支付宝、快钱、财付通、贝宝、百付宝等。

## 第五节 电子商务模式

### 一、商业模式的概念

#### （一）商业模式

商业模式是指组织所采取的适合市场经济规律的，具有某种规范的，能够带来效益的组织、业态、经营等独特的制度、措施、形式等。

### （二）商业盈利模式

商业盈利模式是企业的运营模式、盈利模式，是企业如何适应环境变化，合理配置内部资源实现盈利的方式。

成功商业模式的特点有：①有效性；②整体性；③差异性；④适应性；⑤可持续性；⑥生命周期特性。

## 二、电子商务盈利模式

### （一）电子商务盈利模式的一个核心

一个核心是指一个电子商务网站以其明确的服务对象（如顾客及供应商）价值创造为中心模式构建的“3+4”框架体系。所谓“3”是指网上交易、电子结算、物流配送“三位一体”。所谓“4”是指电子商务的主体、客体（实物商品、服务商品、系列服务）、对象、空间（宽带信息网、数字电视网、下一代互联网形成的融合网络）。

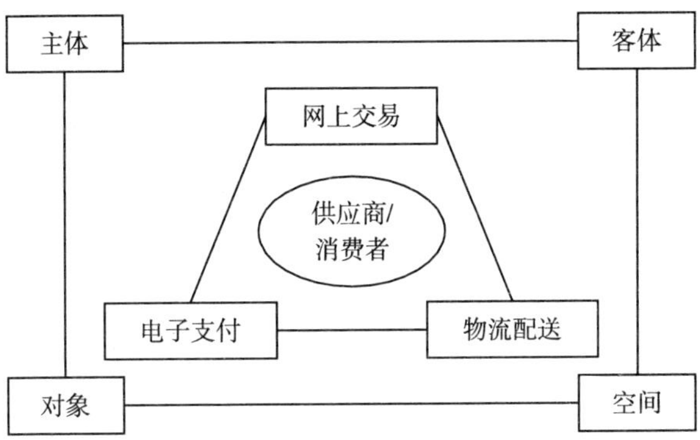


图 9–10　电子商务一个核心

### （二）电子商务盈利模式的五个基本点

电子商务盈利模式的五个基本点，即五个基本构成要素：

（1）利润对象——经济组织提供产品或服务的购买者和使用者群体，他们是企业利润的唯一源泉。它解决的是向哪些用户提供价值。

（2）利润点——企业可以获取利润的产品和服务。好的利润点：一要针对目标客户的清晰的需求偏好；二要为构成利润源的客户创造价值；三要为

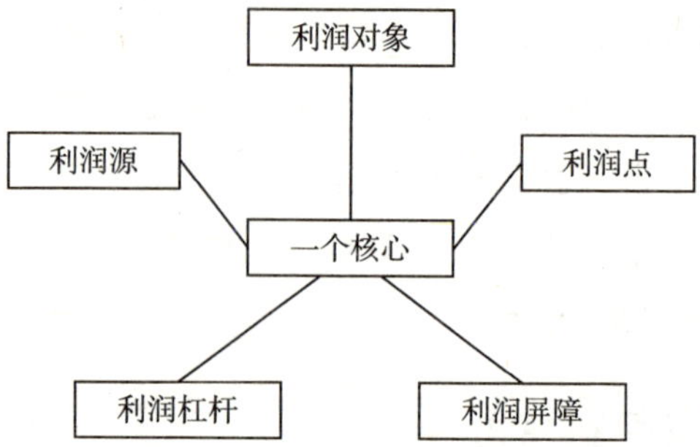


**图 9–11　电子商务盈利模式五要素**

企业创造价值，它解决的是向用户提供什么样的价值。

(3) 利润源——企业的收入来源，即从哪些渠道获取利润，解决的是收入来源有哪些。

(4) 利润杠杆——是网站（网店）吸引客户所采取的一系列活动，必须与企业的价值结构相关，它回答了企业能够提供的关键活动有哪些。

(5) 利润屏障——是指企业为防止竞争者掠夺本企业利润而采取的防范措施，它与利润杠杆同样表现为企业投入，但利润杠杆是撬动“奶酪”为我所用，利润屏障是保护“奶酪”不为他人所动，它解决的是如何保持持久盈利。

**（三）电子商务盈利模式**

1. B2B（Business to Business）模式

即经济组织对经济组织的电子商务，是当前电子商务的重点，现在已进入发展时期，生产企业对生产企业，生产企业对商业企业，商业企业之间（如供货商对零售商）等，可以形成产业链条，可以大量地节约交易成本，提高经济效益，是我国电子商务的切入点。目前有以下四种 B2B 电子商务模式：

(1) 参与企业商务活动网站。参与企业商务活动网站以拉手企业网和美商网为代表。在拉手网站里查询不到企业信息，只有商品分类。用户交易只能通过买卖双方提交到拉手平台上进行，较为封闭。而美商网是一家英文网站，主要面向海外采购商，提供国内中小企业供货信息，并帮助国内中小企业进行国际域名注册等有偿服务。

(2) 提供专门产品类的网站。提供专门产品类的网站以亚商网为代表。

这类网站提供有选择的产品，而不是像百货商场提供的综合类产品。这类网站一般没有免费的信息发布，用户注册比较简便，也非常重要，不收费用，产品类别简洁清楚。例如，亚商网栏目中办公用品、办公耗材、办公家具等的设置，消费群体的定位有针对性。

(3) 超级市场类网站。超级市场类网站以阿里巴巴为代表。它开展电子商务的时间较长，有很多加盟会员，网页内容十分丰富，有从农业到信息业所有行业的产品信息。主要侧重信息发布，以注册用户主动提交的信息为基础，至于商品交易则基本在网下进行。

(4) 从 ASP 发展起来的电子商务平台的网站。这类网站是技术色彩较浓的网站。例如，你好万维网，在短短的 1 个月内就有 2000 家企业注册，取得了较大的成功。它取得成功的关键是定位于占我国企业总数 70%的中小企业市场。中小企业是发展速度最快、经济行为最活跃、最具盈利潜力的企业，但是其中大多数信息化程度较低，不能满足企业对电子商务的需要。

我国第一家网上蔬菜交易市场——山东省寿光蔬菜电子交易市场，2007 年成交额完成 216 亿元，已成为全球最大的网上蔬菜交易市场。2006 年 5 月开业，2006 年交易额 70 亿元，2007 年交易额 216 亿元，2008 年交易额 280 亿元，2009 年山东寿光蔬菜电子交易市场交易额突破 330 亿元。目前日、韩等 30 多个国家的蔬菜期货交易，都与寿光蔬菜电子交易市场建立了价格挂钩机制。

2007 年以来，第 102~106 届中国进出口商品交易会电子商务网上成交有所增长。仅就 2007 年而言，各网站累计访问量为 1.2 亿次，增长 1.9%，电子商务网上累计意向成交额为 5.2 亿美元，增长 12.2%，增幅比上届提高了 7.4 个百分点。

2009 年首次吸引国内采购商进入交易会，并设立了网络专场，为受金融危机影响的出口企业将产品转入国内市场提供通道。

2. B2C（Business to Customers）模式

即经济组织对消费者的电子商务，是电子商务的发展方向，也是电子商务发展的一个重点和难点，现在处于其“市场的成长时期”，即大量消费者通过电子商务这一现代化手段向生产企业或者商家订货，当前制约其发展的主要问题是网上的电子结算和网下的物流配送滞后，网上交易和同步结算尚需有一个发展的过程。

B2C 电子商务包括网上购物、网上旅游、网上餐饮、网上娱乐、网上游戏、网上银行、网上保险、网上证券、网上期货、网上彩票等，是与消费者直接关系的电子商务模式。

3. B2F（Business to Family）模式

B2F 所提供的是面对北京市场的一站式厨房快速消费品流通服务，它解决了物流最后一公里的瓶颈，最终建立的是一条通往消费者菜篮子的绿色服务通道。B2F 作为一种新型的电子商务模式，吸引了风险投资家和企业界的广泛关注。如红孩子网站、9588 旅行网、7 天连锁酒店、特价机票、游易网、火车票、去哪儿网、携程旅行等，这些网站都与我们有直接和间接的关系。

4. C2B（Consumer to Business）模式

又叫 C2T（Team）团购网站，即消费者对企业的集合竞价模式，就是将零散的消费者及其购买需求聚合起来，形成较大批量的购买订单，从而可以得到厂商的批发价和较低的折扣价，商家也可以从大批量的订单中享受到“薄利多销”的优惠，故而产生对消费者与商家“双赢”的好处。如拉手网、聚划算、美团网、大众点评团、糯米网、高朋网等。

5. C2C（Consumer to Consumer）模式

即消费者对消费者的网上“拍卖”模式，是将现实中的“跳蚤市场”移植到网上，建立了一个消费者之间交易的平台，让众多的消费者在完全自愿的基础上就转让商品进行“一对一”的交易，相互砍价，公开、公平、公正地进行竞价，众多的消费者都可以参与这一交易活动。这一形式使参与交易活动的消费者人数、空间范围扩大，带来了最实际的“一手钱，一手货”的交易。早期影响较大的有雅宝、易趣、酷必得、网猎、万象、大中华等一些网站，近几年影响较大的是淘宝网。

6. G2B（Government to Business）模式

G2B 包括两种模式：

（1）政府对企业的税收电子商务模式。

（2）政府商品储备向市场的抛售或者储备的轮换。如农产品储备的企业抛售和轮换，包括：①国家粮食储备通过企业销售，采取网上竞拍的模式。②国家棉花储备、国家食糖储备通过电子商务网站进行网上拍卖。一方面，通过网上竞争形成客观公正的市场价格；另一方面，通过网上竞拍确定购买对象，这样可以避免政府储备抛售中的腐败和寻租行为滋生。

7. G2C（Government to Customers）模式

即政府对消费者征收税费的电子商务，这与个人报税制度紧密地结合起来。

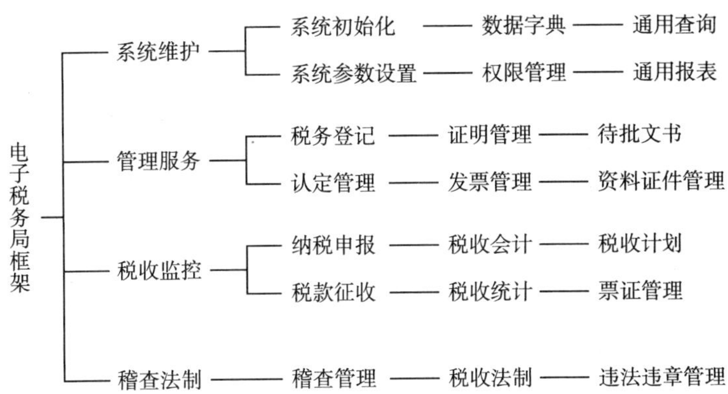


**图 9-12　电子税务局框架**

8. B2G（Business to Government）模式

即政府采购的电子化——美国 1993 年开始研究，1994 年立法规定美国政府必须起用电子商务以提高采购过程的效率。此后，应用电子商务从事采购的政府部门逐步增加，通过美国通用服务管理局提供的一揽子采购计划，联邦政府的各个部门无论其大小，均运用服务管理局提供的采购合同购买商品和服务。这种模式下，政府可以通过互联网发布采购清单、企业可以以电子化方式完成对政府采购的响应，政府和企业完全站在平等的立场上，利用互联网来完成双方的交易。这样有利于提高政府的采购效率，又便于建立监督机制，避免政府腐败行为的产生。

9. B2B2C（Business to Business to Customer）模式

第一种形式是零售商、地产商（或住宅服务商）、消费者，在居民小区建造一个零售商店需要投资，而且头一两年只能是亏本经营，而通过建造一个网上虚拟商店，将小区的需求形成买单，然后传导给零售商，以满足消费者的需求。

第二种形式是生产厂商对商家，商家对消费者的交易链条，如出版商将图书出版后，直接将出版清样交销售商，销售商在网上销售，消费者也可以在网上购买并同时下载图书这一商品。

第三种形式是商家通过网络商把产品提供给消费者，从而使商家迅速介入电子商务，顾客及早感受到电子商务的便捷和实惠，采用这种形式的有“手拉手电子商务网站”。

第四种形式是生产者或厂家对商家，商家对消费者的交易链条，如生产者将农产品生产出来后，在批发市场电子平台上将产品销售给加工商，加工商在网上销售给消费者，形成网上产业链条。这种模式将“需求组合”形成的“买单”信息迅速传导到商家或生产者，形成“订单”生产或者供货，将“供给组合”形成的“卖单”迅速传导给众多的消费者，形成进货或消费“热点”。

10. 企业内部电子商务

即不同企业的生产、经营、管理活动通过电子计算机和网络技术来完成，这一模式可谓多种多样，比较著名的有信息管理系统（Management Information System）、销售时点管理（Point of Soles）、电子订货系统（Electronic Ordering System）、防盗系统（Electronic Anted Servile）、电算系统等，相互更替和递进。

11. 企业电子商务租赁、托管、外包、战略性联合等模式

（1）网络租赁，即企业作为网站的承租人，网络服务公司作为网站的出租方，由网络的服务商负责网络的维修、保养，由企业承租，并进行企业业务的管理和经营。

（2）网络托管，是指将企业的网络委托给专门的网络公司管理。

(3) 网络外包，即指中小企业不能有专门的部门和人员从事网络业务，服务器托管也挺费事，不如什么都不要了，采用网络外包形式，使市场花很少的钱就能开展全部的网上商务活动。

(4) 战略性联合，或者实行资产重组。所谓战略性联合，即指企业可与其他企业或者网络商组成战略性联盟，以网络公司为代表的新经济与传统企业有机地融合，是中国企业的发展趋势。

12. O2O 模式

O2O (On-line to Off-line) 模式，即线上购买，线下体验消费，也即将线下商务的机会与互联网结合到一起，让互联网成为线下交易的前台。这样线下服务就可以利用线上来揽客，消费者可以在线上搜索商品，还有成交可以在线结算。该模式最重要的特点是：推广效果可查，每笔交易可跟踪。其代表网站是国内社区电子商务开创者九社区网。

13. B2M 模式

B2M 模式包括以下两种模式：

(1) B2M (Business to Manager)。B2M 模式是指企业通过网络平台发布该企业的产品或者服务，职业经理人通过网络获取该企业的产品或者服务信息，并且为该企业提供产品销售或者提供企业服务，企业通过经理人的服务达到销售产品或者获得服务的目的。职业经理人通过为企业提供服务而获取佣金。

B2M 模式相对于 B2B、B2C、C2C 电子商务模式有着本质的不同，其根本的区别在于目标客户群的性质不同。B2B、B2C、C2C 的目标客户群都是作为一种消费者的身份出现，而 B2M 所针对的客户群是该企业或者该产品的销售者或者工作者，而不是最终消费者。

除了面对的用户群体有着本质的区别外，B2M 具有一个更大的优点：电子商务的线下发展。B2B、B2C、C2C 传统电子商务的特点是商品或者服务的买家和卖家都只能是网民，而 B2M 模式能将网络上的商品和服务信息完全地带到线下，企业发布信息，经理人获得商业信息，并且将商品或者服务提供给所有百姓。不论是线上还是线下，其实 B2M 本质上是一种代理模式。

（2）B2M（Business to Marketing）。B2M 模式指面向市场营销的电子商务企业（电子商务公司或电子商务是其重要营销渠道的公司）。B2M 电子商务公司根据客户需求为核心而建立起的营销型站点，并通过线上和线下多种渠道对站点进行广泛的推广和规范化的导购管理，从而使得站点作为企业的重要营销渠道。相对于拥有站点的简单电子商务模式，B2M 注重的是网络营销市场，注重的是企业网络营销渠道的建立，是针对网络市场营销而建立的电子商务平台。通过接触市场、选择市场、开发市场，而不断地扩大对目标市场的影响力。从而实现销售增长、市场占有。为企业通过网络找到新的经济增长点。

B2M 模式的执行方式是以建立引导客户需求为核心的站点为前提，通过线上或线下多种营销渠道对站点进行广泛的推广，并对营销站点进行规范化的导购管理。B2M 营销网站不是企业一个简单的互联网窗口，也不是企业简单地对产品进行宣传和服务的站点，它是以客户需求点为核心，对产品和服务进行整合，并对客户需求进行引导的营销型站点。客户通过 B2M 营销网站，可以很快地找到自己的需求点，并在对需求点了解的同时，引导客户产生更多新的需求，从而满足客户需求和挖掘客户最大的价值。在企业的营销渠道方式中，B2M 营销网站是企业在开拓市场中的一种重要的渠道，是要管理和整合企业的供需，是涵盖企业办公、采购、生产、仓储、物流、销售、渠道等管理，以及市场促销和客户服务等生产和经营的营销应用管理平台。企业通过 B2M 营销网站实现企业产品或服务的营销，同时也可以通过 B2M 营销网站发布需求信息实现广泛采购信息的获取。企业 B2M 营销站点还可以与企业的其他第三方平台营销站点进行信息整合，从而实现企业的高效网络营销平台。协助企业通过电子商务拓展其营销和采购渠道，扩大营收，降低成本，进一步实现企业利润最大化和长久发展。

14. M2C 模式

M2C（Manufacturers to Customer），即生产厂家直接对消费者提供自己生产的产品或服务的一种商业模式。M2C 拥有互联网和地面渠道，通过共享各地的终端推广渠道和售后服务网点，让产品从生产商直接到消费者，并由生产商为消费者提供配送服务和售后服务。M2C 的特点是减少流通环节，降低销售成本，保障售后服务质量，并能满足顾客的个性化定制需求。

M2C 是 B2M 的延伸，是 B2M 不可缺少的一个后续发展环节。B2M 环节，企业通过网络平台发布该企业的产品或者服务，职业经理人通过网络获取该企业的产品或者服务信息，并且为该企业提供产品销售或者提供企业服务，企业通过经理人的服务达到销售产品或者获得服务的目的。而在 M2C 环节中，经理人将产品销售给最终消费者，其中有一大部分是要通过电子商务，和 C2C 类似，但又不完全一样。M2C 可以通过差价或佣金来盈利，C2C 只能通过差价来盈利。M2C 的物流管理可以实现零库存，此外还可以保持充足的现金流。M2C 对比其他几种模式在体现用户个性、维护商家权益两个方面的优势都非常明显。

在 M2C 商业模式下，制造商通过网络平台发布该企业的产品或者服务，消费者通过网络获取该企业的产品或者服务信息，制造商将直接面对最终消费者。与其他传统模式相比，这种模式更具有灵活性，减少了流通成本的同时，跨越了时间和地域的限制条件，让价格更统一更透明，客户不再需要四处比较价格。此外，这种模式还增加了客户与制造商之间的互动，提高沟通效率，让产品更贴近生活。

与传统 B2C 比较，M2C 不存在地域与时间的限制，消费者可以在任意时间任何地点购买到自己满意的商品。提供产品的即为制造商本身这一特点，使得全国价格统一，不再出现传统渠道因地域不一导致的部分地区价格偏高的现象。M2C 模式的出现大大提高了消费者购买商品的便利性，让消费者不再需要四处比价，也不用再担心工作繁忙而没有时间逛商场。

15. BMC 模式

BMC 电子商务模式（Business Medium Customer）。B=Business，指企业；C=Customers，指消费者，终端；M=Medium，指媒介，第三方监管，在这里指的是在企业与消费者之间搭建的一个信用担保平台。它是一个多维的、可以无限转换的连接点，将网站与消费者、机构与终端、企业与渠道代理商，根据不同的需求有机、立体地结合，形成利益互动，打造共赢的大平台。BMC 指通过第三方平台为企业提供第三方质量监控、多媒体整合推广、降低企业运营成本。BMC 率先集量贩式经营、连锁经营、人际网络、金融等传统电子商务模式优点于一身，解决了传统电子商务模式的发展瓶颈，是B2M 和 M2C 的一种整合电子商务模式，即 B2M+M2C=BMC（M=Medium）。BMC 通过打造和整合商品渠道、金融渠道、诚信渠道，让第三方有效地帮助消费者对商家进行专业化的监管，包括商品质量、评判诚信以及双方的交易金额。该模式由精彩生活投资发展有限公司独创。

16. B2T 模式

B2T（Business to Team）。即团队对商家采购的模式。目前网络团购形式大致有三种，第一种是自发行为的团购；第二种是职业团购行为，目前已经出现了不少不同类型的团购性质的公司、网站和个人；第三种就是销售商自己组织的团购。而三种形式的共同点就是参与者能够在保证正品的情况下拿到比市场价格低的产品。

17. SoLoMo 模式

SoLoMo 模式，即社交化、本地化、移动化应用。Social（社会化）、Local（本地化）和 Mobile（移动化）三位一体的 SoLoMo 模式。这种基于本地化的移动社交应用现在已成为手机用户的常用应用之一。Social 是由 Facebook、Twitter、Zynga 这些公司带起的社交化运动，互联网应用必须要靠社交来提供更多价值，才能够打败对手。随着智能手机的发达，我们得到的资讯将会越来越本地化，也就是所谓的 LBS（Location-Based Service）。Mobile 则是移动互联网的崛起。移动商务在 2 年内超越桌上电脑商务，成为人们商务活动的主流方式。

18. ABC 电子商务模式

ABC 模式是由代理商（Agents）、商家（Business）和消费者（Customer）共同搭建的集生产、经营、消费为一体的电子商务平台。商家通过 ABC 平台发布产品，消费者通过购买 ABC 平台上的产品而获得积分，积分累加到一定数额，即可提升为“代理商”，同时享受购买折扣。成为“代理商”的消费者可向其他消费者推销ABC平台上的产品，若达成交易，可从中获取提成。同时，当其引荐的消费者的购买积分达到成为代理商的要求时，便自动成为其下线成员。代理商、商家和消费者的三重身份相互之间可以转化，代理商、消费者和商家都是老板。

19. C2G模式

C2G（Consumer to Government），即消费者对行政机构的电子商务，指的是政府对个人的电子商务活动。这类的电子商务活动目前还没有真正形成。然而，在个别发达国家，如在澳大利亚，政府的税务机构已经通过指定私营税务，或财务会计事务所用电子方式来为个人报税。这类活动虽然还没有达到真正的报税电子化，但是，它已经具备了消费者对行政机构电子商务的雏形。

政府随着商业机构对消费者、商业机构对行政机构的电子商务的发展，将会对社会的个人实施更为全面的电子服务方式。政府各部门向社会纳税人提供的各种服务，例如社会福利金的支付等，将来都会在网上进行。

20. BAB模式

BAB（Business Agent Business）是基于B2B提出的新的电子商务模式，它的本质是解决企业间的信任问题，它的目的是创造一个包括信息流、资金流、物流、知识流在内的，有信用的电子商务环境。所谓“A”即业务代理机构（Agent）。在电子商务环境中的业务代理机构包括：技术支持与服务平台，数字认证技术及机构，商业银行，第三方物流服务及第四方物流支持技术与服务，第三方质检服务及企业信誉评估机构及机制等。

21. 娱乐竞拍模式

与其他竞拍网站不同的是，想要在Swoopo上竞拍，消费者每一次喊价都需要购买bids，一个bids的价格是0.75美元。竞拍开始后，每多一位消费者参与，产品价格都会增加0.15美元，如果20秒以内没有再加价者，那么商品就将出售给最高出价的竞拍者。由于竞拍过程通常都非常复杂，尤其是当参与者众多的时候，谁都无法确定自己是不是最后一位竞拍者，所以为了确保自己能拍到中意的产品，用户还不能一次只购买一个竞价权。

22. P2C 模式

P2C 是我国互联网界围绕电子生活资讯黄页服务领域，提出的一种新的服务模式。该模式中的“2”代表“Two”，而“C”代表“Customer”，对于“P”所代表的意义，则有不同的看法。

P2C 生活服务平台（Service Provider to Customer）把老百姓日常生活当中的一切密切相关的服务信息，如房产、餐饮、交友、家政服务、票务、健康、医疗、保健等聚合在平台上，实现服务业的电子商务化。如中国雅虎整合口碑网、谷歌中国推出生活搜索平台。尽管生活服务领域市场潜力巨大，但在互联网的世界中目前尚未出现寡头分割的局面。

P2C（Platform to Customer）将第三方支持平台升级为第一方直接参与进行交易。将产品的展示、运输、售后、质保的工作全部落实到运营平台。零售巨头们已经携着巨资和庞大的销售系统走进了电子商务的历史进程，并将彻底颠覆现有的电子商务格局。

23. P2P 模式

P2P 就是消费者和生产者之间为达到一定的目的而进行的直接的、双向的信息或服务的交换。P2P 的实质代表了信息和服务在一个个人或对等设备与另一个个人与对等设备间的流动。P2P 是指 Peer to Peer 贸易伙伴对贸易伙伴、Point to Point 点对点、Person to Person 人对人、Path to Path 渠道对渠道。

P2P 模式主要服务对象是中小企业，通过其设在全国各地的渠道服务中心，把各地优质产品及其代理商资源加以整合，形成一对多、多对一的商务互动格局。其中任一个点都能通过中国企赢网的体系同步发布产品信息，既是信息资源的提供者，又是其他渠道服务中心信息的受益者，使全国各地企业产品销售渠道高效对接。

24. 社交电子商务模式

社交电子商务（Social Customer）又叫 Sns+Ec，是社会化网络（Sns）和电子商务（Ec）两者的结合，是电子商务的一种新的衍生模式。它借助社交媒介、网络媒介的传播途径，通过社交互动、用户自生内容等手段来辅助商品的购买和销售行为。在 Web 2.0 时代，越来越多的内容和行为是由终端用户来产生和主导的，比如博客、微博。社交电子商务模式一般可以分为两类。一类是专注于商品信息的，比如国内的美丽说、辣妈说、葡萄网等网站。主要是通过用户在社交平台上分享个人购物体验、在社交圈推荐商品的应用。另一类是通过社交平台直接介入了商品的销售过程，例如社交团购网站。这类是让终端用户也介入到商品销售过程中，通过社交媒介来销售商品。

25. 全程电子商务模式

全程电子商务平台是一个以供应链管理为核心，将电子商务和企业管理完全融合的中小企业信息化平台，并把企业内部业务管理与供应商管理、客户管理连为一体，构建了以客户为中心的完整的电子供应链管理系统（e-SCM）。它是中小企业用户进行企业内部管理和参与各种商业活动的一站式工作平台，可以帮助用户完成企业内部管理，与外部伙伴之间的业务管理和协同，从而提高整体运作效率。帮助用户获取更多客户信息，扩大销售规模和畅通销售渠道。可以帮助用户优化供应商结构，降低采购成本。还为用户提供了一个快捷、高效、完整的企业展示和产品推广的营销平台，帮助用户实现低成本的品牌推广和产品营销。如用友伟库电子商务网站，主要为中小微型企业提供软件服务、平台服务、基础设施服务。

26. B2S 模式

B2S（Business to Share）分享式商务或体验式商务。与传统电子商务不同的是，B2S 平台即通过互联网为消费者提供一个全新的购物模式——分享式购物或叫体验式购物，例如有共同兴趣爱好的一群人，通过享客中国平台，选择自己喜欢的商品，每个人通过网上支付很小的一笔费用（比如 1 元钱），大家累积起来的钱刚好能支付这个商品，然后从这些人中挑选一个幸运者，由幸运者拥有并体验这款最新潮商品。由于这种享客中国模式聚集了一大批有共同兴趣的人，人人出一点力，幸运轮流转，每个人都有机会受益。当然即使您不是那个幸运儿，您所支付的每一笔钱（比如 1 元钱）都会变成等额的积分累积在您账户里，您随时可以到同样价格优惠的积分商城兑换心爱的商品。这是一个既有强烈娱乐性的游戏，又是一个可以有效存取零碎钱的好地方。

## 第六节　电子商务存在的问题及几个理论观点

### 一、电子商务存在的问题

电子商务存在的问题有以下几个方面：第一是电子商务安全问题。第二是电子商务物流配送问题。第三是电子商务的支付问题。我们经常讲的电子商务的结算及其安全问题，主要有四种形式：①网上购买，网上结账。②网上下单，送货上门结账。③网上购买，银行汇款，或者划账。④网上购买，邮局汇款结账。第四是电子商务的盈利模式不适应市场。第五是网络侵权问题严重。第六是电子商务的法律政策滞后。

我国尚没有一部统一的电子商务法律，电子商务网站趋同投资、趋同建设现象十分严重。

### 二、电子商务的几个理论观点

**（一）网上商店不可能取代店铺交易**

（1）消费者需求具有多层次、多样性。

（2）不同业态和经营形式由市场来选择。

**（二）物流配送是电子商务“商圈”大小的重要支撑**

（1）没有完善的物流配送服务，电子商务不可能发展。

（2）有形店铺的连锁经营的物流网络配送和电子商务融合。

**（三）多种结算方式将会长期存在**

（1）网上购买，网上结账。

（2）网上下单，送货上门结账。

（3）网上购买，银行汇款，或者划账。

（4）网上购买，邮局汇款结账。

（5）线下支付。

**习题**

1. 何谓电子商务？电子商务具有哪些内涵？
2. 简述电子商务的本质。
3. 简述电子商务的主体。
4. 简述电子商务的客体的特点及其分类。
5. 为什么说电子商务的网民具有地域性和年龄性？
6. 电子商务模式的划分依据是什么？
7. 按交易对象来分，电子商务分为哪些类型？
8. 按交易所涉及的商品客体来分，电子商务分为哪些类型？
9. 按电子商务所使用的网络来分，电子商务分为哪些类型？
10. 简述电子交易市场。
11. 简述电子商务盈利模式的五个基本点。

# 第十章　21世纪流通产业的发展趋势

## 第一节　世界经济的背景趋势

### 一、市场化趋势

至今世界上基本上所有的国家都选择了市场经济体制，由于各个国家的经济、社会、文化背景不同，现有的市场经济体制模式具有不同的特点，归纳起来主要有：英美自由市场经济模式，法国计划市场经济模式，德国、瑞士的社会市场经济模式，日韩的政府出口导向市场经济模式，俄罗斯等东欧国家的转轨型的市场经济模式，中国社会主义市场经济模式，以及古巴、朝鲜、越南、老挝等不同社会主义国家的市场经济类型也选择了市场经济体制模式。

### 二、全球化趋势

各个国家的经济与整个世界经济融为一体，WTO成员国至今已有156个成员，各个国家的劳动力、资本、商品、知识，甚至“土地”（农产品的世界贸易实际上是土地资源的流动）能够在全球范围内流动，特别是2002年1月1日欧元作为欧盟区唯一的法定货币流通，使劳动力、资本、商品、知识等在欧元区更畅通地自由流动。世界经济一体化趋势带动了全球经济一体化。

## 三、网络化趋势

自20世纪70年代电子订货系统问世以来，至今电子商务得到了迅速发展，到2009年9月全球互联网网民达17.3亿，其中亚洲是网民增长最快的地区，中国到2009年网民达到3.84亿人。2007年1月赛迪顾问报道：经历过网络泡沫洗礼的电子商务市场一直持续保持稳定的增长势头，全球电子商务交易额连年攀升。2005年是电子商务发展的第10个年头，全球电子商务市场交易规模增长了44%，达到83800亿美元左右。而截至2006年年底，全球电子商务交易额则达到128000亿美元，又实现了50%以上的增长。

## 四、金融化趋势

（1）世界商品市场呈现货币化趋势，石油、有色金属等资源性基本材料商品，已具有商品属性和金属属性的“双重属性”，在金融市场充当越来越重要的准货币角色，汽车、房地产等产业也在逐渐实现金融货币化。

（2）世界主流市场呈现金融国际化趋势，金融正在突破国家边界、突破贸易壁垒、突破人们的传统观念，逐步实现金融国际化，美元、日元、欧元“三元货币”格局正在被打破，人民币正逐步走向世界。

（3）现代期货市场体系由商品期货、黄金期货、股指期货、利率期货、外汇期货五大期货市场组成，越来越多的企业采用期货对冲经营活动中所出现的各种风险。

（4）现代金融衍生品的增长速度在2004年、2005年先后增长了30%、20%，以期货为核心的金融衍生市场不断发展。

（5）自从20世纪末（1999年11月4日）美国通过了《金融服务现代化法案》，取消了实行大半个世纪的《格拉斯—斯蒂格尔法案》，从而标志着美国金融业从立法上告别了“分业经营”的历史，迈向“混业经营”的综合化发展道路。

# 第二节　全球流通产业的宏观发展趋势

## 一、流通产业正在成为经济增长的火车头

流通产业正在成为经济增长的火车头，商业企业也可以成为世界上最大的企业，自 2001 年以来，沃尔玛已经 7 年荣登世界 500 强之首（其中金融危机和石油上涨两年除外）。

## 二、电子商务成为贸易的发展方向

电子商务不仅能够与传统企业融合，而且本身也能够创造利润，最近也被全球著名的 B2C 亚马逊网站所证实。亚马逊 2000 年亏损 5.45 亿美元，2001 年则实现利润 500 万美元，实现 7 年以来的第一次盈利，这是在全球经济和美国经济都处于衰退过程中创造的，也是在全球零售业不景气的条件下创造的，说明电子商务具有无比强大的生命力。2008~2011 年我国电子商务交易额分别为 3.1 万亿元、3.85 万亿元、4.5 万亿元、6.8 万亿元。

## 三、特许连锁经营将成为主要的跨国经营方式

品牌输出是 21 世纪企业跨国经营的主要形式，特许经营就是一种品牌输出、管理输出、商品输出三位一体的最好形式。如肯德基采取特许经营方式，目前美国肯德基在全球已有 14000 多家店，至今中国的肯德基达到3500 多家分店，遍布除西藏以外的中国的每个城市，成为跨国特许经营的楷模，每年以 30%的速度增长。麦当劳在全球有 31000 家门店，但在中国不如肯德基发展得快，现仅有 1500 家分店，正在迅速采取特许连锁经营的方式扩大中国的市场。

中国是连锁经营发展最快的国家，2008 年年底，仅连锁百强就超过了

12 万个门店，超过“十一五”规划 2 万个。2000 年我国特许经营连锁体系仅有 410 个，到 2010 年超过 4500 个，2011 年超过 5000 个。

## 四、Shopping Mall 成为人们购物、餐饮、娱乐、旅游、休闲重要场所

Shopping Mall 又叫摩尔商业城，是国际上通用的一种商业模式，它是指在毗邻的建筑群中或一个大型建筑物中，由一个管理机构组织、协调和规划，把一系列的零售商店、服务机构组织在一起，提供购物、休闲、娱乐、饮食等各种服务的一站式消费中心。

Shopping Mall 在国外已经发展得十分成熟，形成了较为成熟的模式和管理经验，如美国、英国、日本、新加坡、韩国等，归纳起来主要有两种类型：一是以美国为代表的城乡结合型或城郊型，在 20 世纪五六十年代，美国郊区型 Shopping Mall 已经步入辉煌。二是以英国为代表的城市中心型。

我国自 20 世纪 90 年代引入 CBD 和 Shopping Mall 概念，先后进行了一些中国本土化的探索，在北京、上海、武汉、广州等地先后建立了一些中国化的 Shopping Mall，如早期的北京新东安市场、上海的正大广场等，这些初步的探索为今后的发展提供了一些可借鉴的经验。

## 五、多种业态形成一定的结构比例

改革开放 34 年来，我国形成了有店铺业态和无店铺业态群，除了国家标准颁布的 18 种业态外，还有许多新型业态被引进中国，共同构成多种业态结构。

经过零售业态三次大的改革后，国外流通业目前的基本格局是：批发、零售互相渗透，零售渐居主导地位；有形（面对面交易）与无形（空中和网上）相结合；百货公司、超市、购物中心、商店街、专业店、专卖店、便利店、仓储式商店、折扣店、旧货店、跳蚤市场、电视购物、网络购物等多业态并存。

这种业态多样化实质上是流通主体适应竞争的需要而进行的市场细分，

以特色化和差异化经营来满足目标顾客的多元化消费需求。市场将用无形的手调节不同层次的业态，形成各类连锁经营店、Shopping Mall、大型超市为主干的“三足鼎立”业态结构。

## 六、生产与流通、批发与零售的融合，流通业向生产和消费领域两头延伸

许多外国企业采取多种直复式营销的形式，电子商务、电话购物、电视购物、邮购、自动售货、直销等形式，使生产和贸易直接结合在一起，如 Dell 公司直接从网上拿到订单，直接在网上进行销售，生产和销售紧密结合在一起。一些跨国零售商如沃尔玛、麦德龙等都是零售和批发兼营，形成以零售为主的特有销售方式。许多贸易公司向生产、消费两头延伸，为顾客提供增值服务。

## 七、物流和配送成为厂家、商家、服务机构共同开发的“第三利润源泉”

“第三利润”的价值越来越受到现代企业的重视，在客户关系管理的基础上供应链管理日益受到人们的重视，物流配送中心热已经兴起。美国毕马威会计师事务所公布的一项调查结果显示，在美国、英国、法国、意大利、德国、荷兰、加拿大、澳大利亚和日本这 9 个工业发达国家中，日本的商业成本最高。

## 八、流通领域将成为全球企业竞争的焦点

随着经济市场化、全球化、网络化的发展，全球企业竞争将进一步集中在流通领域，使这一领域的竞争更加白热化，或者也可以说 21 世纪是贸易经济的世纪，企业赢得了分销渠道，就能够在激烈的市场竞争中立于不败之地。

自从 1996 年我国进入买方市场常态状态后，1998 年形成一波百货店的倒闭浪潮，2001 年以来又形成一股超市的倒闭浪潮，在激烈的市场竞争中，

一批商业企业昙花一现。20 世纪 90 年代以来，一些大型的跨国企业进入中国，使中国市场竞争进一步国际化。在全球范围内，企业的激烈竞争集中反映到流通领域，一些企业，乃至一些历史悠久的商业企业或老店也相继倒闭，也有一些企业如沃尔玛成为世界 500 强之首企业。美国的沃尔沃斯一价商店、沃得公司、日本的 SOGG、麦卡尔（2001）、大荣集团（2002）、大西洋和太平洋茶叶公司（2010）等著名商业公司倒闭或重整。

## 九、混合所有制商业企业是其主导形式

全球商业所有制形式均采用混合所有制形式，即现代公司制的形式，非计划经济国家较早在这一领域采取了私营经济的形式。中国经过 30 多年的改革开放也已经成为外资、民营、国有企业三种所有制类型。流通领域作为竞争性较强、市场进入门槛较低的领域，单一公有制形式的企业将不复存在。

## 十、一些跨国零售商纷纷到中国市场抢滩

中国是一个具有 13.4 亿消费群体的大市场，但是消费水平还低于日本这个人口仅 2 亿的国家，消费的潜在空间较大，于是一些跨国零售商业公司纷纷到中国市场抢滩。至 2004 年年底世界 500 强已有近 450 家在华投资，全球零售百强有 16 家进入中国。在世界零售商业 20 强中，从 1992 年到2010 年，已有 7 家在上海投资开店，如家乐福、麦德龙、大荣、欧尚、卜蜂莲花、阿霍德、佳士客都已在上海投资开店。这样，上海不但引进了大量建设资金，而且也引进了先进的理念、管理和技术，使上海流通业向国际化迈进了坚实的一步。

## 十一、有形市场与无形市场相结合

西方发达的市场经济国家的市场主要采取有形市场与无形市场相结合，基本上没有有形的日用工业品交易市场、生产资料交易市场，只有少量的农副产品交易市场。日用工业品交易主要采取各种商业业态来实现，也有的是

企业建立的分销渠道来完成，生产资料交易主要采取电子商务等直销方式来沟通，农副产品和金属品交易主要通过期货交易所、农副产品批发市场来实现，当然欧美都保留了许多跳蚤市场、少量的庄园式集贸市场，日本等还投资建设了一些中央级的农副产品批发市场。这种有形市场和无形市场相结合的方式将是一种长期的发展趋势，但无形市场所占比重增加将是一种趋势。在城市以经营生鲜食品为主的超市和专卖店将逐渐替代一些农贸市场。

### 十二、政府注重流通经济法律体系的建设

发达市场经济国家注重流通经济法律体系的建设，先后制定了保护竞争者的法律、保护消费者的法律、保护运行规则的法律，并以其自身利益制定了相应的商品进出口规则——世界贸易体制。随着全球经济市场化、网络化、全球一体化的到来，关税壁垒将逐渐减少，但以绿色消费为导向的绿色生产、绿色流通将会使技术性生态壁垒成为未来市场的障碍。我国北京、上海、天津等一些大城市的商业 5 年甚至 10 年发展都制定了发展与布局规划。

## 第三节　全球流通产业的零售业微观发展趋势

### 一、流通智能化趋势

流通企业采用大量投资信息技术，零售商与供货商建立密切的电子联系，通过计算机网络确保货物充足，付款方式通过银行间的转账自动进行。现代科技在流通领域广泛运用，如收银机、电子秤、价格自动查询、自动售货机、监视器等。在未来的商业竞争中，商业企业参与市场竞争将不断地采用现代科技提高企业竞争力，商品销售的个性倾向将得到修正，智能化的商业机器将协助、指导流通从业人员按规范操作。

## 二、定价和促销合理化趋势

流通企业做到“价格天天公平”，零售商必须做到价格不要大幅度变化，要始终提供“公平”的价格，以便让顾客确信要买的东西是合理的。

## 三、有限供货区域、有限供应商数量趋势

现在的零售业并不是全面的全球化，而是朝着地区国际化方向发展，主要原因是供货没有实现全球化。因此全球的零售商不得不在世界不同的地区与不同的供货商打交道，使零售商的规模优势减弱，从而使他们集中力量控制某个地区而不愿分散到全球——全球化的有限发展。减少供货商的数量，而不是增加供货商，零售商不是依靠新的供货商，而是鼓励现有的供货商增加花色品种，提供更加齐全的商品。

## 四、与厂商、供货商“亲和力”深化趋势

通过集中零售和吸引回头客来增加供货商，零售商必须让制造商将其视为客户，而不是中间商，因为没有零售商的支持，制造商就不能进入较大的市场。

## 五、零售商规模两极分化趋势

一部分零售商变得很大或者很小，中等规模的零售商比较少，就像大多数工业国那样，将出现少数巨头和许多专卖店主持零售业。一批超大型商业企业诞生，如沃尔玛 2001 年成为全球 500 强之首，大批迷你型流通企业层出不穷。据统计，在我国流通企业构成中，中小微型流通企业约占 99.8%，是吸纳大量就业的途径。随着我国劳动制度改革，城市人口自行择业的主要渠道之一就是从事小微型流通经营与服务。

## 六、无形服务主导销售趋势

即流通企业在销售某一实物商品时，也把该商品的另一部分销售（售

后）服务出售给了消费者；消费者在享受实物商品的同时，也消费了无形商品。其中无形的服务所占的比例和作用会越来越大。如在美国，商业中的服务在收入方面所占的比例已从 1980 年的 48%上升到现在的 60%，甚至更高。

## 七、商业人格化趋势

商业人格化就是指营业员在与顾客接触过程中所体现出来的对人的尊重。营业员并不是以经济组织属下的一个员工与顾客进行交易、买卖，而是以个性化的销售方式进行服务。其改变的原因是流通企业的改革深化，流通企业经营状况直接影响员工的收入，在部分企业，甚至以股东的身份直接参与经营决策。职工位置的改变、利益关系的密切是营业人员销售行为人格化的主要原因。商业的人格化还体现在对消费者的尊重上，而且还体现在消费者的人格、权益得到广泛尊重。人们开始实实在在地享受消费者的权益和尊严。

## 八、更加注重老龄层的消费群体趋势

2011 年底，我国 60 岁以上的老年人达到了 18499 万人，占总人口的 13.7%。随着老龄化消费群体所占比例增加，许多买主需要的物质产品数量减少，而对服务需求，如娱乐、教育、旅游、保健和金融服务等需求日益增加，未来将在城市中心发展更多的露天购物场，许多封闭的购物中心将向外敞开，新开发和购物区将集中在市中心。

## 九、商业标准化趋势

商业标准化将充分体现在现代流通活动中，如连锁经营所体现出来的统一性效应，统一的卖场布置、同样的商品陈列、相同的营业员服饰，甚至连营业员的动作都是事先经过精心设计的。这一切都是按照预先制定的程序进行的商业行为，标准化的倾向将逐渐从连锁店扩大到其他商业领域。

## 十、商业艺术化趋势

商业艺术化主要体现在个性化消费的行业，人们的学识、修养、情趣、爱好、习惯、收入的不同，会对某些行业提出个性化服务的要求，希望个性化服务的要求得到满足。消费者有个性化服务的行业主要集中在与个人直接有关的行业，如服饰、餐饮、装潢用品等，商业的艺术化倾向，是商业企业为了获得某一部分特定的消费者群的“肯定”而进行艺术化包装的商业行为，当然也与经营者自身的修养、情趣、爱好、学识有关。随着经济发展，文化的普及、艺术化在商业中的运用越来越多。

## 第四节　中国零售产业的发展趋势

1992 年我国零售业正式对外开放试点，2004 年 12 月 11 日后，中国流通领域全面开放，至今已 20 年，外商投资零售企业在中国扩张速度的加快及其拥有的较强竞争优势，我国零售企业在经济成分、组织形式、经营业态、管理等方面都将发生变化，主要呈现出 6 大趋势：

（1）大型零售企业在零售市场中占主导地位。形成以苏宁集团、国美集团、上海百联集团、大商集团、北京旅游集团、重庆商务集团等一批大型商贸企业集团。

（2）连锁经营引领市场潮流。随着市场的发展，连锁企业之间重组兼并加剧，竞争将集中在以资金和品牌为实力的店铺扩张能力和人才资源的争夺上，面临多业态和专业化发展、区域集中扩张和跨地区扩张战略的选择。

（3）大卖场成为城市商业发展的主流业态。由于大卖场所销售的商品以中低档为主，适合于大众集中购物，而且生命力较强，不容易被其他零售业态所取代。尤其是一些外资企业在中国市场主要以在重点城市发展大卖场为主，并获得了成功。因此国内大型零售企业将把发展大卖场作为企业发展的重要目标之一。

（4）Shopping Mall 在整顿中将得到有序发展。随着城乡居民消费水平提高，需要业态集群创新，满足人们购物、餐饮、旅游、休闲、娱乐于一体的多功能的业态集群，Shopping Mall 随之应运而生，至今我国已有大型 Shopping Mall 200 多家，最近据福布斯公布的数据显示，全世界十大购物中心，其中 8 个在亚洲，4 个在中国。

（5）以经营生鲜食品为主的超市和专卖店比例将有较大提高，“农改超”、“农加超”、“农进社区”、“菜市场”等多种形式，满足多种不同层次的需求。

（6）以多元投资主体逐渐代替单一国有或国有控股流通企业是一个发展方向。国有资产从竞争激烈的商业领域退出是流通产业的战略性选择，在这一过程中，多元投资主体取代单一国有投资主体，兼并重组将成为近几年的主旋律，利用外资改造国有流通企业将成为近几年的主要形式。

“十一五”期间，中国零售市场 15%的市场份额由超市占有，大卖场（包括大型专卖店）的市场份额占到 15%，百货店的市场份额在 10%左右，其他各种零售业态在市场份额中单体所占的份额不超过 10%。

**点评**

### 2011 年我国人均消费额点评①

2011 年我国人均社会消费品零售总额 13420 元，折合美元 2130 元，不及美国同时期人均消费规模 15580 美元的 1/7。我国流通业的现状与发达国家相比，与国家的要求和人民的期待相比，都存在很大差距。

不过有差距就意味着发展的潜力，我国流通业发展有着美好的前景，扩大消费是个系统工程，老百姓有钱了才能消费，因此搞活流通很重要。2011 年我国社会消费品的零售总额达到 18.4 万亿元，比上年增长 17.1%，按此增速，2015 年有望超过 32 万亿元，我国国内市场规模将居世界前列。我国的消费面临三大问题。

① 文中参考了中国商业联合会张志刚会长的一些观点，资料来源：中国行业研究网（http://www.chinairn.com）日期：2012-4-9。

**（一）我国消费率一直偏低**

2000 年我国逐步走出东亚金融危机，最终消费率回升到 62.3%，居民消费率回升到 46.4%。但此后就不断下降，2008 年发生国际金融危机后，最终消费率下降到 48.4%，居民消费率下降到 35.1%。8 年间分别下降 13.9 和11.3 个百分点，降幅分别达 22.3%和 24.4%，居民消费率下降的幅度更大。在应对国际金融危机影响时，我国消费率低的状况没有明显扭转，2009 年消费率为 48.6%，居民消费率为 35.6%，分别比上年提高 0.2 和 0.5 个百分点。但 2010 年消费率为 48.1%，居民消费率为 34.3%，下降到比 2008 年更低的水平。

我国消费率偏低的同时，投资率却是连年攀升，多年均为 40%左右，2004 年最高达 43.9%。发达国家和许多发展中大国、新兴国家的投资率一般为 20%~30%。美国多年来投资与消费的比例一般为 20%和 80%。

商务部多年来一直对市场 600 多种主要消费品进行供求状况排队，当前供求平衡的约占 1/3，供过于求的约占 2/3，基本没有供不应求的商品。目前某些领域出现的“过剩”，实际上是现阶段我国居民消费水平低、消费能力弱的表现。

**（二）零售企业规模普遍偏小**

2010 年我国零售百强商品销售额合计为 1.66 万亿元，占社会消费品零售总额的比重为 10.6%。2010 年我国排名第一、第二的零售商苏宁电器和国美电器销售额分别为 1562 亿元、1549 亿元，排名第三、第四的上海百联和大连大商分别为 1037 亿元和 862 亿元。销售规模第一的苏宁只相当于沃尔玛的 1/18，而同为流通业的沃尔玛却能够超过石油大亨成为世界 500 强之首。沃尔玛作为世界 500 强之首，租用了卫星来管理全世界 5000 多家商店，沃尔玛电子信息管理系统仅次于美国的五角大楼，我国企业在这方面差距很大。

**（三）主要经济指标远低于欧美日**

我国流通业在组织化程度、流通效率、物流成本、商业防损以及人才队伍方面与发达国家的差距很明显。欧美发达国家商业流通业已进入连锁经营时代，目前连锁经营销售额约占全部销售额60%以上，美国已达80%。而2010年我国限额以上连锁零售企业零售额仅占社会消费品零售总额的17.2%。

从流通效率看，差距明显。中国限额以上批发零售企业库存商品总额占全年销售比重为7.38%，而美、日、法等国非制造业同样指标最高只有1.29%。2010年我国物流成本占GDP的比重为17.8%，2011年又回升到18%，而美国等多年物流成本占GDP比重均为10%左右。2002年3月27日，中国连锁经营协会发布的“2011年度中国零售业防损调查报告”显示，商超企业损耗率在逐年增加，从2007年的0.31%已经升至2010年的0.46%。如果去除供应商对商超的补充损耗，2010年全行业的损耗率在2%左右，这部分损耗导致终端商品平均价格提升超过2%。

## 习题

1. 简述世界经济的背景趋势。
2. 简述流通产业发展的宏观趋势及其原因。
3. 简述流通产业发展的微观趋势及其原因。
4. 简述中国零售产业的发展趋势。

# 专题一　促进绿色流通向低碳流通的转型与升级

洪　涛

**摘　要：** 论文首次提出了低碳流通的概念，认为是低碳经济与流通经济、绿色经济的交集，论述了我国低碳流通的背景，分析了我国从绿色流通为起点的低碳流通的现状，如低碳超市、低碳餐饮、低碳住宿、绿色商业街、绿色物流、绿色供应链、绿色产业链、"三绿工程"。论文提出，10多年来，我国绿色流通得到了初步发展，但是绿色流通并不等于低碳流通，因此，作者提出在绿色流通的基础上，有意识地引导、促进绿色流通向低碳流通的转型与升级，提出了政府、行业协会、企业三个方面的建议。

**关键词：** 低碳经济　绿色流通　低碳流通

## 一、低碳流通概念及其内涵

### （一）低碳经济概念

低碳经济是指在可持续发展理念指导下，通过技术创新、制度创新、产业转型、新能源开发等多种手段，尽可能地减少煤炭石油等高碳能源消耗，减少温室气体排放，达到经济社会发展与生态环境保护多赢的一种经济发展形态。

### （二）绿色流通概念

绿色流通是一个完善的流通体系，通常包括绿色商流、绿色物流、绿色信息流、绿色资金流（支付）、绿色消费的一个有机整体。绿色流通是与资源节约、环境友好、健康安全、循环经济相关的流通活动，是指以绿色文明为方向、以环境保护为导向，直接或间接减少污染的环保取向型商品流通过程及活动。

### （三）低碳流通概念

低碳流通是“低碳+绿色流通”，是其二者的交集，也就是说，不是所有的低碳经济都是流通，也不是所有的绿色流通都是低碳的。因此，既是低碳，又是绿色流通，才是“低碳流通”，即指在可持续发展理念指导下，通过技术创新、制度创新、产业转型、新能源开发等多种手段，尽可能地减少煤炭石油等高碳能源消耗，减少温室气体排放，达到经济社会发展与生态环境保护多赢的绿色流通。具体来说，低碳流通是一个完善的流通体系，包括低碳商流、低碳物流、低碳信息流、低碳资金流（支付）、低碳消费的一个有机整体。

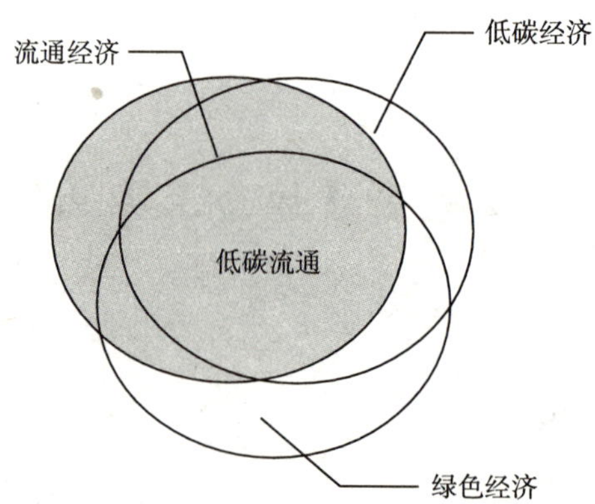


**图 1　低碳流通与流通经济、绿色经济和低碳经济的关系**

# 二、我国低碳流通的背景

## （一）我国进入“低碳时代”

2007 年、2009 年，胡锦涛、温家宝先后在联合国气候大会上承诺：中国节能减排的目标是在 2005 年的基础上，到 2020 年单位 GDP 的二氧化碳排放要降低 40%~45%，非石能源占一次能源的比重要达到 15%左右。森林覆盖率由 2010 年的 20.36%上升为 2015 年的 21.66%，森林蓄积量由 2010 年的137 亿立方米上升为 143 亿立方米。

## （二）前期政策与措施

1993 年以来，我国政府先后开始了绿色食品建设，实行环境标志制度，开展了绿色政府采购，实行“三绿工程”，开展了 28 个消费者主题日活动（1983 年起），开展节能减排，限制塑料袋使用，家电、汽车以旧换新，家电节能惠民工程，零售业节能行动，可再生资源回收，污染物减排统计等。

## （三）颁布了相应法律、法规、标准

1979 年来，我国先后颁布了《节约能源法》、《环境保护法》、《固体废弃物防治法》、《水污染防治法》、《大气污染防治法》、《农产品质量安全法》、《车辆再生法》（地方法）等法律，颁布了《再生资源管理办法》、《电子信息产品污染控制管理办法》等法规，还出台了《农副产品绿色批发市场》、《农副产品零售市场》等标准。

## （四）推行试点及其项目

2007 年以来，国家先后批准武汉城市圈、长珠潭城市群、中原城市群、皖江经济带为“两型社会”建设综合配套改革试验区，试验区的主题是“两型”，即资源节约型、环境友好型；核心任务是“两新”，即新型城市化和新型工业化；试点项目集中体现“两低”，即低碳经济和低碳社会。

2008 年 1 月 28 日，世界自然基金会（World Wide Fund for Nature，WWF）正式启动“中国低碳城市发展项目”，以期推动城市发展模式的转型，保定和上海是首批入选的 2 个试点城市。根据 WWF 和保定签订的《合作备忘录》，在“新能源产业带动城市低碳发展”的原则下，双方的合作将重点集中在新能源产业及低碳经济发展方面先进理念和经验的引入。

## 三、我国低碳流通及其现状

### （一）2000 年开始了绿色流通研究

2000 年程红等人就开始了绿色流通研究，2005 年出版了《绿色流通引论——发展首都绿色流通事业的对策研究》专著，提出了绿色流通概念，“绿色流通”是指“减少资源消耗、保护环境的商品流通活动”。2008 年中国商业经济学会、商务部流通产业促进中心、首都流通业研究基地共同出版了《绿色商业发展战略研究》的专著，2004 年、2005 年王长琼、夏春玉先后出版不同的《绿色物流》，2009 年车卉淳、朱群芳、周学勤出版《可持续发展框架下的首都绿色物流发展战略研究》。2010 年 9 月 7 日，商务部首次发布《2010 年中国零售业节能环保绿皮书》（简称《绿皮书》），全面总结现阶段我国零售业节能环保工作的现状，研究零售业对国家节能减排及发展低碳经济的作用和贡献。近几年举办了多次绿色商业/流通研讨会。

### （二）低碳经济下的绿色流通实践

我国流通业是耗能较大的产业，仅零售业每年耗电 300 多亿元，零售企业能耗占成本10%~20%。在理论研究的同时，绿色流通实践也得到了初步发展，如绿色流通、绿色商流、绿色物流、绿色信息流、绿色资金流、绿色消费、绿色批发、绿色零售、绿色商店、绿色超市、低碳超市/零碳超市、绿色住宿、绿色餐饮、绿色饭店、绿色酒店、绿色支付、绿色沐浴沐足、绿色家政、绿色洗染、绿色商业街、绿色流通科技、绿色供应链、绿色产业链、绿色仓储、绿色运输、绿色包装等。这些为低碳流通的发展奠定了基础。

2000年1月，上海市第一百货股份有限公司在北京宣布，独家出资创设绿色环保基金；2002年以来，中国饭店协会、中国烹饪协会等行业协会制定了《绿色饭店等级评定规定》（SB/T 10356—2002）、《全国绿色餐饮企业认定管理办法》；2003年6月23日发布、同年10月1日实施《农副产品绿色批发市场》（GB/T 19220—2003）和《农副产品绿色零售市场》（GB/T 19221—2003）两个国家标准；2003年国家认证监督管理委员会、商务部联合制定《绿色市场认证管理办法》和《绿色市场认证实施规则》；2006年，我国旅游行业制定了《绿色旅游饭店》（LB/T 007—2006）旅游行业标准；2006年6月27日，大连市沙河口区人民政府下发《创建西安路“绿色商业大街”实施方案》；2010年9月7日，商务部首次发布《2010年中国零售业节能环保绿皮书》等。

## （三）绿色流通为低碳流通奠定了基础

1. 低碳超市/零碳超市

“低碳超市”是指将从原材料采集、制造到配送、零售、消费以及废物、垃圾弃置等整个产品生命周期的各个阶段都减少碳排放。零售企业能耗占总成本较高，在10%~20%，减少碳排放成为许多零售企业节能减排，提高经济和社会效益的重要目标。20世纪80年代，我国开始探索绿色流通的建设，如甘家口商场较早的绿色商店、南京路绿色商业街建设等。

（1）低碳超市——外资起表率作用。跨国零售巨头沃尔玛、家乐福、卜蜂莲花和特易购等外资企业紧跟时代步伐，频频打出低碳概念。2009年12月22日《福布斯》中文版首次推出了由12个人组成的2009年年度人物榜，其中沃尔玛中国总裁兼首席执行官陈耀昌因提出了“低碳超市”的概念被评选为首位年度低碳经济人物。

①沃尔玛。1996年进入中国以来，至今已16年，截至2010年年底，沃尔玛已在全国103个城市开设了224家门店（现已超过370多家）。沃尔玛自2008年9月以来，先后在北京、广州、上海、杭州、四川（广安）、厦门开设和正在建设多家高效节能店，通过采用LED灯照明等高效环保节能措施，减少碳排放。沃尔玛提出的“碳揭露计划”将公布6.8万家供货商的温室气体排放量。目前，沃尔玛已与30家供货商试行该计划，包括DVD、牙膏、香皂、牛奶、啤酒、吸尘器、汽水等项目。未来，沃尔玛有望在中国实施碳足迹标识。沃尔玛宣武门店等门店的节能改造正在进行，改造完成后这些门店的耗能将比2005年开出的门店减少30%~40%，其全国110家门店将在2012年全部完成节能改造。

②家乐福。截至2010年年底，家乐福已进入了中国25个城市，门店总计182家。家乐福已投入2.5亿元用于门店节能改造，其在2008年开出中国首家节能门店后，已经按照实现20%的节能标准建设新店项目，以及改造在中国所有的门店。家乐福通过节能减排方式可达到三赢的效果：商家减少运营成本；消费者不必担心费用的转移；社会节省能源。为提高未来低碳经济时代的企业竞争力，家乐福已制定了到2020年单位面积减排20%的目标。家乐福80%以上的现有门店已完成了节能改造，可以减少15%的能耗。

③特易购。截至2010年年底，特易购乐购超市在中国开设109家门店，其中80多家店整改达到节能店标准，主要包括空调系统、制冷系统、照明系统和电量监控四大系统。同时，该公司在上海设立了占地331平方米的能源管理中心，以便集中管理上述四大系统设备和组织节能措施。预计每家门店能耗降低25%，在青岛、秦皇岛和抚顺购地自建的购物中心充分利用中水系统，用中水冲洗厕所或洗刷车辆，预计年能耗降低19.6%。

（2）本土企业“低碳超市”谨慎发展。2007年商务部颁布关于开展“零售业节能行动”的通知要求，重点推动企业做好照明、空调、电梯及其他耗能设备的节能工作，引导和鼓励企业使用节能灯具、变频空调、节能型冷藏设备、自动控制扶梯等节能设备和技术；加强能耗管理；开展建筑节能以及开展抑制过度包装专项工作。新的SB/T 10520—2009《超市节能规范》2009年12月1日正式实施，明确了超市节电、节水、节气（油）、建筑节能等方面的节能操作要求。相对于2009年，2010年不同业态门店的单位面积耗电量均有一定幅度下降，其中专业店平均降幅为3.3%、大型超市为3.0%、百货业态门店为1.1%。至2009年我国有209家企业通过了绿色市场认证，其中绿色批发市场64家。

2. 低碳餐饮业

2008年北京奥运会、2010年上海世博会、广州亚运会这些国际大型赛事展会活动的带动，更加刺激我国低碳餐饮业的高速发展。以上海世博会为例，20多家上海世博园的餐饮企业倡导在世博园区提供低碳、环保的餐饮服务，让游客享用美食的同时，体验低碳生活。世博园餐饮企业从采购、加工、销售和垃圾回收等各环节入手，减少园区餐饮业的碳排放，在游客当中推广文明、环保的餐饮消费习惯。园区内许多餐厅已经通过实际行动践行了低碳环保理念。有的餐厅推出了可以吃的饼干餐盘、用冰做的酒杯、废旧物品做成的桌椅等，还有餐厅尝试利用回收垃圾发电，实现资源的循环利用。

3. 低碳住宿业

绿色酒店是指那些为旅客提供的产品与服务既符合充分利用资源，又保护生态环境的要求和有益于顾客身体健康的酒店。从可持续发展理论的角度考虑，"绿色酒店"就是指酒店业发展必须建立在生态环境的承受能力之上，符合当地的经济发展状况和道德规范，即一是通过节能、节电、节水，合理利用自然资源，减缓资源的耗竭；二是减少废料和污染物的生成和排放，促进酒店产品的生产、消费过程与环境相容，降低整个酒店对环境危害的风险。

一般而言，绿色饭店有以下6个标准：①最低排污量，相关物品的回收与再利用。②能源有效利用、储存与管理。③新鲜水资源的管理。④废水管理。⑤关注环境保护的采购政策。⑥社会文化的发展。自《绿色饭店》国家标准发布以来，全国已评定700多家绿色饭店和餐饮企业，目前全国饭店和餐饮企业已达400多万家，创建绿色饭店的任务和潜力巨大。

4. 绿色商业街

南京路步行街是我国较早的绿色商业街，它位于上海市黄浦区，西起西藏中路，东至河南中路。南京路步行街绿化设计是总体设计的重要部分之一，通过“点、线、面”结合，营造精致的绿化景观，最大限度地改善步行街的生态环境。

“点”：即贵州路、金华路、浙江路、福建路、河南路口的五棵巨型香樟树，它们既点缀了环境、为步行街的空间创造韵律感，又对游人起到提示路口的作用，同时，也较好地解决了行道树与商店招牌、霓虹灯广告间的矛盾。

“线”：即“金带”绿化和步行区的行道树，“金带”上布置32个方形花坛，种植四季草花；11个圆形花坛，植有树龄达百年以上的构骨树；在河南路、福建路、浙江路口的“金带”端头，安放五组各15棵盆栽造型树。步行街上保留了原有的24棵悬铃木行道树。另外，河南路至山西路段，因地处地铁车站，顶板覆土浅，无法种植，便安放了60多棵盆栽桂花树，金秋丹桂飘香，别有一番情趣。

“面”：即世纪广场和河南路广场中的大片绿地。世纪广场的绿化突出了“把大树引入都市”和回归大自然的主题，集中绿地呈阶梯式，流线型的花岗岩条石将绿地分成高、中、低三层，最高处种植50棵香樟，中间种有黄杨、大桂花树等灌木，下层是绿色植被和草花勾勒的花带。河南路广场绿化是一个占地达600平方米的立体花坛，绿色珊瑚树、四季草花、黄色金叶女贞由上而下，形成层次分明、色彩艳丽的景观绿地，并将地铁通风口、出入口隐蔽其中。

5. 绿色物流

（1）绿色物流及内涵。绿色物流（Environmental Logistics）是指以降低对环境的污染、减少资源消耗为目标，利用先进物流技术规划和实施运输、储存、包装、装卸、流通加工等物流活动。绿色物流的内涵包括以下5个方面：

①集约资源。这是绿色物流的本质内容，通过整合现有资源，优化资源配置，企业可以提高资源利用率，减少资源浪费。

②绿色运输。运输过程中的燃油消耗和尾气排放，是物流活动造成环境污染的主要原因之一。因此，要想打造绿色物流，首先要对运输线路进行合理布局与规划，通过缩短运输路线，提高车辆装载率等措施，实现节能减排的目标。另外，还要注重对运输车辆的养护，使用清洁燃料，减少能耗及尾气排放。

③绿色仓储。绿色仓储一方面要求仓库选址要合理，有利于节约运输成本；另一方面，仓储布局要科学，使仓库得以充分利用，实现仓储面积利用的最大化，减少仓储成本。

④绿色包装。包装是物流活动的一个重要环节，绿色包装可以提高包装材料的回收利用率，有效控制资源消耗，避免环境污染。

⑤废弃物物流。废弃物物流是指在经济活动中失去原有价值的物品，根据实际需要对其进行搜集、分类、加工、包装、搬运、储存等，然后分送到专门处理场所后形成的物品流动活动。

（2）我国的绿色物流发展。

①成都—昆明的绿色物流活动。2010 年 4 月，成都开展的绿色物流活动主题是“微笑缔造星级服务，携手共倡绿色物流”，这是中国物流新基准、新方向，同时也将引领物流行业进入一个崭新的低碳绿色时代。与此同时，中国物流界“以心传递、畅达天下”的万人绿色签名活动来到成都，还全面开通了“成都—昆明”新干线的运行。成都—昆明的绿色物流活动旨在倡导低碳物流，抵制物流的脏乱差。这样的低碳物流运动像奥运圣火传递一样在华南、华东、华北、西南等地物流业界进行接力传递，从西北汇集到华中地区。

②远成集团推出“新干线”。2009 年远成集团在对原有公路运输网络、业务进行整合优化的基础上，针对城际快运特别推出成都—郑州第一条“新干线”。与传统城际列车不同，“新干线”打破了国内物流行业传统公路零担运输方式，引入五定班列的概念：“定点、定线、定车次、定时、定价”，实

现站到站、门到门的公路快运，有效提升了运行效率，为客户带来极大的便利。作为全国百强物流企业远成集团在全国物流行业中率先提供了此项服务。到2010年，远成集团陆续开通50条新干线，实现覆盖全国大中城市公路物流直达。

③上海世博运行新能源汽车。上海世博会上，“绿色出行”、“低碳物流”成为热点。大量新能源汽车的使用，使园区内公共交通真正实现“零排放”。本次世博会共有1400多辆新能源汽车在世博场馆和周边示范运行，在世博会举行的6个月内，节约传统燃油约10000吨，减少有害物质排放约118吨，减少温室气体排放约28400吨。

6. 绿色供应链

绿色供应链（Environmentally Conscious Supply Chain，ECSC或Environmentally Supply Chain，ESC）是一种在整个供应链中综合考虑环境影响和资源效率的现代管理模式，它以绿色制造理论和供应链管理技术为基础，涉及供应商、生产厂、销售商和用户，其目的是使得产品从物料获取、加工、包装、仓储、运输、使用到报废处理的整个过程中，对环境的影响（副作用）最小，资源效率最高。

7. 绿色产业链

绿色产业链（Green Industry Chain）是指在整个产业价值链中，促进各个环节的绿色发展，实现与自然、社会各相关群体的良性互动，达到短期利益和长期发展的统一，实现产业的可持续发展。

8. “三绿工程”及其发展

1999年三绿工程是由商务部、中宣部、科技部、财政部、铁道部、交通部、卫生部、工商总局、环保总局、食品药品监管局、国家认监委、国家标准委12个部门联合实施的，以建立健全流通领域和畜禽屠宰加工行业食品安全保障体系为目的，以严格市场准入制度为核心，以“提倡绿色消费、培育绿色市场、开辟绿色通道”为主要内容的系统工程，至今已经12年，最初以畅通为主要目的，现在增加了低碳排放内容。

# 四、绿色流通取得的主要成效

## （一）家电/汽车以旧换新

2009 年 6 月 1 日以来，家电/汽车以旧换新政策已经推广到全国 29 个省市，截至 2011 年 4 月 21 日，家电以旧换新销售量和回收量双突破 4000 万台，分别为 4536.3 万台和 4695.9 万台，销售额突破 1700 亿元。

## （二）节能减排

2007 年以来，商务部在北京等 10 城市开展“零售业节能行动”，大力引导节能产品进商场，在万米以上零售场所推广使用节能设备以及合同能源管理，鼓励零售企业采购和销售节能产品，加强节能产品宣传和营销，引导生产企业增产节能产品。同时在 2008 年发布了《全国商务领域节能产品目录》，2009 年发布了《超市节能规范》（SB/T 10520—2009），引导超市开展节能技术改造；协助有关部门在零售业组织开展高效照明产品推广工作。2010 年 9 月7 日，商务部首次发布了《2010 年中国零售节能环保绿皮书》。相对于 2009年，2010 年不同业态门店的单位面积耗电量均有一定幅度下降，其中专业店平均降幅为 3.3%，大型超市为 3.0%，百货业态门店为 1.1%。

## （三）抑制过度包装

2009 年，商务部等制定发布了《限制商品过度包装要求（食品和化妆品）》的强制性国家标准，指导协会做好《月饼》强制性国家标准的修订及宣传贯彻，2010 年月饼包装成本占月饼销售价格比仅为 15%，符合国家标准。

### （四）限塑

2008年6月1日，商务部发布了《商品零售场所塑料购物袋有偿使用管理办法》，“限塑令”实施后，全国主要商品零售场所塑料购物袋年使用量减少240亿个以上，累计减少塑料消耗60万吨，相当于节约石油360万吨，折合标准煤500多万吨，减少二氧化碳排放1000多万吨。超市、商场的塑料购物袋使用量普遍减少2/3以上。

### （五）创绿色饭店/酒楼/餐馆

2005年商务部等6部委联合发布《关于创建绿色饭店活动的通知》，同时制定和实施绿色饭店国家标准，在饭店业大力开展创建“绿色饭店”活动，引导企业强化节约、环保、安全和健康的经营理念，合理使用资源，保护环境，节约水电煤气等资源，减少一次性用品，广泛采用节能环保技术和产品，提供绿色客房，餐饮等产品和服务倡导顾客绿色消费，培育公众节约意识。全国已评定700多家绿色饭店和餐饮企业，目前全国饭店和餐饮企业已达400多万家。

## 五、加快绿色向低碳流通转型升级

### （一）外力推动中国低碳流通发展

（1）国际社会推动。低碳经济是世界经济的大趋势，国际社会的各种活动有利于推进中国低碳流通的发展。

（2）外资企业带动。在我国零售领域，外资在低碳超市、零碳超市方面走在本土企业前面，积累了丰富的经验，应引起我国企业的高度重视。

## （二）形成低碳流通的市场机制

（1）逐步实现有偿碳排放，鼓励降碳、固碳、零碳科技创新。在市场经济条件下，高排放应该承担高费用，用市场经济手段来降低碳排放和碳污染。

（2）创造条件、探索碳交易、推出碳交易品种。如在现有北京环境能源交易所、上海环境能源交易所和天津排放权交易所 3 家碳排放交易机构基础上，推出碳交易的品种、期货与期权品种。

## （三）政府积极推动

（1）法律、法规、标准推动。在现有许多低碳经济法律、法规、标准的基础上，不断地完善现有的法律、法规、标准体系，避免相互对立与冲突。尽快出台《循环经济法》、修订《节约能源法》，落实《废旧电器电子产品回收处理管理条例》等。

（2）“财政支持”推动。低碳经济的发展需要较高的成本，如零售企业门店改造费用较高，一家门店的改造费用在 200 万元，100 家门店需要资金 2 亿元，84.9%的企业靠自有资金发展低碳经济。合同能源管理刚起步，面临着许多推广局限。能否对流通领域节能示范工程给予补贴，采购费用税前列支，提供贴息贷款。

## （四）充分发挥行业协会协调作用

充分发挥行业协会的作用，搞好低碳流通行业自律，是发展低碳流通的重要举措，行业内部的自监、自查能够促进各企业开展低碳流通的自觉性，并能够起到有效保护合法经营者的积极性和经济利益，打击不法经营者的作用。

（1）试点。对流通领域的试点城市、试点企业、试点关键技术等。

（2）制标。制定相应的低碳流通的各种类型的标准。

（3）协调。协调流通领域内各行业和企业的低碳行为。

（4）宣传。对低碳流通领域的良好的行为规范进行宣传。

### （五）发挥流通企业主体作用

1. 推进以企业为主体的低碳流通

首先，要引导企业制定、实施绿色经营战略和策略。绿色商品营销是市场经济条件下促进环保的一个很直接、很现实的体系，也是绿色流通的一项重要内容和目标所在。商品生产者需要以品牌化、名牌化战略进一步开发、强化产品的绿色功能，不断增加绿色商品的种类和品种，扩大规模，降低成本，以丰富的商品组合、较高的信任度和合理的功能价格比赢得流通企业的积极配合，加速绿色商品实现市场化。

其次，还要强化流通企业责任，促进废弃物回收目标的实现。为了实现预定的回收率目标，必须将责任落实到位。因为只有在责任约束下，废弃物的回收利用才能有资金、组织保障。其中，制造商和销售商是固体废弃物排放的大户，必须对其行为负责。工业企业固然是经济责任者，流通企业对产品销售后的包装物的回收利用也应负有不可推卸的职责。因此，作为制造商和销售商对企业排出的工业下脚料或包装物，应由本企业再利用。确认不能在本企业再利用的废料、包装物企业有义务回收。

2. 加快物流社会化建设，完善低碳物流服务体系

利用物流网络体系来减轻环境负荷是日本、德国等国家政府减少环境污染、保持可持续发展的重要措施。特别是物流园区，以集约化、社会化、共同化为特征，改善物流运作，有利于发挥物流设施的规模效益。同时，还要积极促进物流资源整合，打破不同运输方式和部门之间的传统隔阂，加快物流社会化改造，推进物流社会化，统一利用物流设施。建立城市整体绿色物流服务体系，充分发挥合理物流的经验和技术，选择最佳路线，根据货物的数量选择车型，以顺路性进行货物的装配，减少不合理运输，减少运输污染。

3. 通过低碳流通提高竞争力

（1）技术减排。流通企业发展低碳经济必须高度重视新技术在流通业的

应用，流通企业注重电子商务的运用，既能够避免实体店带来的水、电、经营场所等能源损耗和污染，又有利于资源的优化组合，降低交易费用，从而达到节能减排的目的。

（2）管理减排。据调研，电子商务在理想状态下应能节省 76.59%的交易费用，但由于管理等方面的原因，我国电子商务只节省了 11.61%的交易费用。我国流通企业应该利用先进的信息技术和管理软件优化流程、整合资源，实时监控设备运行情况和能耗情况，最大限度地提高能源资源的利用效率。

（3）消费者行为的塑造。流通企业作为直接面向消费者的行为承担着塑造消费者行为、促使其向低碳消费模式转变的重任。流通企业应该倡导低碳消费，使消费者在低碳经济发展中获得实在的利益，从而吸引消费者参与到低碳经济的建设中来，还应在运用电子商务的同时，加大低碳经济的宣传力度，在网店上标明每种商品的碳排放量供消费者选择，简化商品包装和实施绿色包装，倡导低碳消费模式。

（4）打造绿色供应链。流通企业还应该利用自己在供应链中的有利地位影响供应商的行为，促使他们进行低碳生产，从而真正降低碳排放。沃尔玛在打造绿色供应链方面的措施值得借鉴，如要求供应商提供产品生命周期的碳排放信息，实施碳标签制度；对供应商进行随机审查，或委派第三方进行监督；发起“可持续指数”行动，对供应商和产品的环境表现进行排名；向供应商推荐环保材料和节能减排技术等。

# 专题二　加快我国智能流通发展的政策建议

洪　涛　洪　勇[①]

**摘　要：** 进入21世纪后，物联网技术被广泛地应用于我国流通领域，智能流通促进了中国传统流通业向现代流通业的转型与升级。本文提出了智能流通的科学概念，探讨了其新的发展，分析了智能流通存在的问题及未来的研究方向。最后，提出了加快我国智能流通发展的政策建议，如将智能流通上升至战略高度；加快建设智能流通体系；切实抓住发展机遇，避免掉入"中断期"陷阱；合理规划智能流通网络；重视智能流通理论研究，培育复合型贸易经济人才。

**关键词：** 物联网　智能流通

## 一、引言

1999年我国开始研究物联网技术，与西方国家同时起步，至今已13年，物联网技术在我国得到了迅速发展。2010年我国物联网产业市场规模达到

---

① 洪勇（1983—　），男，湖北天门人，中国社会科学院研究生院博士研究生，研究方向：信息经济学。

2000亿元，预计到2015年将达到1万亿元，年复合增长率将超过30%。物联网成为计算机、互联网之后的信息产业的第三次浪潮。物联网技术目前已广泛地应用于我国流通领域，如批发、零售、餐饮、美容美发、洗浴洗染、家政、修理、配送、快递领域的网下与网上交易、智能物流、智能供应链、智能菜单、POS结算系统、环境监控管理、商品的及时补货系统、防盗系统、智能商业、客户关系管理、冷链物流、第三方及第四方物流平台、商业智能、商业流程管理、节能减排、未来商店（智能商店）、体验店、智能市场等。其中，比较有影响的是在20多个城市的肉类蔬菜体系中建立了应用试点，比如屠宰企业、大型批发市场、标准化菜市场、大中型连锁超市、众多团体消费点等。此外银行、交通运输行业的试点也得到迅速发展。根据中国人民银行统计，截至2011年年底，全国银行卡累计发行量已达29.49亿张，同比增长22.1%，增幅较上年同期加快5.2个百分点，其中信用卡2.86亿张，国内联网POS机具已达438.7万台。截至2011年1月，按照国家ETC标准和交通运输部行业规范建设和开通ETC的省市有17个，开通车道数1930多条，使用车载机（OBU）不停车收费用户达到120万个，使用统一标准的非现金支付卡用户60多万个，自建客户服务网点341个。[①]

以上有些是物联网科技的直接运用，但更多的是物联网科技在流通领域的创造性应用，尤其是智能技术在流通中的应用，大大刺激了物联网的快速发展，促进着我国传统流通业向现代流通业的转型与升级。“智能流通”这一新兴概念在流通领域得到迅速推广。

① 王宇. 全国发行银行卡29.49亿张［N］. 现代消费导报. 2012-3-23.

# 二、“智能流通”的概念及其新发展

## （一）“智能流通”的概念

智能流通是指将流通主体、客体、工具、对象、空间等，按照标识层、识别层、传输层、应用层联结起来的，物与物、人与物（含动物）、人与机、机与机等相互连接、形成协同运营的系统，包括智能交易、智能支付、智能物流、智能交易环境、智能消费等流通全过程的智能活动。具体来说，含有电子标签的智能“新商品”成为智能流通的前提，智能交易引领流通过程的现代化，各种网上与网下支付模式和移动支付模式，智能物流配送快递，智能交易环境、智能消费空间（在流通过程中许多服务的生产与消费在时间和空间上是统一的）等共同构成智能流通。智能流通向上游延伸与智能生产相互联系，相互影响，共同促进，智能流通与智能消费又是一个有机整体，形成一个生态关系（见图 1）。

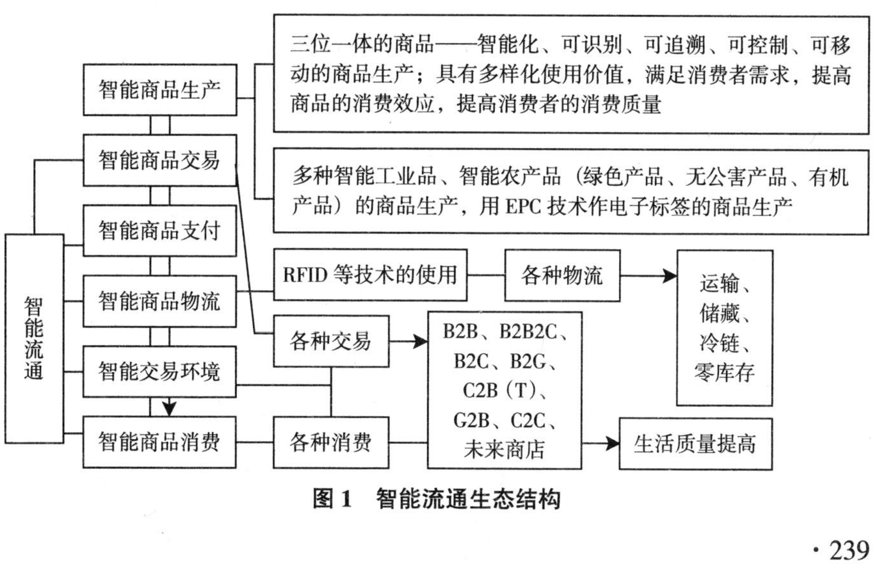


**图 1　智能流通生态结构**

## （二）智能流通的新发展

智能流通与“三网融合”相结合是物联网领域内研究的新课题。从经济、社会、科技的发展趋势来说，“三网融合”+“物联网”是一个发展趋势。物联网条件下的空间是互联网、电信网、电视网三网融合的技术环境，在这一环境下，我们可以感受到物联网与互联网融合、物联网与电信网融合、物联网与电视网的融合，这就是我们常说的三网融合。电信网、广播电视网、互联网在向宽带通信网、数字电视网、下一代互联网演进过程中，其技术功能趋于一致，业务范围趋于相同，网络互联互通、资源共享，能为用户提供语音、数据和广播电视等多种服务。

1. 智能流通与下一代互联网融合

智能流通不仅仅是互联网的延伸，更是融合。在智能流通的标识层、识别层、网络层、应用层四个层次中，传输过程可以充分利用互联网这一最广泛的网络层次，将其内部网、外部网有机地结合起来，使物与物、人与物、人与人相互联动起来。

2. 智能流通与宽带电信网融合

表现为物联网通过电信网络，将手机的无线传输功能、感知功能、音频功能非常灵活地有机结合起来，实现物与物、人与物、人与人相互联动。近几年出现的移动商务就是智能流通与电信网的结合。

3. 智能流通与数字电视网融合

智能流通与电视网的融合，使物与物、人与人、人与物的联动与视频传输有机结合起来，使流通企业集团的团队能够集中在办公室远距离地遥控商品流通的全过程。

# 三、智能流通在发展中存在的问题及未来改进的研究方向

在我国物联网以30%高速发展的背景下，智能流通却被“边缘化”了，许多新的政策和措施不向流通产业倾斜，导致微利的流通产业却不能够搭上物联网经济的快车，这个问题应引起各级领导的高度重视。

## （一）智能流通在发展中存在的问题

### 1.“流通无科技”的影响根深蒂固

长期以来“流通无科技”的观点盛行。有人认为，流通没有科技，也不需要科技，流通即使“有科技”也不过是成熟科技在流通领域的运用而已。而我们认为，流通“有科技”，而且流通科技能够直接转化为流通生产力，即使成熟科技在流通领域的运用也需要有一个“创造”的过程，即流程、工艺等流通科技的创造以及价值的创造等，以满足流通领域的实际需要。如成熟的ERP技术在流通领域应用过程中就曾经出现过许多不能与流通实际相结合的弊端。

### 2.智能流通尚未成为“十二五”规划的主要内容

根据国家“十二五”规划纲要，智能电网、智能交通、智能物流、智能家居、智能环境与安全检测、智能工业与自动化控制、智能医疗健康、智能精细农牧业、智能金融与服务业、智能国防军事是物联网产业重点发展的十大领域，但是智能流通并没有被置于一个重要的位置。即使是《国内贸易发展规划（2011—2015）》，也没有把“智能流通”列入其中。近年来，我国先后颁布了《物流业调整和振兴规划》、《农产品冷链物流发展规划》、《商贸物流发展专项规划》、《物联网“十二五”发展规划》、《“十二五”期间电子商务发展指导意见》、《电子商务“十二五”发展规划》等发展规划文件，智能流

通的政策都是被分散于不同的文件之中，并没有形成完整的规划。

3. 智能环境差，对智能流通的认识度偏低

智能环境较差，比如，除了安全监控外，商场温度也难以控制，许多商场总是冬天气温高，夏天气温低，使顾客难以享受其温馨的服务环境，在节水节电节气节油等方面尚有较大发展空间。此外，就现行文件来看，虽然物联网规划文件较多，但针对智能流通的规划性文件较少，这充分说明目前对智能流通的认识程度不高，从而严重影响智能流通的建设和发展。

### （二）智能流通的未来研究方向

1. 加强智能流通的上游——智能商品生产的研究

研究“实物商品、服务商品、系列活动”的“三位一体”的现代商品智能过程，研究其智能化、可识别、可追溯、可控制、可移动等特性；研究智能商品的多样化使用价值，研究如何满足消费者效应，提高商品的消费效应，提高消费者的消费质量；研究智能商品的生命周期等。研究的范畴包括多种智能工业品、智能农产品，也包括农产品中的绿色产品、无公害产品、有机产品等的生产。使用 EPC 等技术的许多电子标签就是在生产过程中嵌入产品中，从而成为产品的一个有机组成部分的。

2. 加强智能交易的研究

包括各种各样的网下与网上的智能交易活动，如 B2B（经济组织对经济组织）、B2C（经济组织对消费者）、B2B2C（企业对企业对消费者）、C2B（T）（消费者集合竞价——团购）、C2C（消费者对消费者）、B2F（企业对家庭）、O2O（网上与网下相结合）、SaaS（软件服务）、PaaS（平台服务）、IaaS（基础服务）、M-B（移动电子商务）、B2G（企业对政府）、G2B（政府对企业）、B2M（面向市场营销的电子商务企业）、M2C（生产厂商对消费者）、SoLoMo（社交+本地化+移动）、ABC（代理商—商家—消费者）、BAB（企业联盟企业）、P2C（生活服务平台）、P2P（点对点、渠道对渠道）、SNS-EC（社会化网络电子商务）、B2S（分享式商务或体验式商务）等电子商务模式，以及未来商店等的智能交易过程。

3. 加强智能支付的研究

商品流通支付的智能化是一个发展趋势，在物联网环境下，卡基支付、网络支付、移动支付、线下支付等多种多样的支付模式将更加智能化，这些智能支付（见图 2）将解决现有的超市排队结算现象，使消费者享受到更多的便利性，从而提高其消费质量。

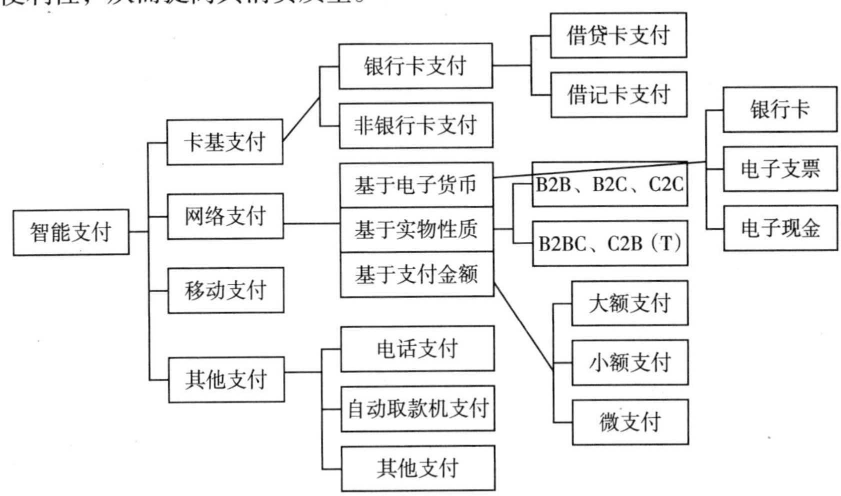


**图 2　智能支付**

4. 加强智能商品物流研究

包括对 RFID 技术、各种物流，如运输、储存、冷链、零库存等的经济运行的研究，以及废旧物回收逆向物流体系的研究等。

5. 加强智能交易环境的研究

探讨多种体验性交易环境，总结 2003 年以来未来商店的发展经验以及近两年的 O2O 网上与网下交易相结合的经验，创造体验性购物消费环境。

6. 加强智能商品消费研究

研究各类消费者的消费行为，如网下消费、网上消费，以及如何提高消费者的消费质量，增加其消费者剩余等问题，探讨未来商店消费等。

## 四、加快我国智能流通发展的政策建议

我国正处于传统流通向现代流通跨越的过程中，智能流通在引导生产、引导消费、促进经济结构调整、促进发展方式转变等方面发挥了巨大的作用。如电子拍卖交易、现代化物流配送等需要商品的标准化，商品的标准化又促进了生产标准化。食品安全的要求也促进了生产的标准化，如肉禽蛋奶的可追溯体系的建设，就要求将电子标签嵌入产品体内，使二者成为一个有机整体。因而，应加快我国智能流通的发展。

### 1. 提高对智能流通重要性的认识，将其上升到战略高度

智能流通是一种科技在流通领域的应用，具有较大的发展潜力，是推动流通现代化的重要内容。根据微笑曲线规律，随着经济、社会、科技的发展，产品的生产所耗费的时间越来越少，流通过程所耗费的时间越来越长，生产所占用的成本越来越少，流通所占用的成本越来越多。正如微笑曲线所表示的，在价值曲线上，左端的研究与开发居于价值曲线的高端，右端的销售、渠道以及品牌也居于价值曲线的高端，因此智能流通具有越来越重要的地位和作用。

因此，各级政府和企业界应提高对智能流通重要性的认识，将智能流通提高到战略高度，合理规划智能流通的发展。应将智能流通列入我国国内贸易的“十二五”发展规划和物联网的“十二五”发展规划，补充列入我国“十二五”发展规划，使智能流通与其他“十大智能领域”共同发展。实际上，“十大智能领域”中的智能物流也是智能流通的重要内容，而智能流通与其他智能领域也是相互联系和相互促进的。

### 2. 加快建设智能流通体系，完善智能流通的试点建设

借鉴蔬菜、肉类、医药等体系的建设经验，总结我国智能商店（市场）建设的经验，推动其他商品智能流通模式的创新与发展，建设智能流通体

系。尤其是要在体系上做文章，如形成包括智能批发、智能商品交易市场、智能零售（含未来商店建设）、智能商务服务业（如拍卖、典当、会展等）、智能生活服务业（如美容美发、沐浴沐足、洗染、照相、修理、家政等）、智能物流、智能配送（特别是智能冷链）等的流通体系。同时，将建设智能交易、智能支付、智能物流配送、智能供应链、智能交易市场、智能商店、智能流通示范城市、智能流通企业、智能流通基地作为“十二五”时期的重点工作，以促进我国流通业现代化水平，真正发挥其先导性、基础性流通产业的作用。

3. 切实抓住发展机遇，避免掉入“中断期”陷阱

引导物联网由引入期、成长期、发展期进入繁荣期，避免在进入“引入期”后掉入“中断期”。电子商务就曾在 2000 年掉入了“中断期陷阱”（见图 3）。因而，应引导物联网抛弃传统的“点投资”模式，探讨物联网“链投资”新模式，避免盲目投资，顺利经过“引入期”、直接进入“成长期”，并促进其快速进入“发展期”。

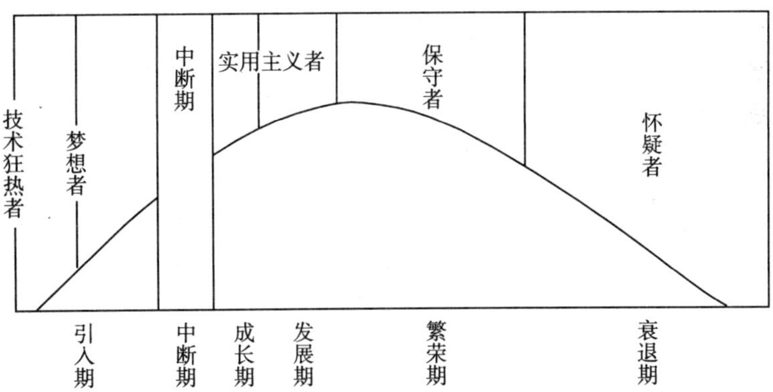


**图 3 电子商务生命周期中的“中断期”陷阱**

4. 运用先进技术，合理规划智能流通网络

以电子标签作为切入点，促进我国智能流通的普及和发展，使之成为打击假冒伪劣名牌烟、酒、茶等产品的重要工具，保护我国自主知识品牌。同时，还要高度重视利用遥感技术（如北斗卫星导航）进行流通网络规划与设

计。截止到2012年6月，北斗系统已经成功发射了13颗卫星，其中11颗卫星处于组网工作的状态，2颗卫星正在测试，还有3颗卫星已于2012年8月和10月发射。到2020年建成时，北斗系统将有35颗卫星，包括5颗静止轨道卫星和30颗非静止轨道卫星，与31颗卫星的美国GPS系统、24颗卫星的俄罗斯GLONASS计划相比，规模更庞大。届时，北斗的全球定位精度将可与GPS相抗衡，在亚太地区的定位精度会更高。[①]

5. 完善相关理论体系建设，培养复合型经贸人才

建立和完善物联网经济学、智能流通经济学，探索物联网实验经济学、智能流通实验经济学的发展，促进我国多层次、多功能、多规格的复合型贸易经济人才队伍建设。

① 佘惠敏."北斗"给你更准的定位 2020年覆盖全球［N］. 经济日报，2012-6-4.

# 附　录

## 习题参考答案

### 第一章　现代流通产业与结构创新

1. 什么是流通？流通在社会再生产中具有什么地位？

答：(1) 简言之，流通是一系列商品交换所构成，是商流、物流、信息流，以及支付流、消费流的统一。(2) 流通在社会再生产过程中的地位越来越高，地位越来越重要。这是因为随着经济、社会、科技等发展，流通过程所占的时间越来越长、所耗费的成本越来越高，而生产过程所耗费的时间在社会再生产过程中所占比例越来越少，生产过程所耗费的成本在商品总成本中所占的比例越来越小，因此与之相比，流通在社会再生产过程中的地位越来越高，地位越来越重要。

2. 什么是产业？产业形成的基本条件是什么？

答：(1) 产业是指国民经济中按照一定的社会分工原则，为满足某种需要而划分的从事实物产品和服务产品生产及其经营的各个经济组织或经济集合。(2) 一个产业形成应具备四个条件：第一，存在使用相同资源生产相同产品和服务的社会组织；第二，这些社会组织的活动主要是生产和经营等经济活动；第三，这些组织要形成一定的群体，组织的经济活动形成一定规模；第四，这些群体的经济活动对国民经济有所贡献。

3. 简述产业结构的类型及其发展趋势。

答：(1) 按国民经济三次产业划分，产业可分为第一产业、第二产业、第三产业。按多维角度划分服务产业，如按发展水平（与发达国家的差距）可分为传统服务业、现代服务业；按服务对象可分为生产性服务业、消费性服务业、公共服务业；按服务提供者的目的可分为市场型服务业和非市场型服务业；按市场结构可分为竞争性服务业、垄断性服务业等。按产业所处阶段可分为引入期、成长期、成熟期、衰退期四个阶段。按产业在国民经济中的地位和作用，可分为主导产业、支柱产业、基础产业等。按产业的上中下游关系，可分为上游产业、中游产业、下游产业。按产业的实物产品或服务产品的商品分类，可分为消费型产业、资本型产业、生产资料型产业。(2) 根据产业在国民经济中的地位，三大产业的排序也会经常发生变化，如由“一二三”到“二一三”，由“二一三”到“二三一”，由“二三一”到“三二一”，其产业重心是在不断发生转移的，这是一个发展趋势。

4. 为什么产业具有生命周期？

答：这是因为产品是具有生命周期的，相对应的，产业在不同的阶段具有不同的产业性质，在不同的时期，产业具有不同的地位。如具有强大生命力的、有技术的突破创新带动企业发展的产业，由于市场前景广阔，一般代表未来发展的趋势，在一定条件下可演变成主导产业甚至支柱产业，因此可被称为“新兴产业”、“朝阳产业”、“先导产业”，这样的产业通常处于引入期、成长期。而主导产业、支柱产业通常处于成熟期。此外，有些产品技术已经成熟、连续创新趋于枯竭、市场饱和、产品趋于同质性、竞争激烈、利润很低的产业，如第二次世界大战后纺织、钢铁、造船等日趋衰落的产业，这样的产业被称为“夕阳产业”、“传统产业”、“衰退产业”，这样的产业通常处于衰退期。

5. 主导产业、支柱产业、基础性产业为什么会动态变化？

答：这是因为产业在国民经济中的地位是动态发展和变化的，不是一成不变的。当某一产业能对较多产业产生带动和推动作用，与前后关联和旁侧关联度较大，并在经济发展过程中，或在工业化的不同阶段上出现的一些影响全局的并在国民经济中居于主导地位时，这样的产业就是主导产业。它在一个国家或地区的产业体系中处于技术领先地位，代表了产业结构演变的基本方向或趋势，也是支柱产业发展的前期形态。随着产业的不断发展，当某一产业在国民经济中所占比重较大，具有稳定而广泛的资源和产品市场，这就是支柱产业。它构成一个国家或地区产业体系的主体，提供大部分的国民收入，因而是整个国民经济的支柱。当某一产业成为支撑一国或一个地区经济运行的基础部门，并决定着其他产业部门等经济活动的发展水平，这就是基础产业，它是经济社会活动的基础环节和基础设施。

6. 简述产业的变迁规律。

答：产业在国民经济中的地位是动态发展和变化的，不是一成不变的。因此，某一产业的称谓也会经常发生变化，如所谓的朝阳产业、夕阳产业；基础产业，非基础产业；主导产业、支柱产业、基础产业等。如根据产业在国民经济中的地位，三大产业的排序也会经常发生变化，如由“一二三”到“二一三”，由“二一三”到“二三一”，由“二三一”到“三二一”，其产业重心是在不断地发生转移的，这是一个发展趋势。至于具体的变迁轨迹，各个国家也不尽相同。

7. 简述现代流通的概念。

答：现代流通产业是指从事商品经营活动的经济组织，它的经营对象不仅包括实物商品，也包括服务商品。具体来说，它包括批发业、零售业、餐饮业、住宿业、物流配送业、电子商务业、美容美发业、洗染业、沐浴业、旧货业、租赁业、拍卖业、典当业、商业经纪、商业信息、商业咨询、商业培训等。流通产业的形成是一个发展过程，流通产业是商品流通的组织载体，且流通产业集群是流通产业发展的必然。

8. 为什么说流通产业的形成是一个过程？

答：从商品交换到流通的形成、商业的产生，由商业到流通产业的形成是一个发展过程。在现代经济条件下，一系列的贸易交换活动构成流通，其组织载体为流通产业，在由计划经济向市场经济体制转轨过程中，国营商业转变为社会商业；“政企合一”的粮食经济部门还原为粮食企业；集体、个体、私营、外商等多种经济成分的贸易组织参与流通领域，共同完成实物商品和服务商品的社会实现。

9. 简述流通产业结构的概念及其类型。

答：(1) 流通产业结构是指流通运行的各种要素的比例关系和经济联系。(2) 流通业结构的类型一般包括流通业所有制结构、流通行业结构、流通规模结构、空间网络结构、流通业态结构等。在流通业结构中其所有制结构是其核心结构，它决定着流通业的性质和发展方向。

10. 简述流通经营活动及其要素。

答：(1) 流通经营活动是指商人运用资金、物质技术设施、信息、管理等商业工具推动商品（含实物商品、服务商品、系列活动）由生产领域向消费领域运动的过程。(2) 商业经营活动包括 7 大要素，即商人、资金、物质技术设施、信息、管理、商品、顾客。其中，商人是商业活动中具有主导和决定性的要素；资金是流通经营活动的“润滑剂”和“血液”；流通信息是流通经营活动的“先决条件”；流通的物质技术设施是商业活动的基础；流通管理是流通效益不可缺少的基础；商品是商业经济活动的客体；顾客是商业活动的对象。

11. 为什么现代流通业在国家具有重要地位？

答：现代流通业在国家具有重要地位具体表现在以下几个方面：(1) 流通业为全社会实现所需要的商品。流通过程中劳动者在流通过程中除了实现商品价值，也创造各种商业服务满足生产性和消费性需要。(2) 流通产业是实体经济的灵魂。所有的生产业生产出的产品如果不能够销售出去，就会倒闭、破产，带来巨大的经济损失。(3) 流通产业的完全产值较大。以北京为例，2007~2011 年北京的流通业产值分别为 19.43%、20.17%、23.14%、23.23%、23.24%，逐步成为北京市第一大 GDP 增加值。(4) 流通产业解决就业较多。从吸收就业、促进社会再分配、保障社会稳定来看，没有哪个行业能比得上流通业，流通产业能够解决 8000 万人口的就业问题。(5) 国家税收的重要来源。创造的税收占税收总额的比例保持在 20%左右。(6) 中国市场容量已居世界第三。我国市场容量的庞大以及现代流通业的迅猛发展为我国经济的发展做出了不可忽视的贡献。(7) 流通产业的社会化程度有较大提高。

12. 为什么说北京是中国第一个特大型商业城市?

答：2011 年北京常住人口由 2000 年的 1363.6 万人增至 2011 年的 2018.6 万人，此外，北京全年共接待国内旅游者 2.1 亿人次、入境旅游者 520.4 万人次，还有 5 万外国商务人员，是世界上最大的消费城市之一，所以说，北京是中国第一个特大型商业城市。

13. 改革开放 34 年来流通业最显著的变化有哪些?

答：改革开放 34 年来流通业最显著的变化表现在以下 5 个方面：(1) 流通产业所有制结构已经完全变化。公有制流通业，包括国有和国有控股企业、城乡集体企业、股份制企业，在社会消费品零售总额中占 40%左右。多种经济成分流通业，包括个体经济、私营企业、外资企业、股份制企业，在社会消费品零售总额中占 60%左右。(2) 业态和经营方式已经今非昔比。具体表现为业态和经营方式呈现多样性。(3) 电子商务正在改变社会生活。我国电子商务交易额呈现不断递增的态势，且电子商务的模式多种多样。(4) 30 年创造了世界上最多、最大的交易市场。改革开放 34 年来，我国形成了许多产业集群、市场集群、市场商圈，商品交易市场的发展主要有 37 种模式，并建成了具有中国特色的商品交易市场体系，即“金字塔”的市场体系。(5) 形成了一批较大型的流通企业集团。如中粮集团、阿里巴巴旗下的淘宝网、苏宁电器集团等众多知名流通企业集团。

14. 为什么说我国流通产业还比较薄弱?

答：我国流通产业还比较薄弱的主要原因来自于以下几点：(1) 在国民经济中所占的比例仍然较小，对国民经济结构调整、发展方式转变等方面的作用没有得到充分发挥。(2) 流通组织结构不合理，呈现小散乱弱的状况。具体表现：在流通企业规模相对较小且松散；流通企业之间关联性差，组织结构松散；流通网点分布不合理，组织结构差异性较大。(3) 信息化程度较低。具体表现在：流通产业的信息水平较低；信息化投入不足；网络营销不充分。(4) 经营方式落后和观点落后。许多流通企业主要采取低价竞争策略，许多先进的经营方式没有采用，如远期交易、期货交易等。并且许多流通企业缺乏以顾客为中心、参与市场竞争、注重企业形象等经营理念，而这却是21世纪市场竞争最需要的。(5) 国际化程度较低。我国流通企业“走出去”参与世界竞争的较少，有些具有某种政府行为，因此效果并不很好。在内外贸行政管理机构合并后，许多国内贸易企业还没有充分利用外贸企业的国际销售渠道优势，参与市场竞争。(6) 在加快经济运转方面的作用没有充分发挥。(7) 中国离贸易强国的距离较大。

## 第二章　流通产业与相关重要理论

1. 简述“微笑曲线”及其实质。

答：(1)“微笑曲线”表明，加工制造位于产业链附加值曲线的最底端，利润相对薄弱，企业如果要获得更多的附加值，就必须向两端延伸——要么向上游的零件、材料、设备及科研延伸，要么向下游的销售、传播、网络及品牌延伸。(2)“微笑曲线”实质上是“附加价值曲线”，即通过品牌、行销渠道、运筹能力提升工艺、制造、规模的附加价值，也就是要通过向“微笑曲线”的两端渗透来创造更多的价值。这样就使得价值曲线更平缓，从而利润得到提高。

2. 简要评价“微笑曲线”。

答：“微笑曲线”的突破重点是技术、品牌或服务等，仍是基于如何确立竞争优势的考虑，新的游戏规则是价值创新，即如何从超越顾客需求的角度开辟市场。

但是，“微笑曲线”忽视了顾客，缺乏对顾客的战略性研究，只是战术性的渗透，很难“微笑”起来。我们先要了解顾客需求，才能考虑曲线的运用。

3. 简述“微笑曲线”带给我们的启示。

答：透过“微笑曲线”，可以表现动态的一面，并能突破经验瓶颈，迅速化内隐知识为外显知识。对于企业来说，应该加快产业升级和转型，尽快在全球产业链分工的“微笑曲线”中占据有利位置。具体操作方式如下：

(1) 产品升级或产品下移。(2) 垂直整合，包括向上游的整合和向下游的整合。(3) 缩短销售渠道，建立直接供销关系，渠道缩得越短，附加价值就越高。(4) 水平延伸，一种是产品的水平延伸，一种是产品线的水平延伸。(5) 多元事业，一种是相关产业的多元化，一种是非相关产业的多元化。(6) 生产技术升级，通过研发和自主创新，增加企业生产技术的科技含量。

就我国而言，我国目前是制造大国，但仅靠劳动力、价格、资源和非竞争性的比较优势，只能在低端产品上占世界一席之地。"微笑曲线"告诉我们，应追求价值曲线的"研究与开发"、"销售与品牌"，才能够占据高端市场。

4. 请用"微笑曲线"分析流通产业。

答：从产业经济学的角度来说，一个行业在兴起之初，其研发、生产和营销等环节是在某些企业内部进行的，因为拥有相同的利润率。随着技术逐渐成熟，越来越多的厂商参与到行业竞争中来，各企业根据自身的实力和特点一般选择从事该行业的一个或几个环节。竞争使得各环节的附加价值都有不同程度的下降。各环节的进入障碍不同，附加价值的减少也就不一样，这样，就形成了各环节与附加价值之间的"U"形关系，即"微笑曲线"。用这一理论可以分析流通产业的基础性状况及其发展趋势。

5. 什么是"武藏曲线"？

答："武藏曲线"为日本新力索尼中村研究所的所长中村末广所创。他提出的"武藏曲线"与"微笑曲线"完全相反——在所有的业务流程中，利润最丰厚的环节恰恰在"制造"上。此曲线一刀掌握了市场的变化确定出最佳的出货，另外一刀对材料和零部件进行最佳采购，这两刀可以减少库存从而改善收益，就如同二刀流。

6. 简述全球化经历了哪几个阶段以及导致全球一体化的因素。

答：(1) 全球化经历了三大阶段。第一阶段：全球化 1.0 版本，始于哥伦布发现美洲新大陆，从 1492 年持续到 1800 年。所谓"全球化"，应该说是殖民化，国家和政府在宗教与帝国主义的影响下，利用暴力击垮国界的藩篱，将世界连为一体。全球化 1.0 版本讲述的主要是国家间融合和全球化，这期间世界从大变为中等。第二阶段：全球化 2.0 版本，这一时代从 1800 年左右一直持续到2000年。这时，推动全球化的主要力量是跨国公司，这些公司到国外去的目的就是寻找市场和劳动力。同时，运输成本与通信成本的下降推动了一体化的进程，各国之间有了充足的商品和信息流通，出现了真正的全球市场，这期间世界从中等变小。第三阶段：全球化3.0版本，世界从2000年进入了一个全新的时代。整个世界进一步缩微，整个世界的竞技场因一台无所不包的电脑而被夷平。这个平坦的世界是个人电脑、光缆、工作流程软件的综合产物，让世界各地的人们可以通过互联网轻松实现自己的社会分工。(2) 导致全球一体化的因素有以下10个：创新时代、网景上市、商流软件、数码化及无线系统、资源共享、丰富的信息搜索工具、离岸生产、外包、内包、供应链。

7. 什么是维基经济学及其核心？

答：(1) 维基经济学指的是一种模式：到公司外面去寻求战略方向和伟大的想法。调动网络社区贡献其思考和知识是必备的条件。维基经济就是如何掌握驾驭协作以获取更强竞争力的艺术和科学，它是对协作和参与的新时代的隐喻。(2) 维基经济学的核心有4个：开放、协同、共享、全球化。

8. 比较分析“二八定律”与“长尾理论”。

答：“二八定律”主要指20%的人群带来了80%的价值。而“长尾理论”的基本原理是只要存储和流通的渠道足够大，需求不旺或销量不佳的产品所共同占据的市场份额可以和那些少数热销产品所占据的市场份额相匹敌甚至更大，即众多小市场汇聚成可与主流大市场相匹敌的市场能量。

“二八定律”强调的是少数重要原则，即20%的人群带来了80%的价值；而“长尾理论”则强调在后面的那些被认为不能带来盈利的尾巴里寻找盈利点。

9. 应用“长尾理论”应注意的问题有哪些？

答：(1)“长尾理论”更适用于采取窄而深的商品结构的专业商店。这类型商店力图营造这样的商品特色：只经营某类窄小市场的商品，并拥有无限多的消费选择。(2) 应用“长尾理论”不能忽视可能带来的成本增长因素。从理论上来说，无数个冷门商品会聚起来，完全可以得到与热门商品相匹敌的巨大利润空间。但事实上，商店增加销售每件新产品都可能会带来一定成本的提高，如果增加新产品的边际利润小于边际成本，则增加冷门产品经营得不偿失。(3) 商店经营者不能因为“长尾理论”而对“二八理论”全盘否定。“长尾理论”只是一个补充，许多情形下，实体商店经营者会发现“二八理论”运用起来更有效。(4)“长尾理论”与尾货市场。采取商品交易市场的形式集中销售尾货是商品交易市场组织形态的一种创新。

10. 什么是蓝海战略?

答：蓝海战略是指引企业回避同质化、低利润的“红海”，进入差异化、低成本的“蓝海”，通过运用“战略布局图”、“四步操作框架”、“四象限战略视觉图”三个工具和“重建市场边界”、“关注全景而非数字”、“超越现有需求”、“遵循合理战略顺序”、“克服关键组织障碍”、“寓执行于战略”六项原则所构成的一个战略制定与实施系统。

11. 简述蓝海战略与红海战略的区别。

答：二者的区别在于：以竞争为基础的红海战略假定一个产业的结构性条件是给定的，企业被迫在这些条件下竞争。这种假定基于学术上的所谓“结构主义”观点，或者称为“环境决定论”。

以价值创新为基础的蓝海则认为市场边界和产业结构并非既定，产业参与者的观念和行为可以重构产业边界和结构性条件——结构再造主义的观点。

在红海里，差异化是高成本的，原因在于所有企业按照同样的最优行为规则进行竞争。在此，企业的战略抉择要么是追求差异化，要么是追求低成本。

在结构再造主义的视野里，战略目标是打破现存的价值——成本互替定律，构建新的最优行为规则，由此拓展蓝海。

蓝海战略与已有的，通常呈收缩趋势的竞争市场需求不同，考虑的是如何创造需求，突破竞争。我们的目标是在当前的已知市场空间的“红海”竞争之外，构筑系统性、可操作的蓝海战略，并加以执行。

12. 如何构思蓝海战略?

答：构思蓝海战略要回答四个问题。第一，哪些被产业认定为理所当然的元素需要剔除？第二，哪些元素的含量应该被减少到产业标准之下？第三，哪些元素的含量应该被增加到产业标准之上？第四，哪些产业从未有过的元素需要创造？

13. 简述“摩尔定律”对信息流的影响。

答：（1）“摩尔定律”使获取信息成本更低；（2）信息流。“摩尔定律”使得芯片储存信息的能力大大增强，而信息处理能力的提升有助于将日益丰富的信息流转化成数字代码和将数字代码转化为人们能理解的方式，并且通过数字网络处理和传播信息。存储能力和显示能力的增强则进一步加快了数字化的发展。（3）带宽。“摩尔定律”适用数据的处理，将几乎所有类型的信息转化为易于操作和存储的二进制代码，并且还能很方便地转化成人类感官能接收到的模拟信息。通过上百万台计算机高效地处理信息是非常有用的。但是，更有用的是将信息四处传播的能力。通过网络传播数字化信息，作为与数据处理能力相匹配的补充，一直是同步的。

## 第三章　现代流通产业与现代金融制度

1. 什么是现代金融制度及其特点？

答：（1）金融制度是基于保证一个相对独立的金融系统得以运行而确立的规则体系，是一系列的经济、法律、政治乃至道德习俗的约束。金融制度是经济制度的一个有机组成部分，它与资金活动的过程密切相关。（2）其特点在于：第一，经济的货币化和金融化程度大大加深，国民经济金融资产化，金融资产数量以超经济的速度增加，并与社会经济的发展机制紧紧地结合在一起，成为经济增长的一股重要力量。第二，金融资产创新空前活跃，金融商品的种类繁多，金融机构发行的二级证券相对下降，而企业本身发行的一级证券即股票、债权证券大幅度上升。第三，随着居民货币收入的大幅度提高，人们的金融投资意识和投资结构发生深刻变化，即由价值储藏和价值保值转向价值增值，人们以极大的热情参与长期证券的交易过程。第四，金融本身成为一个巨大的产业部门，它具备了独立的投入、产出过程，多样化的金融商品、发达完善的市场结构和重要的金融价格体系，从而全方位地成为社会资金运动和经济发展的命脉。

2. 简述现代金融制度结构特点。

答：(1) 现代金融制度结构在总体上是一种宏观与微观相分离的二级金融制度，即金融宏观调节与微观经营、中央银行与商业银行及其他金融机构在地位和职能上完全分离的结构状态。(2) 在现代市场经济和金融经济中，金融交易过程在组织方式、结构和机制上都发生了重要的变革，即分散的金融中介结构和金融市场发展成有组织、有规律、低成本、高效率的金融组织系统，它是现代金融制度结构的基础和主体因素。(3) 在现代经济社会中，中央银行及其相关的制度结构具有不可替代的重要功能，它与金融经济运行的稳定性相联系而成为现代金融制度中的关键因素之一。(4) 在现代市场经济体系中，与普遍存在的政策管制行为及其理论相适应，规范化的金融监督管理制度在本质上构成现代金融制度结构的有机组成部分，并成为金融发展程度和金融制度完善程度的重要标志之一。

3. 金融制度的组织结构有哪些组成部分?

答：金融制度的组织结构包括三个相互联系和补充的组成部分：(1) 商业性金融机构——商业性金融机构与市场配置资源和竞争原则联系。(2) 政策性金融机构——政策性金融机构与市场经济中的政府职能和市场失效相联系。(3) 金融市场结构——金融市场是金融主体之间发生交易关系的场所或渠道。

4. 什么是分业经营与混业经营?

答：(1) 分业经营就是指对金融机构业务范围进行某种程度的“分业”管制。按照分业管制的程度不同，分业经营有三个层次：第一，分业经营是指金融业与非金融业的分离，金融机构不能经营非金融业务，也不能对非金融机构持股。第二，分业经营是金融业中银行、证券和保险三个子行业的分离，商业银行、证券公司和保险公司只能经营各自的银行业务、证券业务和保险业务，一个子行业中的金融机构不能经营其他两个子行业的业务。第三，分业经营是指银行、证券和保险各子行业内部有关业务的进一步分离。(2) 狭义的混业经营主要指银行业和证券业之间的经营关系，金融混业经营即银行机构与证券机构可以进入对方领域进行业务交叉经营。广义的混业经营是指所有金融行业之间经营关系，金融混业经营即银行、保险、证券、信托机构等金融机构都可以进入上述任一业务领域甚至非金融领域，进行业务多元化经营。

5. 简述流通产业与现代金融制度的关系。

答：（1）流通产业与现代金融制度之间相互促进。一方面，现代金融制度为流通产业提供多种融资工具，促进流通产业向高级化、现代化、国际化方向发展。另一方面，流通的不断增长，促进了经济的增长，又不断地对金融服务提出新的要求，迫使金融制度创新，刺激金融的发展。（2）流通产业与现代金融产业相互融合。（3）现代金融制度创新与现代流通创新之间的关系。金融制度的创新使在实行专业化金融制度下的一些金融机构业务相互交叉，传统的业务分工界限缩小，这些创新与变化，都极大地方便了流通产业，并使之与金融的关系更加密切。金融业的国际化，有利于增强本国流通产业的融资能力，促进本国流通产业的现代化、国际化进程。

6. 什么是信用交易及其类型？

答：（1）信用交易又称商业信用交易，信用是指在商品经济条件下，不同所有者之间的商品与货币资金的借贷和预购、赊销等行为。（2）信用交易方式的类型主要有预购、赊销、“三票一卡交易”。

7. 简述流通产业与信用交易之间的关系。

答：第一，现代市场经济的商品流通，必须以信用做保证，尤其是远距离、跨时空、多品种、大批量的交易。第二，信用交易对流通企业来讲，可以缓解资金紧张，扩大经营规模，防止信用风险。第三，信用交易使消费者的生活更加便利，有利于增加其消费，促进消费市场的繁荣。第四，信用交易的发展是电子商务发展的重要因素。

8. 简述消费金融公司的概念。

答：消费金融公司是指不吸收公众存款，以小额、分散为原则，为中国境内居民个人提供以消费为目的的贷款的非银行金融机构。消费金融服务方式之所以得到广泛使用是因为它具有单笔授信额度小、审批速度快、无须抵押担保、服务方式灵活、贷款周期短等独特优势，能刺激居民消费，增加有效需求。

9. 办理消费贷款的步骤有哪些？

答：第一步：选定商品后可向捷信驻店的销售代表提出分期付款购买的申请（贷款金额最低540元）；第二步：在销售代表协助下，现场填制申请表格；第三步：如果申请通过并办完相关手续，即可把自己想要的商品带回家（需30~60分钟）；第四步：消费者稍后会收到捷信提供的一份顾客手册，消费者按其中的《还款指引》还款即可。

10. 当前商银信用卡合作存在的问题有哪些？

答：当前商银信用卡合作存在的问题主要有：(1) 银行与流通企业关系不协调，主要是刷卡风波。(2) 数字货币作用没有充分发挥，多种支付模式的结算正处于完善时期。(3) 虚拟货币交易征税——成为执行最差的税种，至今没有收到一分钱的税。

## 第四章 流通产业与资本市场

1. 简述资本运营的概念及其两大模式。

答：(1) 资本运营是指对企业所拥有的一切有形与无形的存量资产，通过流动、裂变、组合、优化配置等各种方式进行有效运营，以最大限度地实现增值。(2) 资本运营两大模式：①资本扩张运营模式。资本扩张是指在现有的资本结构下，通过内部积累、追加投资、吸纳外部资源即兼并和收购等方式，使企业实现资本规模的扩大。根据产权流动的不同轨道可以将资本扩张分为三种类型：横向型资本扩线、纵向型资本扩张、混合型资本扩张。②资本收缩运营模式。收缩型资本运营是指企业把自己拥有的一部分资产、子公司、内部某一部门或分支机构转移到公司之外，从而缩小公司的规模。它是对公司总规模或主营业务范围而进行的重组，其根本目的是为了追求企业价值最大以及提高企业的运行效率。收缩型资本运营类型有：资产剥离、公司分立、分拆上市、股份回购。

2. 什么情况下企业会进行资产剥离？

答：资产剥离适应形式：(1) 不良资产的存在恶化了公司财务状况。

（2）某些资产明显干扰了其他业务组合的运行。（3）行业竞争激烈，公司急需收缩产业战线。

3. 股份公司为什么会进行股份回购？

答：股份公司进行股份回购，一般基于以下原因：一是保持公司的控制权；二是提高股票市价，改善公司形象；三是提高股票内在价值；四是保证公司高级管理人员认股制度的实施；五是改善公司资本结构。

4. 简述我国企业并购的趋势。

答：我国企业并购有4大趋势：（1）以生产上下游要素整合为目的的纵向并购日益活跃，会持续5~7年及以上，纵向并购的活跃，有利于降低企业运行成本，提高企业经营效益，增强企业发展动力，构筑企业创新链。（2）以同行业整合、推动企业由大变强、由强变优的横向并购全面展开。（3）大型企业间的强强联合加速，混合并购将会渐入高潮。（4）企业联盟，异地并购趋于活跃。

5. 结合实际情况分析我国零售企业的并购现状。

答：（1）零售业并购加速增长规模扩大。2001年，我国零售业的并购金额是2000年的3倍多，并购事件数量是2000年的2倍多。2005年中国境内并购交易金额达人民币4176亿元，其中零售业内的并购交易金额达人民币111亿元，占到3%的比重，零售业的并购笔数和金额较前年度又有大幅度增长。（2）零售业并购的区域分布不平衡。第一，不论按并购方所在省份还是被并购方所在省份统计，东部地区是我国零售业并购多发区，并以上海与北京为主要并购发生地。第二，跨国并购事件中，外资并购我国零售企业远远多于我国零售企业的海外并购。第三，零售业并购事件多发生在各大经济区内部。第四，从并购所涉及的金额来看，跨地区并购涉及金额史为巨大，占并购金额的约70%，而发生在经济区内部的零售业并购金额只有30%左右。（3）外资对内资零售企业的并购增加。我国加入WTO以后，以并购投资的方式进入零售业的步伐加快，尤其是2005年我国零售业对外全面开放以来这一趋势更为明显。如2007年沃尔玛收购好又多、美国家得宝并购家世界家居等。（4）中国零售企业的海外并购有所发展。随着外资零售企业大量进入中国，我国零售企业在境内兼并外资企业，并参加海外并购事件，2000年来共有 7 起，如北京王府井百货收购首联集团持有的合资公司 7–11 的25%的股权。

6. 简述中国零售业并购的特点。

答：（1）零售业并购多为横向并购。我国零售业近年来的并购事件中，横向并购占到了并购总数的 70%以上，只有 28.19%的并购事件涉及纵向并购。（2）强强联合趋势增强。竞争的加剧促使我国零售企业的并购出现强强联合组建的跨地区巨型企业特征。（3）"民进国退"现象明显。作为一般竞争性行业，我国零售业正在经历产业战略性调整，国有资本规模缩小并逐步退出，而退出的重要方式之一是并购。

7. 简述外资并购中国零售企业的特征。

答：（1）独资趋势明显。我国零售业对外资全面开放后，外资零售商在中国独资经营的趋势增强。商务部数据显示，2005 年我国批准设立的187 家外资零售企业中，外商独资企业有 124 家，比重达 66.3 %。同时外资零售商往往通过收购合资公司的中方股权增大持股比例。（2）并购集中于新型业态。外资对我国零售业的并购也多集中于大卖场、仓储式商场、会员店和超市等业态，或超市、百货和便利店这样的业态组合，还有折扣店、便利店及邻里店等新型业态，并且均为同业态间的并购。

8. 我国零售业并购面临的主要问题有哪些？

答：我国零售业并购面临的主要问题有以下几个方面：（1）资金问题。第一，零售企业并购筹资困难。第二，并购后企业资金状况恶化。（2）整合问题。具体而言，首先，不能有效整合并购双方的实际资源。其次，由于并购企业的资金困难，难以为整合提供有力的资金支持，影响了整合的进程并且使整合效果大打折扣。再次，跨地区跨行业并购由于经营地区分散，难以在物流体系、信息系统等方面形成有效的整合与共享，如华润并购万佳后就出现巨额亏损。最后，忽略文化整合。（3）并购的行政色彩浓厚。我国零售业并购的主体是企业，但是政府与企业的关系密切，使政府成为并购的主导力量，政府凭借政治权力进行干预。我国许多地区性的零售巨型企业就是政府通过经济与行政的干力形成的。(4) 盲目并购导致效益欠佳。有些零售企业将大规模并购作为企业发展战略，企图以盲目的并购来实现其发展目标，却忽视了企业内涵式发展。(5) 外资抢占与控制零售业市场。外资零售企业多为跨国企业，凭借先进而科学的经营管理方式和手段在零售企业的竞争中具有一定的优势，容易形成对中国零售市场的挤占和垄断。

9. 结合我国的实际情况，简述优化我国零售业并购的基本思路。

答：(1) 在微观层面上优化我国零售业并购的对策措施有：第一，转变增长方式，培育企业的核心竞争力。首先，是要加快现代企业进程，建立多元化的产权结构和产权约束。其次，零售企业应转变发展方式，通过现代流通方式、建设物流配送体系、优化质量管理、降低运营成本和加强售后服务等诸多方面来提高企业的核心竞争力。第二，提高并购的水平，重视并购前的调查和并购后的整合。第三，加强国内零售企业间的并购以扩大规模，提高在市场竞争中抗衡外资企业的实力。第四，加快资本市场发育，发展投资银行体系。我国零售业在并购中经常会遇到资金短缺的困难。解决这一问题，一方面从企业自身积累出发寻找出路，另一方必须借助资本市场实现并购，融通资金。

(2) 宏观层面上优化零售业并购的政策法规体系。第一，顺从世界经济发展的趋势，加快国有经济从零售业退出的步伐。第二，规范政府行为，减少对零售业企业并购的行政干预。第三，制定零售业并购的具体法律体系和政策措施。第四，应尽快制定规范和鼓励我国零售企业并购外国零售企业的相关政策，以利于中国零售企业的国际化发展。

## 第五章　流通产业与银行、股票、债券市场

1. 什么是电子支付及其种类？

答：(1) 电子支付是指单位、个人直接或授权他人通过电子终端发出支付指令，实现货币支付与资金转移的行为。(2) 电子支付的类型按电子支付指令发起方式分为网上支付、电话支付、移动支付、销售点终端交易、自动柜员机交易和其他电子支付。

2. 简述2005年深圳商业企业、温州餐饮企业的"刷卡风波"产生的原因及解决方法。

答：(1)"刷卡风波"产生的原因如下：①商家利润较低，刷卡收费"较高"；②转轨过程中的政府职责不清；③银联卡高收费违反市场原则。(2)协调消费者、商家与银行业之间的利益关系应当考虑以下方面：第一，充分发挥行业协会的中介作用。应充分发挥商业协会、银行同业协会、消费者协会等行业协会的多功能作用，甚至可以在政府的引导下，召开协会联席会议。第二，政府不能够撒手不管。政府应针对当前的实际状况，出台《中华人民共和国银行卡管理条例》，规制银行、商家的经营行为。第三，不同的地区和行业的"刷卡"收费应有所不同。第四，银行卡收费问题应采取听证会制度，吸收消费者、商家、发卡行、收单行、接收中转行等相关的意见，确定基本的原则、费率标准。

3. 什么是"啄食顺序"？

答：梅耶斯提出了著名的"啄食顺序"(pecking order rule)理论，即在内源融资和外源融资中首选内源融资；在外源融资的直接融资和间接融资中首选间接融资；在直接融资中的债券融资和股票融资中首选债券融资。

4. 简述直接融资与间接融资的概念。

答：(1)直接融资借助于一定的金融工具(股票、债券)，使出资者和融资者相互联系，不需银行作为媒介。直接融资的融资者直接从储蓄者那里获取资金，资金的使用期限一般在1年以上，且资金不需还本，储蓄者要取回本金与发行者无关。直接融资的股票和债券在市场上是流通的，具有流通性。(2)间接融资是通过银行作为中介，把分散的储蓄集中起来，然后供应给融资者，而融资者也只能通过银行间接获得资金。

5. 简要比较分析"前台毛利模式"与"后台毛利模式"的区别。

答："前台毛利模式"是以进销差为基础，利润来源于毛利，是用各种促销手段实现销售，以获取最大的购销差价。而"后台毛利模式"以进场费、上架费、推头费、促销费、店庆费、年节费、广告费为基础，通道费以及销售数量折扣等在内的年终返利(称为后台毛利)。

6. 简述流通领域有哪些融资模式创新。

答：流通领域的创新融资模式有吸引外资和集群融资。集群融资又包括商圈担保融资，供应链融资和商铺融资。具体而言，商圈担保融资，如信用共同体是一个以信贷资金为纽带，将放款银行、贷款户、行业协会、担保公司等联系起来，通过多方互动，严格准入，集资联保，互担责任等方式，形成互相监督、互相帮助、共担风险的自觉机制，以化解风险，破解贷款难题。供应链融资即供应链中的商贸企业将存货、应收账款、现金流等置于银行或第三方（物流企业）的有效监管之下，并通过供应链中有实力和信誉的核心企业对其增信，从银行获取融资，是解决中小流通企业融资难的又一有效途径。而商铺融资指商铺经营权质押融资，个体工商户将商铺经营权、优先续租权向银行质押获取融资。

7. 政府支持多种融资创新模式的积极融资政策有哪些？

答：（1）实施商圈融资担保补助政策。选取组织管理完善、发展前景好、融资需求大的生产资料交易市场进行试点，培育商贸企业融资担保体系，降低企业融资成本，进一步推广商圈担保融资模式。（2）政府对参与供应链融资的企业给予风险补偿、贴息补助等支持措施，实现金融机构、企业与供应链的良性互动和持续发展。（3）协调规避商铺经营权质押融资的法律风险，协调有关部门明确商铺经营权、优先续租权的法律属性，同时进一步优化各地权利质押登记流程，支持商品交易市场内商户进行商铺经营权质押融资。（4）支持搭建商贸企业信用服务平台，支持部分市县搭建以流通企业集群为依托的，集行政、商务、金融多渠道信用信息于一体的信用服务平台。

## 第六章　农村流通与农村金融

1. 简述农村现代商品流通网络架构中的金融支持现状。

答：（1）商品流通网络建设资金困乏。改革开放以来，虽然农村有形和无形市场得到了长足的发展，但农产品流通相关的农产品储藏、加工、运输等物流设施、信息、检测设施等相对滞后，国家财政资金支持力度不够，同时农村金融的投入也甚微，并且农村资金外流问题比较大。

（2）企业和个人得不到农村金融机构信贷充分支持。这是因为随着金融体制改革的深入，商业性金融机构越来越注重效益，而农业经济发展滞后，支持农村经济无利可图，还可能带来金融风险。商业性金融机构在流通业的不良贷款率长期居高不下。农村的中小流通企业更是因资本实力不济、盈利空间有限、偿债能力不强而引发更高的不良贷款率。农村金融机构出于资金保值增值的目的，对农村中小商品流通企业的贷款望而却步，对农村缺乏资产作担保的个人信贷更是难上加难。

（3）商品支付结算的手段、速度跟不上现代流通的需求。随着商业银行网点纷纷从乡镇撤离，在乡镇保留的邮政储蓄和农村信用社只具有同城、同地汇兑结算功能，而不具备跨市、县特别是跨省等异地汇兑结算功能，这阻碍了农业经济发展的各个方面，制约了流通网络的发展速度和规模。

（4）商品流通领域的信用体系建设滞后。由于农村普法活动不深入、农民知识水平不高、农村融资观念陈旧，导致农村商品流通网络构架中的信用缺失现象较为严重，信用体系、中介机构不健全，信用环境的制约作用还很突出。

2. 论述现代农村流通网络建设中金融支持的必要性。

答：（1）金融支持是我国现代农村流通建设的客观需要。这是因为“三农”问题是我国经济不容忽视的问题，现代农村流通是带动我国农村经济发展的一个新的利润增长点。而金融支持是当前我国现代农村流通建设的瓶颈，在国家和地方政府当前财力有限的情况下，金融支持是更理性的选择，正确处理好金融组织趋利性与农村流通弱质性的关系，是我国现代农村流通建设的客观需要。

（2）现代农村流通建设的金融支持，是现代农村金融业务的内在要求。现代农村流通要求金融的协作与支持，要求金融机构开展农村流通金融业务。农村流通金融为农村流通业提供资金融通、结算、保险等综合性金融服务，是农村流通与资金融合的产物，它伴随着农村流通业的发展而发展。农村流通和农村金融的融合成为国内农村银行业一项重要的金融业务，并逐步显现其作用。

(3) 现代农村流通的金融支持是现代农村流通业与金融业融合的必然要求。要实现快捷、方便、灵活的现代农村流通金融服务，离不开农村金融业的支持。农村金融市场能聚集资金支持现代农村流通体系；大量农村金融工具的运用能实现无时无处不在的现代农村流通结算；农村金融市场也能转移或分散现代农村流通业的经营风险。

3. 简述提升金融为农村商品流通网络架构服务的途径。

答：(1) 整体优化农村金融生态环境。各级政府要关心金融业的发展，适时适当地发挥好引导、监督和维护的作用，组织协调多个领域、不同部门共同参与、相互配合，为金融业的发展创造良好的外部环境。(2) 完善农村金融组织体系。在开拓农村市场、建设农村现代流通网络的进程中，应形成多种金融机构并存、竞争、合作，共同支持"农村现代商品流通网络"的新局面。(3) 营造良好的商品流通信用环境。农村相关部门应通过加快统一的乡镇企业和个人信用信息基础数据库的建设，规范征信机构业务经营和征信市场管理，继续开展"信用工程"创建活动，培育和规范多元化的信用主体，积极推进信用担保体系建设，健全对守信或失信行为的奖惩机制等途径积极推进信用体系建设，消除影响和阻碍商品流通的不良因素，形成诚信经商的商业氛围。(4) 完善农村中小商品流通企业融资体系。农村中小商品流通企业是农村商品流通网络的主体和重要组成部分，农村金融必须也应该通过完善其融资体系建设，为其可持续发展创造条件，为农村商品流通网络的顺利运营奠定基础。

4. 如何根据流通行业的特点和农村商品流通的内在需求推出设计合理的金融产品?

答：(1) 农业发展银行要积极调整贷款对象，适当延伸业务范围，在突出支持国有购销企业对粮棉的购销下，支持中央和地方粮棉储备体系建设。在增加国家对粮棉市场的调控能力的前提下，延伸对粮棉产业链条的信贷支持。支持具有收购资格的粮棉产业化龙头企业开展粮棉收购，支持粮棉购销企业与大企业开展联合经营等，并承担政策性银行支农业务。

(2) 农村信用社要充分发挥农村金融的主力作用，根据不同地区的实际情况进行改革，应顺其发展路径改为商业性金融机构，对合作性坚持比较好的继续进行规范，规范成真正的农民群众自己的合作金融组织。农村邮政储蓄机构成立邮储银行，把从农村地区吸收的资金以贷款形式发放到农村和农村流通建设中去，在相对贫困地区形成合理的资金流，以激活当地农业经济。

（3）农业银行要继续发挥支持农村的传统优势，要对三位一体的农业经济生产流通联合体和产量高、质量好、外向型农产品产销基地和批发市场给予重点信贷资金扶持。

（4）应支持建立以政策性保险为主体的农村保险体系，对商业性保险公司提供的农业保险业务给予政策优惠，增强其支持农村商品流通的信心和能力。

5. 简述农产品价格特点。

答：(1) 广义的农产品价格是指农林牧副渔各业产品的价格。狭义的农产品价格是指种植业、养殖业产品的价格，具体来说包括“粮棉油、麻细茶、糖菜烟、果药杂”以及肉禽蛋奶产品的价格。(2)农产品价格呈现不规则的周期性波动。具体而言，农产品市场价格——上期价格决定当期供给 $S_t = f(P_{t-1})$，当期价格决定当期需求 $D_t = f(P_t)$，由此出现周期性的蛛网效应。

6. 决定农产品价格的基础条件有哪些？

答：决定农产品价格的基础条件有以下几个方面：(1) 农产品生产资料主要是土地，土地的地理位置、自然条件、丰沃程度是很不相同的，从而引起的劳动生产率和成本也是不同的。(2) 土地的优劣程度不同，决定了同样多的物化劳动和活劳动投入到同一面积的不同等级的土地上，会产生不同的产品数量和收益。(3) 土地是一种不可再生的稀缺的资源。①土地的有限性和固定性决定了土地的经营具有垄断性。②社会对农产品需求的不断增长。③要使耕种劣等土地的生产者也能获得适量的收益，因此农产品收购价格应以劣等地的社会必要劳动耗费为基础来确定。

7. 简述期货、期权与农村流通之间的关系。

答：期货、期权能够为农村流通规避交易风险。这是因为农村流通存在诸如市场风险、进出口风险等方面的“多重风险”。由于期货交易是众多的买主和卖主根据期货交易所的规则，在公开、公平、公正的原则基础上进行的期货合约的买卖，易于形成一种真实而权威性的期货价格，指导经济当事人的生产与经营活动，同时又为经济当事人提供了避免市场价格波动风险的机会，因此具有价格导向和风险转移的功能。同时，期权具有对期货交易回避风险的功能。因此，期货与期权能够为农村流通规避交易风险。

8. 简述农业保险的概念、种类及其保险标的。

答：（1）农业保险是指专为农业生产者在从事种植业和养殖业生产过程中，对遭受自然灾害和意外事故所造成的经济损失提供保障的一种保险。（2）农业保险按农业种类不同分为种植业保险、养殖业保险；按危险性质分为自然灾害损失保险、病虫害损失保险、疾病死亡保险、意外事故损失保险；按保险责任范围不同，可分为基本责任险、综合责任险和一切险；按赔付办法可分为种植业损失险和收获险。（3）农业保险的保险标的包括农作物栽培（农业）、营造森林（林业）、畜禽饲养（畜牧业）、水产养殖、捕捞（渔业）以及农村中附属于农业生产活动的副业。

## 第七章　流通产业对外开放与金融业开放

1. 简述我国流通领域对外开放的6个阶段。

答：自改革开放以来，我国商业开始有限度地对外开放，其大体分为6个阶段：

第一个阶段：1978年至1992年7月，“禁止期”。在这一时期，中国政府禁止外商在中国开办独资或合资的零售、批发企业。但是，如果外商投资生产企业，法律允许其在中国国内销售合同比例内的产品。

第二个阶段：1992年7月至1999年6月，试点期。这期间，试点是中国流通业对外开放的基调。具体表现为：一是地点上的试点；二是有限度地吸引外资；三是规定了外商出资的形式。

第三个阶段：1999年6月至2001年12月，规范管理试点期。1999年6月发布的《外商投资商业企业试点办法》明确规定了外国合营者、中国合营者和合营企业的申办资格。此时，中国商业对外开放的步伐明显加快。

第四个阶段：2001 年 12 月至 2002 年 12 月，外商大举进入中国的抢滩时期。随着 2001 年 12 月 10 日我国正式加入 WTO，在批发业、在零售业等方面对外商进入流通业的条件进一步放宽。

第五个阶段：2002 年 12 月 11 日至 2004 年 12 月 11 日，外资以并购形式进入商业领域时期。这标志着 QFII 进入中国证券市场投资的法律规范已经完成，是我国资本市场的又一次重大突破，它对中国证券市场的发展和国有经济战略布局产生深远影响。

第六个阶段：2004 年 12 月 11 日以后，流通业进入全面开放时期。2004 年 12 月 11 日，中国流通业“入世”过渡期结束，中国流通业全面向外资开放，特别是零售业开放程度最大。

2. 简述我国流通领域对外开放的现状。

答：我国流通领域对外开放的现状表现为以下特点：(1) 中国市场对外资具有较强的吸引力。(2) 外商进入我国流通业的发展趋势明显。(3) 中国零售领域是世界上竞争最激烈的领域。当前中国市场是世界上最激烈的市场，其中零售市场是竞争最激烈的市场。(4) 跨国零售商已经进入中国。(5) 外资物流企业已经进入中国。(6) 外资进入中国期货。(7) 北京是中国最开放的特大型城市之一。

3. 简述我国流通领域对外开放正负效应。

答：外商进入中国流通业的正面效应表现在以下 5 个方面：(1) 弥补了我国流通业建设资金不足的问题，带动了我国对流通业建设的投资。(2) 有利于提高我国零售业的营销管理水平。(3) 有利于提高国内流通业的技术含量。(4) 有利于我国流通业转变服务观念。(5) 有利于提高我国消费者的消费理念、消费行为方式。

外商进入中国流通业的负面效应表现在以下 6 个方面：(1) 由于我国在由计划经济向市场经济转轨过程中存在许多问题，在这种情况下，一些全球著名跨国零售公司进入中国商业领域，这对于相对薄弱的中国零售业必然会带来巨大的挑战。(2) 由于流通业具有投资门槛低、竞争充分、就业量大、资本转移容易等特点，外商进入流通业领域存在负面影响：①资本积累作用较小，外商可以用较小的投资，在很短的时间，迅速挤占他国商业市场，获得长期稳定的收益。②外部经济负效应。国际零售商的劳动生产率较高，若市场份额过大，势必影响中小型商业企业的生存环境、就业人数和充分就业。③对东道主国流通主渠道控制权的影响。(3) 外商以规模化、连锁化经营，实施低价策略占领我国消费市场形成绝对成本优势。(4) 外商实施现代商品配送，建立厂商、供货商与零售商合作模式，迫使我国重塑新型工商关系。(5) 外商在投资经营过程实施本土化战略，与我国形成争夺商贸人才的竞争局面。(6) 目前外资主要偏重于投资大卖场、仓储式商店这两种业态，形成这两种业态相对过剩。

4. 开放经济条件下我国流通产业应采取哪些措施？

答：开放经济条件下我国流通产业应采取的措施如下：

(1) 加强对外商直接投资（FDI）的管理与监督，建立符合国际惯例的商品分销行业管理模式。

(2) 在遵循 WTO 原则的前提下，建立健全相应的适度贸易保护政策与市场准入制度。

(3) 弱化外资弥补商业资本缺口的观念，强化择优引资意识。

(4) 尽快抢占有利“阵地”，积极开拓两个市场，推进流通产业的国际化，参与国际市场竞争。

(5) 以现代企业制度为契机，构建多种所有制并存的混合式股份制企业集团。

(6) 建立电子商务网络与商品配送系统。

(7) 可以利用特有的优势，开拓农村潜在市场。

5. 简述 2004 年《外商投资商业领域管理办法》与 1999 年《外商投资商业企业试点办法》的 7 个变化。

答：一是目的不同。《试行办法》的目的是为了促进流通业改革，而《新办法》的目的则是为了完善市场流通体系建设。

二是取消股权限制。《试点办法》中明文规定，暂不允许外商独资设立商业企业，而在《新办法》中对此不再限制。对于《试点办法》中规定的中国合营者的最低股权比例限制，在《新办法》中也不再作硬性规定。

三是取消地域限制。《试行办法》第4条规定，设立合营商业企业的地区仅限于省会城市、自治区首府、直辖市、计划单列市和经济特区，但在《新办法》中已经彻底取消。

四是投资门槛降低。《新办法》对于外资商业企业投资的门槛基本取消。

五是经营范围有所扩大。《新办法》明确规定从事批发的外商投资商业企业可以从事佣金代理业务，并且可以授予他人以特许经营方式开设店铺，这在《试点办法》中没有规定。对于商品进出口代理业务，《试点办法》中对于此项业务有明显限制，而在《新办法》中却被取消。

六是审批程序不同。在 《试点办法》中无论是大小外资投资商业企业在中国开店，均须逐级申报，最终要商务部审批，程序较复杂。而《新办法》中，省级商业主管部门在一定条件内获得了审批权。

七是加重特许经营管理力度。在《试点办法》中没有明确什么样的外商投资企业可以进行特许经营活动，而《新办法》中对此增加了相当限制性条款，没有实体的外商投资商业企业将不能实施特许经营活动。

## 第八章 现代采购、物流与金融制度创新

1. 什么是现代采购？

答：现代采购又称为电子采购，它是借助于信息技术手段的创新，实现物资采购工作的网上招标、网上竞价、货比三家，利用电子商务来重新整合资源，规范业务流程，对于企业信息化来说是一个良好的契机。

2. 什么是逆向拍卖技术及其4种应用模式？

答：(1) 逆向拍卖技术 (Reverse Auction Technology, RAT)，是电子采购的一种模式，是指采购商发布标准的采购需求，供应商在有限的时间内通过专门的网络平台进行交互实时竞价，竞价结束时的报价为各个供货商的最终报价，买方根据报价，结合该供货商的供应实力给予综合考评，从而选出一名或几名最具竞争力的供货商作为自己的合作伙伴。(2) RAT的四种应用模式有：采购商自有网络采购平台、第三方网络交易平台、第三方提供软件服

务、全方位的竞标模式。

3. 简述企业采用 RAT 应满足的 6 个条件。

答：企业采用 RAT 应满足 6 个条件：

第一，较大的采购规模。只有较大的采购规模才能吸引众多的供应商投入必要的时间来进行一个正式的招投标流程。

第二，清晰的技术规范招标。采购商要仔细设计技术规范，以确保不同报价之间的可比性。对实物产品或服务的报价在质量、可靠性或能力等方面的差异可能会很大，因此应有清晰的技术规范。

第三，较多的供应商。RAT 技术的采用应有足够的竞争，否则，供应商就缺乏动力来获得采购方的事业，并提出方案。因此，至少挑选 3~10 家供应商才算比较充分。

第四，主动的供应商。有足够的供应商数目，供应商还必须对获得生意有兴趣。

第五，有足够的时间。一个正式的竞争性招投标流程所需要的时间，至少 3~4 周，才能最终签署合同。而对于更大或更复杂的方案，则会需要更多的时间。现在的电子技术能够缩短招投标文件的收发时间。

第六，模具成本相对较低。如果采购方仅需要很少的，甚至并不需要特殊的产品模具，那么所有供应商就有同等的机会。如果需要特殊模具，且原先的供应商还保有模具的话，那么它就会占有不公平的先机。

4. 简述 RAT 应用的流程。

答：RAT 技术分 8 个阶段，分别为：(1) 数据分析阶段。(2) 竞标策略的制定阶段。(3) 供应商筛选阶段。(4) 竞标书的发布阶段。(5) 供应商培训阶段。(6) 竞价选择阶段。(7) 协商阶段。(8) 反馈阶段。

5. 什么是现代物流及其分类？

答：(1) 物流是指物品从供应地向接收地的实体流动过程，根据实际需要，将运输、储存、装卸、搬运、包装、流通加工、配送、信息处理等基本功能实施有机结合。(2) 按物流的作用分类，可分为供应物流、销售物流、生产物流、回收物流、废弃物物流；按物流系统性质分类，可分为社会物流、行业物流、企业物流；按物流活动的国界空间分类，可分为国内物流和国际物流；按物流活动的城乡空间分类，可分为城市物流和农村物流；按物流活动的主体分类，可分为微观物流或者说企业物流、中观物流、宏观物流。

6. 简述商品配送的概念、特点和作用。

答：(1) 商品配送是按用户订货的要求，以合理的送货形式，在配送中心或其他物流据点，按用户的订货要求进行分类、挑选、整理、加工、包装等配货活动后，将配好的商品在规定的时间内，以合理的方式、安全、准确地送交用户，实现物品最终配置的经济活动。

(2) 商品配送的特点有：第一，在整个商品运输过程中处于“二次输送”或“终端输送”的地位，是一种中转型送货，是从物流据点到用户之间的商品输送。第二，配送运送距离短、批量小、品种多，因而所采用的主要是汽车等短途运输工具，与一般运输相比，其运输方式、运输工具比较单一。第三，商品配送不是单纯的运输或输送，而“送”和“配”的有机结合，是运输与其他行为共同构成的组合体，配送集装卸、分类、挑选、整理、包装、保管、加工、运输等一系列活动于一身，通过一系列活动完成将货物送达用户的仓库、商店、车间等目的地。因此，配送具有商品物流的多功能。

(3) 商品配送的作用有：第一，商品配送是流通社会化的重要手段；第二，商品配送能够实现用户的低库存和零库存；第三，商品配送有利于流通结构优化。

7. 简述商品配送的类型。

答：按配送的据点、商品的种类和数量以及配送时间的不同，配送可作如下分类：

按配送据点的不同分类，可分为配送中心配送、仓库配送、商店配送；按配送商品种类和数量的多少分类，可分为单（少）品种大批量配送、多品种少批量配送、成套性配送；按配送时间和数量的多少分类，可分为定时配送、定量配送、定时定量配送、定时定路线配送、即时配送；按经营形式不同分类，可分为销售配送、供应配送、销售—供应一体化配送、代存代供配送；按加工程序的不同分类，可分为加工配送、集成配送；按配送企业专业化程度分类，可分为综合配送、专业配送；此外还有共同配送。

8. 什么是供应链及其管理的四大关键点？

答：（1）供应链就是由供应商、制造厂家、运输系统、分销商和销售商所组成的系统，将原材料转化为最终产品，并将那些产品提供给顾客。（2）供应链管理的四大关键点：供应链整个环节的全局优化；专业化、规模化是降低 SCM 物流成本的关键；正确看待 ERP 和 SCM 的关系；面临标准化挑战。

9. 作为供应链成功管理的利丰集团，其供应链管理的理念有哪些？

答：利丰供应链管理有 7 个概念：（1）以顾客为中心，以市场需求为原动力。（2）强调企业应专注于核心业务，建立核心竞争力。（3）各企业紧密合作，共担风险，共享利益。（4）利用信息系统优化供应链的运作。（5）对商流、物流、信息流和资金流进行设计、执行、检查和不断改进，以顾客为中心，将各个流程有机地配合，提升整体供应链的整体效率。（6）缩短产品完成时间，使生产贴近实时需求，使各环节的企业实现按需生产，回应瞬息万变的市场，以减少存货积压的风险。（7）降低在采购、库存、运输各环节之间的成本。

10. 简述导致全球一体化的 10 个因素。

答：① 冷战结束，市场经济体制的选择成为主流。②网景上市。③商流软件。④数码化及无线系统视讯会议、网络电话。⑤资源共享与全球化配置。⑥数据的搜索引擎方面。⑦离岸生产。⑧将非核心业务外包。⑨内包。⑩供应链。

11. 简要分析利丰贸易有限公司的最佳实践表现。

答：利丰贸易公司的最佳实践的表现有：（1）对整条供应链作全盘考虑。提升整体的价值、压缩整体成本；不应只着眼于对局部的优化；供应链与供应链之间的竞争。（2）指挥管理整个价值网。指挥整条供应链的运作，并确保每一个步骤均达到要求。（3）创新的企业架构——以顾客为中心的组织设计。整个部门集中服务一个客户；更能专注地为顾客提供服务；为每个客户度身定做一条价值链。（4）像大公司一样思考，像小公司一样行动。（5）对供货商网络的良好管理。(6) 轻资产运营模式：虚拟生产；不用花巨额资金投资在厂房上，而把资金用作扩大经营规模所需的营运资金；以最少的资源，做最多的生意；能更灵活的因应市场环境转变而调整经营策略；保持极低负债比率，几乎没有负债；利丰贸易公司的资产回报率 2005 年是38%，员工生产力是 100 万美元营业额/员工。(7) 有效地运用信息科技。(8) 制造一个“稳定”和“应变”相平衡的环境。(9) 并购及投资。利丰设立了一个投资基金及相关部门，风险投资不是为了直接回报，而是为了公司业务发展，填补公司的业务及能力的空白点。利丰的并购只有两个目的：获得新能力和新客户。(10) 注重“企业社会责任”。企业在决策以至日常营运中，应把社会责任考虑在内，“利润最大化”不再是唯一目标。

## 第九章　电子商务与结算方式创新

1. 何谓电子商务？电子商务具有哪些内涵？

答：(1) 电子商务是指通过各种计算机和网络技术进行的一切商业活动，如经济组织内部的商业信息共享、经济组织之间的商业数据交换、网上交易等电子商务活动。

(2) 电子商务的内涵即交易过程中的电子化，既包括传统交易的电子化，也包括现代交易的电子化；既包括直接交易过程的电子化，也包括间接交易过程的电子化；既包括传统的货物贸易的电子化，也包括现代服务贸易的电子化；既包括竞争性贸易过程电子化，又包括宏观的贸易管理活动的电子化等。

2. 简述电子商务的本质。

答：电子商务的实质是将现代网络信息技术应用于所有商务活动，自然也包括政府的采购等活动。

(1) 电子商务的本质是信息技术的引入和应用，是计算机、信息技术和网络技术在商品流通领域里的应用，是电子和商务的有机融合，是又一次技术革命对人类社会、经济、文化等方面的多元冲击。

(2) 互联网确实创造了一种传播载体，与铁路、公路、水路、航空、管道等其他五种商品运载方式并存，有些特殊商品不仅可以网上交易、网上结算，甚至能够在网上下载并且享用，如 CD、影视、软件、图书、报刊等信息资料，是商流、物流、信息流三者的统一。虽然相对众多的商品和服务而言，这些仅仅是商品中的一小部分，但它确实创造了一种“新的传播通道”。

（3）互联网是新经济的重要内容之一，新经济的内容是“网络经济×全球化”，而电子商务是网络经济的重要内容，它正在改变传统企业、传统的营销方式和业态形式。

（4）网络技术正在改造传统经济，“要么电子商务，要么无商可务”，同时网络经济与传统产业相互融合成为 21 世纪发展的主流。

3. 简述电子商务的主体。

答：电子商务的主体是指商品的提供者。包括：（1）生产厂商，如雅芳化妆品商店。（2）传统的中间商，如沃尔玛是全球最大的商业零售商。（3）现代意义上的网络经营商，如亚马逊、阿里巴巴。

4. 简述电子商务的客体的特点及其分类。

答：电子商务的客体是指网上交易的商品。（1）具有确定性、均一性、可察性、知识性、无形性 5 个特点。（2）主要包括三大类：①实物商品：许多实物商品，可以眼见、手摸、耳听、鼻闻、口尝。②软件商品：许多软件信息提供服务，归纳起来包括软件、游戏、电子图书、电子报刊、新闻、研究报告、论文等信息库的查询与检索。③网上其他服务：目前网上交易的商品主要是图书、唱片、软件、电脑以及相关商品、或是经营网上商店自身有特色的商品。

5. 为什么说电子商务的网民具有地域性和年龄性？

答：电子商务的网民具有地域性，是因为尽管电子商务的特点之一是空间范围的广域性，但是受到电子商务的物流配送网络的空间限制，网民的分布还与各地方 GDP、人口结构情况、人们生活学习习惯和教育等有很大关系，所以电子商务的网民具有地域性。而电子商务的网民表现为年轻化，所以说电子商务的网民具有年龄性。

6. 电子商务模式的划分依据是什么？

答：电子商务的模式可以按参与电子商务的交易对象、所涉及的商品内容、所采用的网络类型、电子商务应用的层次和B2B电子商务市场主导力量划分。

7. 按交易对象来分，电子商务分为哪些类型？

答：按交易对象来分，电子商务分为10种：企业对企业的电子商务（B2B），企业对消费者的电子商务（B2C），消费者对消费者的网上“拍卖”（C2C），政府对企业的电子商务（G2B），政府对个人的电子商务（G2C），政府电子采购（B2G），以消费者为导向的四种不同的电子商务（B2B2C），企业内部的电子商务，企业的电子商务，租赁、托管、外包、联合10种。

8. 按交易所涉及的商品客体来分，电子商务分为哪些类型？

答：按交易所涉及的商品客体来分，电子商务分为间接电子商务和直接电子商务。间接电子商务是有形电子商务，电子订货涉及的商品是有形货品，交易的商品需要通过传统的渠道来完成配货。直接电子商务涉及的商品是无形的货物和服务，它能使双方越过地理限制直线进行交易。

9. 按电子商务所使用的网络来分，电子商务分为哪些类型？

答：电子商务所使用的网络来分，电子商务分为电子数据交换网络电子商务、互联网电子商务、内部网电子商务、外部网电子商务和无线网络电子商务。

10. 简述电子交易市场。

答：电子交易市场（eMarket place）是允许所有企业进入的功能完整、中立、规范的电子商务平台。

11. 简述电子商务盈利模式的五个基本点。

答：电子商务盈利模式的五个基本点，即五个基本构成要素：

（1）利润点，指企业可以获取利润的产品和服务，它解决的是向用户提供什么样的价值。（2）利润对象，指企业提供产品或服务的购买者和使用者群体，他们是企业利润的唯一源泉，它解决的是向哪些用户提供价值。（3）利润源，指的是企业的收入来源，即从哪些渠道获取利润，解决的是收入来源有哪些。(4) 利润杠杆，是企业生产的产品或服务以及吸引客户购买和使用企业产品或服务的一系列相关活动，必须与企业的价值结构相关，它回答了企业能够提供的关键活动有哪些。(5) 利润屏障，是指企业为防止竞争者掠夺本企业利润而采取的防范措施，它解决的是如何保持持久盈利的方法。

## 第十章　21 世纪流通产业的发展趋势

1. 简述世界经济的背景趋势。

答：世界经济的背景趋势包括四个方面：

(1) 市场化趋势。至今世界上基本上所有的国家都选择了市场经济体制，但由于各个国家的经济、社会、文化背景不同，现有的市场经济体制模式具有不同的特点。

(2) 全球化趋势。各个国家的经济与整个世界经济融为一体，各个国家的劳动力、资本、商品、知识，甚至“土地”能够在全球范围内流动，世界经济一体化趋势带动了全球经济一体化。

(3) 网络化趋势。21 世纪电子商务是现代产业经济的发展趋势。

(4) 金融化趋势。金融化趋势具体包括五个方面：第一，世界商品市场呈现货币化趋势，石油、有色金属等资源性基本材料商品，已具有商品属性和金属属性的“双重属性”，在金融市场充当越来越重要的准货币角色，汽车、房地产等产业也在逐渐实现金融货币化。第二，世界主流市场呈现金融国际化趋势，金融正在突破国家边界、突破贸易壁垒、突破人们的传统观念，逐步实现金融国际化，美元、日元、欧元“三元货币”格局正在被打破，人民币正逐步走向世界。第三，现代期货市场体系由商品期货、黄金期货、股指期货、利率期货、外汇期货五大期货市场组成，越来越多的企业采用期货对冲经营活动中所出现的各种风险。第四，现代金融衍生品的增长速度较快，以期货为核心的金融衍生市场不断发展。第五，至今，西方主要发达国家的金融业已全部走上了“混业经营”的综合化发展道路。

2. 简述流通产业发展的宏观趋势及其原因。

答：流通产业发展的宏观趋势及其原因表现在以下方面：(1) 流通产业

正在成为经济增长的火车头。(2) 电子商务成为贸易的发展方向。电子商务不仅能够与传统企业融合，而且本身也能够创造利润，事实证明，电子商务具有无比强大的生命力。(3) 特许连锁经营将成为主要的跨国经营方式。品牌输出是21世纪企业跨国经营的主要形式，特许经营就是一种品牌输出、管理输出、商品输出三位一体的最好形式。(4) Shopping Mall 将成为人们购物、餐饮、娱乐、旅游、休闲重要场所。Shopping Mall 不仅规模巨大，集合了百货店、超市、大卖场、专卖店、大型专业店等各种零售业态，而且有各式快餐店、小吃店和特色餐馆，电影院、儿童乐园、健身中心等各种休闲娱乐设施。另外，Shopping Mall 还提供了百货店、大卖场无法提供的如漫步在长廊、广场、庭院般悠闲的购物享受。(5) 多种商业业态形成一定的结构比例。改革开放30多年来，我国形成了有店铺业态和无店铺业态群，除了国家标准颁布的18种业态外，还有许多新型业态被引进中国，共同构成多种业态结构。(6) 生产与流通的融合、批发与零售的融合，流通业向生产和消费领域两头延伸。许多贸易公司向生产、消费两头延伸，为顾客提供增值服务。(7) 物流和配送成为厂家、商家、服务机构共同开发的"第三利润源泉"。"第三利润"的价值越来越受到现代企业的重视，在客户关系管理的基础上供应链管理日益受到人们的重视，物流配送中心热已经兴起。(8) 流通领域将成为全球企业竞争的焦点。21世纪是贸易经济的世纪，哪个企业赢得了分销渠道，谁就能够在激烈的市场竞争中立于不败之地。(9) 混合所有制商业企业是其主导形式。全球商业所有制形式均采用混合所有制形式，即现代公司制的形式。(10) 一些跨国零售商纷纷到中国市场抢滩。中国是一个具有13亿多消费群体的大市场，但是消费水平还低于日本这个人口仅2亿的国家，消费的潜在空间较大，于是一些跨国零售商业公司纷纷到中国市场抢滩。(11) 有形市场与无形市场相结合。西方发达的市场经济国家的市场主要采取有形市场与无形市场相结合，这种有形市场和无形市场相结合将是一种长期的发展趋势，但无形市场所占比重增加将是一种趋势。(12) 政府注重流通经济法律体系的建设。随着全球经济市场化、网络化、全球一体化的到来，关税壁垒将逐渐减少，但以绿色消费为导向的绿色生产、绿色流通将会使技术性生态壁垒将成为未来市场的障碍。

3. 简述流通产业发展的微观趋势及其原因。

答：流通产业发展的微观趋势及其原因表现在以下方面：(1) 流通智能化趋势。现代科技在商业广泛运用，在未来的商业竞争中，商业企业参与市场竞争将不断地采用现代科技提高企业竞争力，商品销售的个性倾向将得到修正，智能化的商业机器将协助、指导商业从业人员按规范操作。(2) 定价和促销合理化趋势。商业企业做到“价格天天公平”，零售商必须做到价格不要大幅度变化，要始终提供“公平”的价格，以便让顾客确信要买的东西是合理的。(3) 有限供货区域、有限供应商数量趋势。由于供货没有实现全球化，因此全球的零售商的规模优势减弱。减少供货商的数量，而不是增加供货商，零售商不是依靠新的供货商，而是鼓励现有的供货商增加花色品种，提供更加齐全的商品。(4) 与厂商、供货商“亲和力”深化趋势。通过集中零售和吸引回头客来增加供货商，零售商必须让制造商将其视为客户，而不是中间商，因为没有零售商的支持，制造商就不能进入较大的市场。(5) 零售商规模两极分化趋势。一部分零售商变得很大或者很小，中等规模的零售商比较少。随着我国劳动制度改革，城市人口自行择业的主要渠道之一就是从事小型商业经营与服务。(6) 无形服务主导销售趋势。即商业企业在销售某一实物商品时，也把该商品的另一部分销售(售后) 服务出售给了消费者；消费者在享受实物商品的同时，也消费了无形商品。(7) 商业人格化趋势。营业员以个性化的销售方式进行服务的原因是商业企业的改革深化，商业企业经营状况直接影响员工的收入，在部分企业，甚至以股东的身份直接参与经营决策。职工位置的改变、利益关系的密切是营业员人员销售行为人格化的主要原因。(8) 更加注重老龄层的消费群体趋势。随着老龄化消费群体所占比例增加，许多买主需要的物质产品数量减少，而对服务需求日益增加。(9) 商业标准化趋势。商业标准化将充分体现在现代商业活动中，如连锁经营所体现出来的统一性效应，标准化的倾向将逐渐从连锁店扩大到其他商业领域。(10) 商业艺术化趋势。随着经济发展，人们会对某些行业提出个性化服务的要求，希望个性化服务的要求得到满足，因此文化的普及、艺术化在商业中的运用越来越多。

4. 简述中国零售产业的发展趋势。

答：我国零售企业在经济成分、组织形式、经营业态、管理等方面都将发生变化，主要呈现出 6 大趋势：（1）大型零售企业在零售市场中占主导地位。（2）连锁经营引领市场潮流。（3）大卖场成为城市商业发展的主流业态。（4）Shopping Mall 在整顿中将得到有序发展。（5）以经营生鲜食品为主的超市和专卖店比例将得到较大提高，“农改超”、“农加超”、“农进社区”、“菜市场”等多种形式，满足多种不同层次的需求。（6）以多元投资主体逐渐代替单一国有或国有控股流通企业是一个发展方向。

# 参考文献

[1] 洪涛. 流通产业经济学（第二版）[M]. 北京：经济管理出版社，2011

[2] 洪涛. 中国流通产业的 MSCP 分析 [M]. 北京：经济管理出版社，2011

[3] 洪涛. 中国生活服务业发展报告 2011 [M].北京：经济管理出版社，2011

[4] 洪涛. 物联网经济学 [M]. 北京：中国铁路出版社，2011

[5] 洪涛. 加快“十二五”贸易结构优化与升级 [M]. 北京：经济管理出版社，2011

[6] 曹亚慧. “双网合璧”发展农村物流 [N]. 现代物流报，2012-3-20.

[7] 北京市统计局. 北京市经济与社会发展统计公报 2012 [Z]. 北京：中国统计出版社，2012

[8] 国家统计局. 中华人民共和国国民经济与社会发展统计公报 2012 [Z]. 北京：中国统计出版社，2012

[9] 洪涛. 中国流通产业经济评论 [M]. 北京：经济管理出版社，2010

[10] 洪涛. 中国粮食安全保障体系及预警 [M]. 北京：经济管理出版社，2010

[11] 洪涛. 电子商务盈利模式案例 [M].北京：经济管理出版社，2011

[12] 洪涛. 贸易大国向贸易强国跨越 [M]. 北京：经济管理出版社，2011

[13] 施振荣. 再造宏碁 [M]. 上海：上海远东出版社，1996

［14］中村末广. 2004 年度制造业白皮书. 2004

［15］托马斯.弗里德曼著，何帆，肖莹莹，郝正非译. 世界是平的（The World is Flat）——21 世纪简史［M］. 长沙：湖南科学技术出版社，2006（11）

［16］冯国经，冯国纶，尤朗·温德. 在平的世界上竞争：为一个无疆域的世界建立企业（Competing in a Flat World：Building Enterprises for a Borderless World）［M］. 培生集团，2008

［17］［加］泰普斯科特，［英］威廉姆斯著，林季红，何帆译. 维基经济学——大规模协作如何改变一切（Wikinomics：How Mass Collaboration Changes Everything）［M］. 北京：中国青年出版社，2007

［18］Chris Anderson. The Long Tail［M］. New York：Hyperion Books，2006

［19］洪涛，侯续江，曾群海，梁吉良，王凤宏，郝兴旺.尾货市场经营与管理技术规范［S］. 中国标准出版社. 2008

［20］W.钱·金（W.Chan Kim），勒妮·莫博涅（Renée Mauborgne）. 蓝海战略（Blue Ocean Strategy）［M］. 北京：商务印书馆，2005

［21］洪涛. 高级电子商务教程（第二版）［M］. 北京：经济管理出版社，2011

［22］中国银监会. 消费金融公司试点管理办法［Z］，2009

［23］刘朝龙. 2011 零售业频频上演并购事件［N］. 中国商报，2011-12-26

［24］邓乐平. 中国金融体制改革：回顾与展望（第六届）［M］. 成都：西南财经大学出版社，2009

［25］洪涛等. 商业产权革命［M］. 北京：中国物资出版社，2004

［26］陈红霞. PE 止步　百货业难觅资金［N］. 中华合作时报，2012-3-2

［27］姚欢. 康师傅与百事“联姻”专家称双品牌运营成合力［N］. 中国企业家网，2012-3-30

［28］赵文佳. 红旗连锁福祸九鼎字号［J］. 融资中国，2012-03-16

［29］张涛. 服务“三农”农村金融市场当需创新改革［N］.中国商报，

2010-3-16

[30] 洪勇. 基于4S模型的RAT应用研究 [J]. 中国市场，2009（9）

[31] 洪涛等. 网络销售 [M]. 北京：经济管理出版社，2010

[32] 邱成军，洪涛. 品牌的力量——北京十大商业品牌经典案例 [M]. 北京：经济管理出版社，2010

[33] 洪涛. 中国商品交易市场30年——商品交易市场体系与模式创新 [M]. 北京：经济管理出版社，2009（1）

[34] 洪涛. 中国流通产业改革30年——实践与理论创新 [M]. 北京：经济管理出版社，2009

[35] 谢志华，洪涛. 中国商业改革开放30年回顾与展望 [M]. 北京：经济管理出版社，2009

[36] 程红，杨荣芝，李克宁. 绿色流通引论——首都绿色流通事业发展对策研究 [M]. 北京：中国人民大学出版社，2005：12

[37] 张世尧等. 绿色商业发展战略研究 [M]. 西安：西南交通大学出版社，2008：45

[38] 车卉淳，朱群芳，周学勤. 可持续发展框架下的首都绿色物流发展战略研究 [M]. 北京：中国经济出版社，2009

[39] 商务部，中国连锁经营协会. 2010年中国零售业节能环保绿皮书 [R]，2010-9-7

[40] 洪涛. 推广绿色流通科技　节约商业/流通物资资源 [A]. 第二届中国商业发展高峰论坛论文集 [C]，2007：23

[41] 张利文，孙自法. 中国成功发射第十一颗北斗导航卫星 [EB/OL]. http：//www.chinanews.com/gn/2012/02-25/3697574.shtml. 中国新闻网，2012-2-25

[42] 王峰. 行业扫描 国内POS机市场竞争日趋激烈 [N]. 金融时报，2012-2-6

[43] 陈冠任. 中国各地商人 [M]. 北京：当代中国出版社，2002（4）

[44] 洪涛. 中国生活服务业发展报告2011 [M]. 北京：经济管理出版

社，2011

［45］中国电子商务研究中心. 2011 年中国电子商务市场数据监测报告［R］，2012

［46］洪涛. 开放、竞争、保护、管理——外资进入中国商业零售业的思考［J］. 财贸经济，1997（8）

# 后 记

本书是在我应邀在《国际商报》网站视频讲课的讲稿基础上修改完成的，研究生高雅帮助我将我制作的PPT转换成Word文档，并做了参考答案。然后我又做了认真的补充和修改，增加了专题，增补了参考文献。因为是视频讲课，因此要照顾到许多方面的听众，课程名称叫《现代流通产业与金融制度创新》，同时尽可能让许多非本专业的人员、非流通业从业人员都能够听得懂，这样反而促进了我在专著内容上的创新，于是形成了《现代流通产业与金融制度创新》这本专著。

本书内容新颖、通俗易懂、跨流通业和金融业，适应了流通产业与金融业的融合趋势，是一本专著性教材，适宜范围广泛的社会读者。

由于是第一次视频讲课，时间较紧，工作很忙，甚至有时上午、下午连续要拍摄，加之随着年龄增大，眼睛也开始花了，可能因此影响了讲课效果。但不妨读读这本书，看看它有哪些与传统专著不一样的地方。

讲座课程从开播以来，虽然这是我讲课的第一个视频，但至2012年6月28日已经有6854个点击率，可见还是很受欢迎的。

感谢经济管理出版社为我出版这本专著，感谢《国际商报》培训中心主任王强等在拍摄过程中做出的大量工作，感谢北京工商大学将其列入商科特色学科群系统丛书资助项目。

今天是2012年五一国际劳动节，一般而言，节日期间是我认真“耕耘”论著的最佳时间，《现代流通产业与金融制度创新》专著在经历了两年多时间的修改、整理后，在“五一”期间终于画上句号。

谨将此书奉献给在流通领域辛勤工作的劳动者！为现代流通领域劳动者呼唤！

洪　涛

二〇一二年五月一日

# 洪涛教授介绍

**荣誉称号**

| | |
|---|---|
| 北京市优秀教师 | 2004年北京市授予 |
| 60年流通领域优秀专家 | 2008年中国市场学会授予 |
| 电子商务优秀专家 | 2010年中国电子商务协会授予 |
| 商务部市场运行调控专家 | 2006年商务部授予 |
| 商务部国内贸易专家 | 2010年商务部授予 |
| 商务部电子商务咨询专家 | 2012年商务部授予 |
| 农业部市场流通专家 | 2012年农业部授予 |

**兼职**

中国商业联合会专家委员会委员、专业工作委员会副秘书长

中国粮食经济学会/行业协会常务理事

中国商业经济学会副秘书长、学术委员会秘书长

全国高校贸易经济教学研究会副秘书长

中国市场学会常务理事

中国商品交易市场专家委员会副主任

中国市场指导委员会副会长

中国物流学会副秘书长，常务理事

中国林牧渔业经济学会第三届理事会理事

中国城市农贸中心（批发市场）常务理事

中国饮食服务业专家委员会委员

中国肉牛经济专业委员会专家组成员

中国金融学会农业政策性金融专业委员会理事

《市场经营决策参考》主编

《流通产业经济评论》主编

**专著（含教材）：（2006年前省略）**

1.《北京流通产业结构创新报告》，知识产权出版社 2008

2.《国有流通企业改革模式创新》，经济管理出版社 2006

3.《中国商品交易市场30年——商品交易市场体系与模式创新》，经济管理出版社 2009

4.《中国流通产业改革30年——实践与理论创新》，经济管理出版社 2009

5.《中国流通产业经济评论》，经济管理出版社 2010

6.《中国粮食安全保障体系及预警》，经济管理出版社 2010

7.《电子商务盈利模式案例》，经济管理出版社 2011

8.《贸易大国向贸易强国跨越》，经济管理出版社 2011

9.《流通产业经济学（第二版）》，经济管理出版社 2011

荣获全国科技进步一等奖、北京市精品教材

10.《高级电子商务教程（第二版）》，经济管理出版社 2011（2003）

荣获全国商业科技进步三等奖（2003）、北京工商大学优秀教材二等奖

11.《中国流通产业的MSCP分析》，经济管理出版社 2011

12.《中国生活服务业发展报告2011》，经济管理出版社 2011

13.《物联网经济学》，中国铁道出版社 2011

14.《加快“十二五”贸易结构优化与升级》，经济管理出版社 2011

15.《网络销售》，经济管理出版社 2010

16.《品牌的力量——北京十大商业品牌经典案例》，经济管理出版社 2010

**承担课题：**

1.《上海永翔钢材市场案例研究》，上海市课题 2011

2.《完善我国商业服务业体系研究》，商务部 2009~2010

3.《建设中国特色现代流通体系的战略与政策研究》，商务部 2009 年重点招标项目［综 2009（6）］

4.《我国工商领域行业协会服务能力建设研究》，2009~2010 年国资委委托中国物流与采购联合会课题

5.《崇文区商业布局现状与规划》，崇文区课题，2009

6.《北京永外城文化用品市场指数研究》，2009~2010

7.《粮食安全问题研究》，国家发改委十二五规划前期重大项目 2008~2009

8.《流通业现状、问题与对策研究》，国家工业与信息化部 2008

9.《商业同业损害研究》，商务部，2007~2008

10.《北京商业结构研究》，北京社科规划重点项目课题号 06AbJG007 2006~2008

11.《国有商业企业产权制度改革》，国有资产监督管理委员会 2004~2005

12.《现代服务业重大问题研究》，国家科技部/中国商业联合会 2006~2007

13.《宏观调控对我国商品市场流通的作用与影响》，商务部 2005~2006

14.《国有流通企业改革模式研究》，商务部 2005~2007

15.《改制后国有流通企业经济增长方式研究》，财政部、发改委 2005~2006

16.《国内贸易的价值及其作用》，商务部 2006~2007

17.《现行流通产业政策分析与建议》，财政部 2005~2006

18.《尾货市场规范与发展研究及标准制订》，商务部 2007~2009

19.《尾货市场规范与发展研究》，北京精诚百货有限公司 2007~2008

20.《贸易经济专业课程群建设》，北京工商大学教改项目 2007~2008JG075118

**主要获奖**

1.《流通产业经济学（第二版）》荣获中国商业科技进步一等奖（2007），北京市精品教材（2008）

2.《高级电子商务教程（第二版）》（2011）（2003 年中国商业科技进步成果三等奖）

3.《2003 中国粮食市场发展报告》（河南省社科联合会、社科院一等奖）2005（12）

4.《我国粮食批发市场发展报告》（2005 年国家粮食局咨询决策一等奖）

5.《粮食生产流通消费市场联动效应理论》（1998 年第五届北京市哲学社会科学优秀成果二等奖）

6.《流通基础产业论》（2005 年中国商业科技进步成果二等奖）

7.《加快内外贸一体化步伐，推进中国向贸易强国跨越》2005 年商务部“十一五”规划征文三等奖 洪涛 彭化 刘世磊

8.《发展流通业立体式培训体系的探讨——中国流通业人才培训 30 年回顾与展望》荣获 2008 年纪念行业企业培训改革发展 30 周年征文活动一等奖（中国成人教育协会、第四届中国培训发展论坛）

**主要论文（2007 年前的部分参见洪涛以前的著作）**

386.《中国流通业开放存在“强国歧视”现象》,《中国商报》2007 年 1 月 12 日

387.《2006 年商业回顾与 2007 年商业前瞻》,《经济日报》2007 年 1 月 16 日

388.《商品交易市场：调整与升级》,《中国市场》2007 年第 2~3 期

389.《商业地产：狂热与理性》,《中国市场》2007 年第 2~3 期

390.《俄“禁商令”引发中国商品交易市场反思》,《中国商报》2007 年3 月 2 日

391.《安全优质畜产品加速收回良性回报》,《中国畜牧兽医报〈东方畜牧周刊〉》2007 年 3 月 11 日《中国畜牧杂志》2007 年第 8 期

392.《物权法出台对房地产业的影响》，《中国房地产信息》杂志 2007 年第3 期

393.《我国商品交易市场的政策取向及其发展趋势》,《中国市场》2007 年第 2~3 期

394.《商业地产开发趋向精耕细作》，《中国商报》2007 年 3 月 9 日

395.《把反“强国歧视”进行到底》，《今日中国论坛》2007 年第 2~3 期

396.《俄罗斯的非理性“禁商”》，《中国外资》2007 年第 4 期

397.《市场集群与市场联盟创新》，《现代世界》2007 年第 4 期

398.《商业品牌竞争——零售业发展的大趋势》，《商业经济与管理》2007 年第 6 期

399.《加快提高零售企业竞争力水平》，《现代商业》2007 年第 7 期

400.《推广绿色流通科技　政府应首当其冲》,《中国商报》2007 年 7 月 13 日

401.《完善协同机制，促进环渤海服务业发展》,《山东商业职业技术学院学报》2007 年 5 月第 7 卷

402.《加快我国现代易货贸易的发展》,《北京工商大学学报》2007 年第 4 期

403.《论商业经济学会运作模式创新》，《商业时代》2007 年第 30 期

404.《转变流通业发展方式势在必行》，《中国商报》2007 年 11 月 9 日

405.《我国流通产业已成为基础性产业》,《现代商业》2007 年 8 月 5 日至 6 日

406.《用四个统一监管商品交易市场》，《中国工商管理研究》2007 年第 9 期

407.《中国商业对外开放的六个阶段》，《中国商贸》 2007 年第 12 期

408.《我国老字号衰退原因及发展策略研究》，《中华老字号》2007 年第 6 期

409.《现代商道——智商 情商 逆商 律商的复合素质》，《北京观察》2007 年第 8 期

410.《商品交易市场的 2007》,《中国市场·商品交易市场》2007 年第12 期

411.《2007 年商品交易市场大事回眸》,《纺织服装周刊》2008 年第 5 期

412.《中国商品交易市场走势与发展》,《纺织服装周刊》2008 年第 8 期

413.《粮食市场营销模式与市场模式创新》,《粮食科技与经济》2008 年第2 期

414.《不容忽视的商品交易市场问题》,《中国物流与采购》2008 年第10 期

415.《农产品流通中的"两大政策缺陷"》,《中国外资》2008 年第 5 期

416.《我国建材市场的多资本运营模式探讨》,《现代装饰》2008 年第 4 期

417.《奥运经济双刃剑》,《中国商贸》2008 年第 4 期

418.《利丰集团的供应链模式》,《现代物流报》2008 年 5 月 9 日

419.《活跃的流通企业资本运营》,《中国商贸》2008 年第 6 期

420.《中国商品交易市场走势与发展》,《中国市场》2008 年第 8 期

421.《转变流通业发展发方式势在必行》,《今日中国论坛》2007 年第 12 期

422.《十大举措拓展农村物流》,《现代物流报》2008 年 7 月 23 日

423.《我国流通产业存在的七大问题》,《现代物流报》,2011 年 10 月 20 日

424.《购物中心、工厂直销中心及其他》,《纺织周刊》2008 年第 28 期(8 月)

425.《"业态+连锁"——零售企业扩张的主要方式》,《纺织周刊》第 30 期(2008 年 8 月 18 日)

426.《北京和谐流通业结构构建研究》,《商业时代》2008 年第 24 期、第 25 期连载

427.《我国农村物流亟待拓市》,《现代物流》2008 年 8 月 29 日

428.《北京商品交易市场发展对策》,《北京投资》2008 年第 9 期

429.《13 大问题　11 大预警》,《中国商贸》2008 年第 9 期

430.《浅析我国粮食交易市场体系创新》,《市场营销导刊》2008 年第 4 期

431.《商品交易市场折射我国市场经济特色》，《中国商报》2008 年 10 月 14 日

432.《保障奥运食品安全完善食品安全可追溯管理》，《北京财贸职业技术学院学报》，2008 年第 3 期

433.《构建统一、开放、竞争、有序、安全的水产品流通体系》，《渔业致富指南》2008 年第 19 期、第,20 期（半月刊）

434.《抚前追昔——我国商品交易市场 30 年》，《中国商贸》2008 年第 11 期

435.《流通体制改革 13 问题》，《超市周刊》2008 年 11 月 19 日

436.《30 年流通改革开放缺陷点析》，《超市周刊》2008 年 11 月 26 日

437.《现代经济学分析方法及其发展趋势》，《北京工商大学学报》2008 年第 6 期

438.《创新流通产业理论问题研究》，《商业经济与管理》2008 年第 11 期

439.《浅谈流通经济分析法》，《零售世界》2008 年第 12 期

440.《农村流通体制改革的巨变》，《现代物流报》2008 年 12 月 12 日

441.《探索和谐流通业结构——北京和谐商业结构的政策建议》，《北京社科》2009 年第 1~2 期

442.《2008 年中国零售业十大短板》，《2008 年度北京商业发展蓝皮书》2009 年 1 月 20 日

443.《2008 年中国商业十大并购案》，《2008 年度北京商业发展蓝皮书》2009 年 1 月 20 日

444.《振兴农村物流刻不容缓》，《现代物流报》2009 年 3 月 10 日

445.《我国消费市场运行分析》，《纺织服装周刊》2009 年 2 月 9 日

446.《2008 年商品交易市场回顾与展望》，《纺织服装周刊》2009-2-16

447.《金融危机下对流通业的展望》，《中国市场》2009 年第 3 期

448.《中美发展模式的比较及其趋势探讨》，《中国流通经济》2009 年第6 期

449.《2008~2009 年生产资料交易市场回顾与展望》，《中国生产资料流通

发展报告（2008~2009）》，中国物资出版社 2009，《中国市场》2009 年第8 期

450.《大豆产业链条亟待整形》，《农经》2009 年第 8 期

451.《尽快形成我国大豆产业链条》，《粮食决策参考》2009 年第 16 期（总第226 期）

452.《再造我国工业品批发体系与模式》，《经贸参考》2009 年第 18 期（总第 354 期）

453.《当前宏观经济的六大看点》，《粮网资讯》2009 年第 9 期

454.《我国大豆产业分析》《粮网资讯》2009 年第 9 期

455.《60 年我国农村流通 8 大巨变》，《现代物流报》2009-8-27

456.《我国流通领域应重视的 11 大问题》，《中国商贸》2009 年第 16 期

457.《对我国消费市场运行的分析与看法》，《超市周刊》2009 年 2 月18 日

458.《中国流通产业 60 年轨迹、经验与问题》，《市场营销导刊》2009 年第 5 期（10 月 20 日出版）

459.《商贸流通业概念已经过时》，《中国商报》2009 年 11 月 10 日

460.《粮食安全：关注外资风险与进出口政策》，《国际商报》2009 年11月26 日

461.《粮食安全期待风险管理》，《农经》2009 年第 11 期（总第 227 期）

462.《中国流通产业 60 年轨迹、经验与问题》，《中国营销·市场营销导刊》2009 年第 6 期

463.《确立新的粮食安全观念》，《粮食科技与经济》2010 年第 1 期 8-9

464.《论贸易经济学特色科学的创新和发展》，《商业时代》2010 年第 6 期

465.《商贸流通业的概念已经过时》，《中国外资》2010 年第 3 期（第 212 期）

466.《2010 年主题：进一步搞活流通促进消费——在商务部“内贸领域扩大消费工作座谈会”上的发言》，《百货商业》2010 年第 1 期（总第 424 期）

467.《规范竞争秩序，构建和谐商业》，洪涛，赵煜，中国人民大学报刊

复印资料《贸易经济》2010 年第 3 期

468.《企业多业态经营模式及其发展趋势》，洪涛，姚晓宁，中国零售研究，经济科学出版社 2010

469.《我国电子商务交易市场多模式并存》，《国际商报》2010 年 2 月 9 日

470.《论中美发展模式的比较及其趋势》，《管理学刊》2010 年第 1 期

471.《加快北京现代化国际商贸中心城市建设》，《北京财贸职业学院学报》2010 年第 1 期

472.《“十二五” 中国特色流通体系及其战略研究》，《北京工商大学学报》2010 年第 4 期

473.《浅谈杂粮物流与供应链创新》，《黑龙江粮食》2010 年第 4 期

474.《中国粮食交易市场存在的问题分析及建议》，《粮食科技与经济》2010 年第 2 期

475.《我国城乡流通业协调发展初探》，《中国流通经济》2010 年第 7 期

476.《步入质量型提升期商品交易市场待变》，《中国商报》2011 年 2月 11 日

477.《促进绿色流通向低碳流通的转型与升级》，《中国流通经济》，2011 年第 7 期

478.《借鉴不同国别经验 提高粮食安全政策科学性——粮食安全及粮食安全政策研究综述》，《黑龙江粮食》2011 年第 2 期

479.《促进绿色流通向低碳流通的转型与升级》，《中国流通经济》2011 年第 7 期

480.《商品交易市场商圈与市场升级改造》，《中国市场营销》2011 年第5~6 期

481.《论商品交易市场商圈的勃起与市场升级改造》，《商业时代》2012 年第 1 期第 21~24 页

482.《商品交易市场盲目求大谨防空壳化》，《中国商报》2012-2-3，第 15 版

483.《智能流通登录物联网需政策支持》，《中国商报》2012 年 2 月 17 日

484.《十二五期间我国家电市场发展趋势分析预测》,《中国市场》2012 年第 7 期

485.《加快我国智能流通发展的政策建议》,《北京工商大学学报》2012 年第 3 期